JN045992

東大現代文プレミアム

古川 大悟・松本 孝子
編著

02

はしがき

筆者の主張を正確に読み取るということは、可能なのであろうか。筆者はAという人物であるとする。Aの経歴を調べ、複数の著作を読めば、Aの主張を十分に理解できるかもしれない。しかし試験中にそのようなことは不可能である。それではAの経歴や思想を事前に知っていなければならないのか。東大が発表する出題意図を見る限り、そうした知識を要求してはいない。とすれば、東大入試の現代文で求められているのは、決して現実のAという人物の主張を理解することではないと考えられる。むしろ、与えられた本文の言葉から推定しうる限りでの、筆者の主張（と考えられるもの）を読解することが求められているのである。

私たちは、いかなる場面であれ、他者の思いを直接に知ることはできない。他者の身体の痛みを同様に「痛い」と感じることは不可能であり、相手の表情、振る舞い、そして言葉から思いを推定する。日常生活ではそうした推定は比較的たやすいが、高度に学術的な内容を扱う場面では、言葉を手がかりにして厳密に他者の主張を推定する訓練を要する。それが現代文の学習である。

論理的に考えれば、普段から私たちが推定した他者の思いが本当のその人の思いと一致している保証はどこにもない。けれども現実には、意思の疎通はそれなりに問題なく成立している。なぜか。それは言葉の運用に対して互いが誠実だからであろう。話し手（書き手）は、嘘をつかないことはいうまでもなく、重要な点を強調したり、具体例を挙げたりして、考えが伝わるように精一杯工夫を凝らす。聞き手（読み手）は、そうした表現の工夫を手がかりとして、真摯な態度で相手の真意に近づこうと努める。現代文の試験において、現実のAという人物の考えを知ることにはたしかに限界がある。しかし、私たちができるだけ本文の表現に即して推定した筆者の主張は、Aも言語表現に対して誠実な人物である限り、現実のAの主張と概ね一致するであろう。

本書は、以上のような考え方に基づき、本文の表現に忠実に読み解く修練を積むことで、東大現代文で高得点を獲得するための学力を養成する参考書である。

編者しるす

目次

はしがき／本書の構成と使い方／東大入試（国語）の試験形式　9

序章　東大現代文の学習の指針　17

第1章　東大現代文の典型を知る

例題1　二〇一七年度　第一問（文理共通）　伊藤徹『芸術家たちの精神史』　24

例題2　一九八六年度　第一問（文理共通）　木村敏『異常の構造』　36

発展　科学と虚構　47

コラム1　第一問の出題意図について　51

第2章　設問の意図を理解する　53

例題3　二〇〇八年度　第一問（文理共通）　宇野邦一『反歴史論』　57

例題4　二〇一八年度　第一問（文理共通）　野家啓一『歴史を哲学する』　69

発展　歴史　79

コラム2　一二〇字設問に付される条件について　84

第3章　端的で明快な記述を追求する　85

例題5　一九八三年度　第一問（文理共通）　作田啓一『恥の文化再考』　88

例題6　一九八八年度　第一問（文理共通）　鈴木忠志『内角の和　鈴木忠志演劇論集』　98

例題7　二〇〇八年度　第四問（文科）　竹内敏晴『思想する「からだ」』　108

発展　個人と世間、社会、他者　119

コラム3　随想の読解について　122

第4章　比喩説明の解法を修得する　123

例題8　二〇一三年度　第一問（文理共通）　湯浅博雄「ランボーの詩の翻訳について」　127
例題9　一九七六年度　第五問（文科）　三木卓『言葉のする仕事』　140
例題10　二〇一四年度　第四問（文科）　蜂飼耳「馬の歯」　152
発展　詩、翻訳　164
コラム4　名詞句の傍線部について「どういうことか」と問われた場合　168

第5章　厳密さが求められる難問に挑戦する　169

例題11　二〇二〇年度　第一問（文理共通）　小坂井敏晶「『神の亡霊』6　近代の原罪」　172
例題12　二〇〇四年度　第一問（文理共通）　伊藤徹『柳宗悦　手としての人間』　187
発展　近代　202
コラム5　設問解答で犯しやすいミス　206

補章　文科第四問で高得点を目指す　209

補題1　一九七四年度　第四問（文科）　小川国夫『一房の葡萄』　211
補題2　一九七七年度　第二問（文科）　黒井千次『小説家の時計』　214
参考問題　一九六二年度　第二問（文科）　岸田劉生『美の本体』　218
コラム6　東大現代文の特殊な設問条件　220

執筆にあたっての参考文献
あとがきにかえて

▶問題編別冊

本書の構成と使い方

序章

東大現代文の学習にあたって「何をどのように学ぶのか」「基本的な解き方はどのようなものか」という前提的な内容を説明している。第1章以降の例題に入る前に、一度通読しておくとよい。また、例題を解く中で、学習の方法や設問の解法に疑問が生じた場合は、改めて読み直してみるとよい。

第1章〜第5章

学習内容に応じて、各章を設定している。例題は、単なる過去問題の集成ではなく、あくまで各章の学習内容を修得するための例題である。したがって、何を学ぶための例題であるのかを十分に自覚したうえで取り組むことが望ましい。それぞれの章のはじめに、章の学習内容に関する説明を載せているので、それを読んだうえで例題に取り組むとよい。

各例題の問題本文・設問は、別冊に掲載されている。例題には一部、文科のみの過去問題も含まれているが、文理共通の第一問対策にも資するものを厳選している。

解説は本冊に載っており、「本文解説」と「設問解説」の二つのパートに分かれている。

解説を読む前に各例題を自分で解き（制限時間については序章15ページを参照）、疑問点を明らかにしたうえで、解説によって理解するという学習を行うこと。漫然と解説を眺めるのではなく、問題意識を持って解説の内容に集中することで、学力の大幅な向上へとつながる。また解答を答え合わせのためにただ確認するのではなく、どのような問題でも対応できるよう、解説を読んで解答に至るまでの思考法を修得することを目指したい。どのように本文を読み、どのような思考によって解答を導くのかという意識のもとで、解説を読むことが望ましい。

本文解説：上段で本文の要旨を構成する内容を図解し、下段で「通読時の思考」として、試験本番で何を考えて読み進めるべきかを解説している。特に下段の「通読時の思考」を熟読し、本文内容の理解以上に、本文読解に必要な思考法を修得することが重要である。

設問解説：「解答の方針を立てる」「解答要素をそろえる」「解答を作成する」という三段階で、解答を導くための思考法を解説している。特に「解答の方針を立てる」という部分が思考の鍵になる。自分で例題を解いた際の思考と照らし合わせつつ読むとよい。

発　展：各章の中の例題は、実は本文内容がゆるやかに関連するものとなっている。章の最後に「発展」を設け、例題の本文内容に関する頻出論点や、基礎的な背景知識について解説・考察している。各章の例題を解き終えた後に「発展」を読み、理解を深めることが望ましい。

コラム：受験生からの質問が多いトピックを掲載している。疑問点の解消に役立ててほしい。

補章

文科で出題される第四問の対策を意図した補充問題と、その簡略な解説である。文科受験生で、高得点での合格を目指す者は、ぜひとも取り組んでほしい。

＊本書に掲載されている入試問題の解答・解説は、東京大学が公表したものではありません。

東大入試（国語）の試験形式

〈国語全般について〉

試験時間は、文科一五〇分、理科一〇〇分。点数は、文科が一二〇点満点、理科が八〇点満点である。

大問構成は以下の通り（大問ごとの配点は公表されていない）。第四問は文科のみの出題である。

第一問　現代文（主に学術的内容の評論・随想）
第二問　古文
第三問　漢文
第四問　現代文（主に文学的内容の評論・随想　文科のみ）

〈現代文について〉

第一問は文理共通の問題であり、主に現代的なテーマを扱った評論や論理的な随想が出題されている。二〇〇〇年度以降、現在に至るまでの設問内容は、二行の解答欄に簡潔に記述する設問が三～四問（近年は三問）、一〇〇字以上一二〇字以内で解答する大型の記述設問が一問、そして漢字の書き取りである。

第四問は文科のみの出題であることを意識した、文学的な内容を扱う評論や随想が出題されている。年度によってはきわめて難度の高い問題となることもある。二行で簡潔に記述する設問が四問、出題されている。

第一問・第四問とも、傍線部について「どういうことか」「なぜそういえるのか」というシンプルな問いがほとんどである。しかもそうした問い方は、東大現代文で数十年にわたって変わることなく続いている（だからこそ、比較的古い過去問題でも、根本的には最近の問題と同じ学力が要求されていると考えられ、取り組む価値があるのである）。このようなシンプルな問いに論理的に答えるための学習が必要である。

序章

東大現代文の学習の指針

本編の前に、受験生の疑問・相談に答えるかたちで、初歩的な内容を確認しておこう。

東大現代文の試験対策として何を勉強すればよいのか。

東大がウェブサイトで公表しているように、現代文の試験では、

1　文章を筋道立てて読みとる読解力
2　それを正しく明確な日本語によって表す表現力

の二点が試されている。したがってこれに対応する形で、

1　文章を論理的に読み、要旨を把握するには、どのように思考すべきか
2　問いに対して正確かつ明快な解答を記すには、どのように思考すべきか

の二点を本書で学習しよう。加えて、東大現代文で出題されるのは大学基礎教養レベルの文章であるから、学問的な基礎概念や頻出論点は知っておいた方がよい（東大入学後にも役立つ）。もちろん、背景知識がなければ解けないわけではない。だが、限られた試験時間の中で、たとえば「歴史とは何か」という問題を考えたことのない受験生が、それを考えてきた受験生と同じ精度で歴史論を読解することは難しい。そこで本書では、各章の「発展」のページで、例題で扱った文章に関する学問的な基礎知識を説明している。理解を深めるために活用してほしい。

「傍線部はどういうことか」というシンプルな設問に、どのように答えればよいのか。

「傍線部はどういうことか」という問いは、東大現代文の中心をなす最も重要な設問形式である。考え方の概略を示しておこう。

1　解答の方針を立てる

「何がどうだ」という主述関係をはじめとして、**傍線部内の論理関係を解答でも再現することを意識して、解答の大まかな構造・構文をイメージする。**たとえば、「人間は他者との関係によって人間的でありうる」のような傍線部であれば、「AはBによ

ってCであることができる」のような形で解答することを意識する。

2　1の大枠に合うように解答要素を探り、組み込む

- **傍線部に含まれる指示語**や、**傍線部直後の（傍線部を指示する）指示語**があれば、その指示内容を優先的に確認する。
- **傍線部を含む一文の接続語**から、内容上明らかに関係のある文がわかれば、その内容を優先的に確認する。
- そのうえで**傍線部の説明に関連する内容を、主に本文の要点箇所から探る**（このときに、本文の要点はどこであるのかをあらかじめ捉えられていなければならない。その方法については20〜22ページで詳しく説明する）。

3　字数や解答時間に応じて要素の補充を行う

- まだ十分に解答化できていない本文要点を、修飾語句として説明に補充する。
- 傍線部内の表現の細かい意味を正確に解答化する。

例　傍線部「この考え方でもやはり、厳しい問題に行きあたる」とはどういうことか。

1　□という発想法に加え　……「も」という助詞があるので「〜に加え」という構文にする

□という発想法でも、　……「この考え方」の内容を記す

□という課題に直面する　……「厳しい問題」の内容を記し、「行き当たる」の換言で結ぶ

ということ。**（解答の大枠をイメージした段階）**

↓

2　▲▲という発想法に加え

●●という発想法でも、

◆◆という課題に直面する

ということ。**（本文に基づいて各要素を解答化した段階）**

↓

3 ▲▲という発想法に加え

●●という発想法でも、

■■という欠点があるために、……本文を参照して理由にあたる内容を追加

◆◆という難題に直面する ……「厳しい問題」の「厳しい」の意味を念のため反映

ということ。**（要素を補充して万全を期した段階）**

「傍線部とあるが、なぜそういえるのか」という、理由説明形式の設問にどのように答えればよいのか。

これも東大現代文で頻出の設問形式である。基本的な発想法は次の通りである。なお大前提として、**論理的文章で求められる理由説明は、多くの場合、傍線部のように判断できる根拠、論拠の説明である。**「なぜ地震が起こるのか」「なぜローマ帝国は繁栄したのか」といった事実の原因（因果関係）を尋ねる問いとは異なるものと考えた方がよい。

1 解答の方針を立てる

- 傍線部の内容を、できるだけ簡略な構造・構文で捉える。「AはBだ」「AではBだ」「AならばBだ」など。
- そのうえで、**Aを解答でも維持し、「Aは～であるから」「Aでは～であるから」「Aならば～となるから」という形で解答することを意識する。**→**発想1**
- また、Bから逆に考えて、理由となるのは概ねどのような内容かといった見当をつける（Bにつながる理由を述べるのであり、Bの言い換えをするのではない）。→**発想2**

2 1の大枠に合う解答要素をそろえ、組み込んでいく

- 「したがって」などの理由を表す接続語や、「～だからだ」「～なのである」といった後文からの解説があれば確認する。

- 傍線部に条件（「〜ならば」「〜である限り」など）が付されていれば、解答でもその条件を維持して考える。
- **主にAに関する説明を中心に、本文を参照するとよい。**
- それ以外にも、傍線部に関連がある本文要点箇所を参照し、説明を補う。

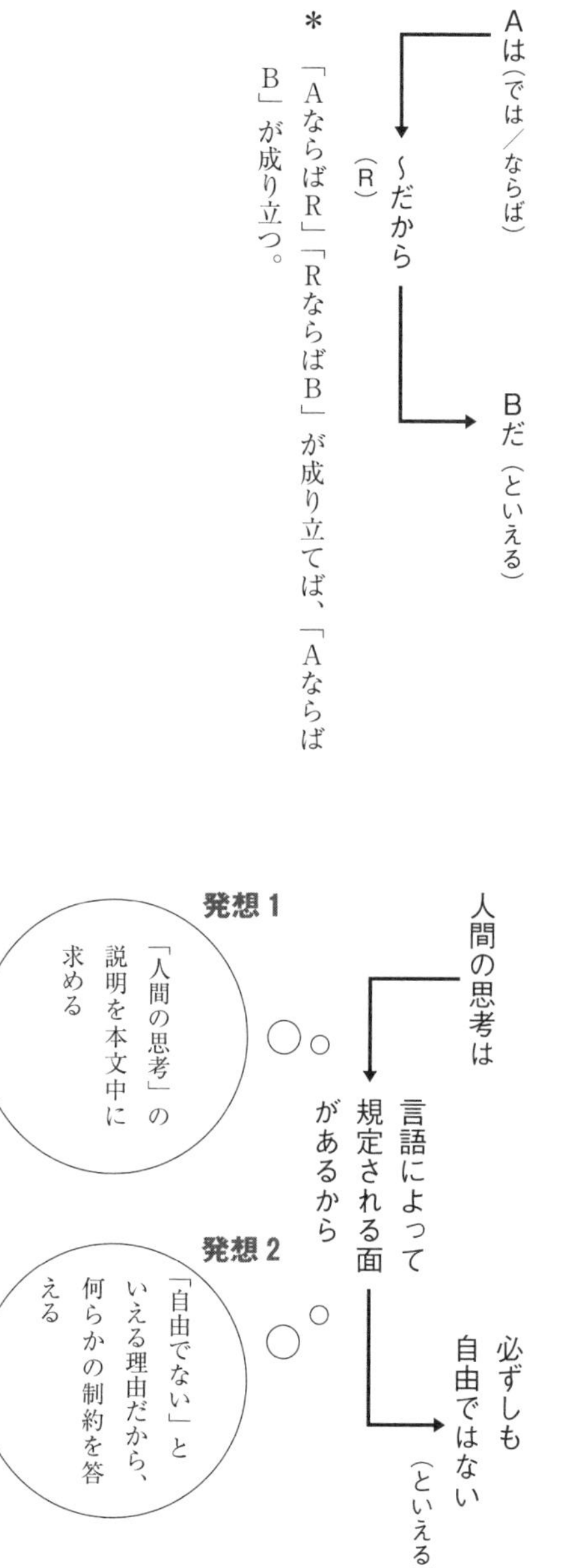

Aは（では／ならば）
〜だから
（R）
Bだ（といえる）
人間の思考は
言語によって
規定される面
があるから
必ずしも
自由ではない
（といえる）
発想1
「人間の思考」の説明を本文中に求める
発想2
「自由でない」といえる理由だから、何らかの制約を答える

＊「AならばR」「RならばB」が成り立てば、「AならばB」が成り立つ。

本文中の言葉をそのまま使って答えてもよいか。自分で言い換えなければならないのか。

文章を読み、その文章について説明する試験なのだから、本文中の言葉を用いることに全く問題はない。共通テストやセンター試験の正解選択肢でも、本文中のキーワードを適宜用いつつ解答が作成されている。もちろん、自分で適切な言い換えを思いつくのであれば、言い換えて解答するのもよい。同じ内容であれば同じように評価される。

次のような場合に限っては、本文表現をそのまま用いず、自分で表現する必要がある。

- 本文中の表現が明白な比喩であれば、比喩でない表現に直す。
- （単なる引用や強調ではなく）特殊な含意があることを示すカギ括弧類は、その含意を自分で補い、カギ括弧類を用いずに解答する。
- 「傍線部はどういうことか」と問われた場合に、傍線部のままの言葉を（何の追加説明もなしに）用いては意味がないので、換言・説明する。
- 本文中の表現のままでは解答欄に対して字数が多すぎる場合は、端的な表現を考え出す。
- 「わかりやすく説明せよ」という条件がある場合は、本文中の表現のみでは「わかりにくい」ということであり、自分で表現を考える（▼220ページ参照）。

以上の場合を除けば、本文表現を換言するかしないかということは、実は些末な問題である。採点者は決して、受験生の解答の一言一句について揚げ足取りをしようと思って採点するのではない。文章を論理的に読解できているか、読解した内容を明晰な日本語で書けているかを見るのである。したがって、「この答案は本文のこの箇所を読んで、きちんと書いているな」と伝わることが何よりも重要である。要するに、**表現を言い換えるか否かにこだわるよりも、本文のどこを読み、どこを踏まえたかが採点者に伝わるように、混乱のない日本語で解答することを意識すべきであろう。**

文理共通の第一問の場合、どういった時間配分が標準的なのか。練習段階から制限時間を意識した方がよいのか。

国語全体の試験時間と大問構成は8ページに示した通りであり、そのうち第一問に費やせる時間は一般的には50（〜55）分程度である。現行の設問形式では、概ね以下のような時間配分が目安となろう（漢字問題は除く、計50分）。

本文通読　約10分
解答欄二行の設問（×3問）　約8分（×3問）
一〇〇字以上一二〇字以内の設問　約16分

二〇一六年度までは、解答欄二行の設問が現在より一問多かったため、以下のような時間配分となる（漢字を除いて計52分）。

本文通読　約10分
解答欄二行の設問（×4問）　約7分（×4問）
一〇〇字以上一二〇字以内の設問　約14分

試験本番まで一年近く、あるいはそれ以上の時間的余裕があれば、今すぐに時間制限を設けて取り組む必要はない。一方で、本番を数か月後に控える受験生は、練習段階から時間を意識しておくとよい。何時間も熟考して、完全に納得しなければ解答が書けないのでは、おそらく本番も時間内に間に合わないであろう。予備校講師でも、50分程度で完璧に満足のいく解答を書くことは至難の業である。時間との兼ね合いで、「この設問はここまではわかるから、最低限この内容だけを書いて、ひとまず先へ進む」「この設問は、8分で精度の高い解答が書けそうだ」などと判断することも必要になる。そのような練習なしに、「いつも最後の設問で時間が足りない」というのは問題である。前述の時間配分を目安として（多少雑になってしまう設問があっても、一旦）最後まで解答する練習をし、そのうえで、解答解説を見る前に改めて時間をかけて熟考し直すようにすれば、力がつくだろう。

字数指定のない、罫線枠のみの解答欄は、どのように使うのか。

東大現代文では、字数指定のない設問は、罫線枠によって二行分の解答欄が与えられている。枠の大きさがゆるやかな字数指定であるから、枠の外へはみ出したり、一行の枠内に二行書いたりするなどの不正使用は、失格とされうる。

どうしても解答の字数が多くなってしまう場合に、小さい字で書くことも物理的には可能だが、それは東大の求める能力とは異なる。東大発表の出題意図では、「簡潔に」表現する力を問うていると明確に述べられている（▼51・52ページ参照）。つまり、端的な表現で書く能力を測っているのであって、小さな文字を書く能力を測っているのではない。無理のない字数で書けるように表現を工夫することが、正当な学習である。句読点はスペースを要さないので除いて考えると、本書では一行あたり二八字程度を目処として解答を作成している。受験生としては、二行あわせて六〇字程度と大まかに理解しておけばよい。

第1章

東大現代文の典型を知る

本章では、**東大現代文第一問の典型的な例題を用いて、受験生にどのような学力が要求されているのか、本文読解・設問解答にはどういう思考が必要であるのかを知ること**を目指す。

要旨把握を問うために設問が作られる

東大に限らず現代文の設問は、本文の要旨が把握できているかを試すために作られる。それならば「本文を要約せよ」と問うのが最もシンプルであるが、より複雑な問いに応答する表現力もあわせて試したい。そこで東大の場合は、適当な傍線部を設定して、全体の要旨を設問ごとに分けて問う。近年の第一問では、次のような設問構成が一般的である。

設問㈠〜㈢ ※二〇一六年度までは㈠〜㈣

部分要旨

・傍線部に関連のある部分の要旨を用いて解答させる問題
・解答欄二行分の字数（六〇字程度）

設問㈣ ※二〇一六年度までは㈤

部分要旨 ＋ 全体要旨

・最後の傍線部に関連のある部分（主に本文最終部分）の要旨を用いて解答させる問題
・さらに「本文全体の趣旨（論旨）を踏まえて」という条件も付し、全体要旨もあわせて解答させる問題
・字数は一〇〇字以上一二〇字以内（以下、一二〇字設問という）

設問㈤ ※二〇一六年度までは㈥

漢字の書き取り

設問㈣だけでなく設問㈠〜㈢に解答するためにも、本文の要旨把握が最も重要である。そこでまず、そもそも要旨とは何であるか、どうすれば要旨を捉えられるのかを理解しよう。

要旨とは何であるか

東大現代文第一問では、あるテーマ（主題）について、明確に何ごとかを主張（結論）する文章が選ばれている。したがって、**主題「何について」・結論「最終的にどういいたいか」の二点が、要旨の最も重要な構成要素**である。言い換えれば、この二点が、**一二〇字設問で必ず書かなければならない要素**である。

＊主題は本文最初の一ページ程度で確定する場合が多い。しかし、時に本文の後半に至って、最初は主題だと思っていたものが前置きであったとわかり、真の主題が明らかになることもある。最後まで読んだうえで、「結局、全体の話題は〜であった」という確認をしたい。

＊結論は最後にあることが多いといわれる。もちろん常にそうだとは限らない。とはいえ、結論が初めの方にある文章は、最初を読むだけで内容がわかってしまうので、読解力を試すテストにはふさわしくないことが多い。そのため、本文の最後まで読まなければ結論がわからないものが出題されやすい。

一般に学術的文章は、本文で扱う主題（テーマ）について、意味、内容、定義を明らかにしつつ書かれる。たとえば文学論を書く学者は、その文章で論じる文学の定義を必ず問題にする。同様に科学論であれば、科学とはいかなる営為かということが筆者によって示される。**主題の意味、内容、定義は、本文要旨の重要な構成要素である（それゆえ一二〇字設問でも記す必要があるが、比較的に書き漏らしやすい要素であるから注意したい）**。なお、「このテーマはこういう意味だ」という判断を自分の常識のレベルで行うのではなく、筆者による、その本文中での意味を得るように努める必要がある。

さらに学術的文章では、何の論証もなしに無根拠な結論が提示されることはありえない。結論にはその理由（どういう根拠でそう結論づけるのか）や、結論に至る背景（どういう事情でその結論が導かれるのか）の記述が必ず伴う。したがって、**結論の理由、**

背景も本文要旨の構成要素（一二〇字設問の解答要素）である。

以上を図示すると次のようになる。

1 主題［……について］
2 主題の意味、内容、定義
3 結論の理由、背景
4 結論［最終的に〜といいたい］

（例）
翻訳とは
原理的に不可能なものであり、
不可能である中で、二つの言語を関係づける営みを続けるので（ことによって）、
自言語の枠組みを変える可能性がある。

本文通読中に、**1が把握できたら、次は2を意識しながら読み進める**。なお3は、結論を知らない段階で「これが結論の理由だ」とはならないので、初読では明快に把握できない（どこを目指すのかわからないまま読み進める）のが当然である。したがって**3は、4が把握できてから、あるいは一二〇字設問を解く段階で、意識すれば十分**である。

どうすれば要旨を捉えられるのか

ここで、ジレンマが生じる。結論がわからなければ、結論の理由、背景にあたる部分は十分に理解できない。しかし、結論がわかってから再度本文をゆっくり読む時間はない。そこで、初読時にある程度「この内容が重要であろう」と見当をつけながら読むことが求められる。

同様に、主題が把握できればその意味を探ることができるが、そもそも主題をつかむには、本文の重要な部分はどこかがわからなければならない。それゆえ、最初に本文を通読する際に、要点となる（と考えられる）内容を探り出す必要がある。

そのためには、筆者の表現が手掛かりとなる。Aがよほど重要な内容であれば、筆者はたとえば、Aの具体例を挙げてその内容を丁寧に説明するであろう。あるいは、「一般にはBといわれているが、そうではなくてAなのだ！」という論述をするかもしれない。もっとシンプルに「Aが大事である」「本質はAだ」と書くかもしれない。こうした筆者による表現を手掛かりにして、私たち読者はAが要点だと判断することができる。そのように要点を捉える中で、あちこちに共通して出てくる内容があったとすれば、それは本文全体にとっても重要な内容であろう。

筆者が重要な内容を述べる際の表現法は、概ね以下の五つと考えればよい。

1　例示を付す　特に重要

抽象的な内容について、具体例を挙げることで理解を促す。あるいは説得性を高める。

2　比較対象（主に常識的な見方）と差別化する　特に重要

「xではなくyである」「たしかにxにも思えるが、yである」など、読者が常識的に考えそうな内容（x）を先に想定し、それとは異なる自説（y）を際立たせたり、受け入れやすくしたりする。

3　意味の端的な要約を付す

「要するに～」「つまり～」「このように～」などと、長い内容を端的にまとめて述べることで、要点を理解しやすくする。あるいは「～とは……だ」と端的な定義を示して、厳密な伝達を図る。

4　強調や注意喚起を明示的に行う

最もシンプルな方法である。「重要である」「注目すべき」などと書けば、重要な主張であると確実に伝わる。「本質的には～」「根本的には～」などの表現も、エッセンスがそこにあることを明確に表せる。また「～か」などの疑問形式の文末をとることで、他の通常の文末表現と差別化され、注意を促すことができる。

5 自分の考えや思いであることを明示する

「〜と考えたい」「〜と思う」「〜に感じられる」などと書くことで、単なる事実の説明ではなく、筆者自身の伝えたい考えや思いであることを明確に示す。

以上のような表現に着目することで、「筆者は〜という内容をよほど伝えたいらしい」という推理が可能になる。そこで得られた内容をもとにして、「本文の主題はこれか?」「どうやら筆者は主題の意味をこう考えているらしい」などと考えることができる。**本書では、各例題の本文解説下段に《通読時の思考》を設け、思考の具体的な様子を示していく。**

一二〇字設問への取り組み方

以上を踏まえて、第一問の中で最も難しい一二〇字設問の取り組み方を示しておく。先に例題1を解き、設問のイメージをつかんでから以下の説明を読むのでもよい。

一二〇字設問は、「傍線部とあるが、それはどういうことか(なぜそういえるのか)。本文全体の趣旨(論旨)を踏まえて、一〇〇字以上一二〇字以内で説明せよ」という指示がほとんどである。══が問いの中心であり、……は付加的な条件である。ゆえに解答では、あくまで傍線部に関する説明がメインの要素であり、全体要旨はサブの要素である。解答時の思考は以下のようになる。

1

「全体の趣旨(論旨)を踏まえて」という条件は一旦保留し、まずは**通常の傍線部説明問題として解答案を考える。**

- 傍線部の主述関係や、指示語の指示内容など、基本的な点を誤らずに解答化する。
- 全体要旨以前に、傍線部に関する説明だけで、通常六〇〜八〇字程度は必要になる。ここまでの設問で各六〇字程度書いてきたのであるから、最終設問の傍線部自体の説明にも、同程度の字数が必要なのは自然なことである。

◆これまでの設問で一度も問われていない部分の要旨（特に本文最終部分）を、最後まで問わずに終わるとは考えがたい。もし問わずに終われば、隅々まで真面目に本文を読んだ受験生が損をすることになるので、そのような設問設計は原則としてされない。したがって、これまでに問われていない要点箇所を重点的に確認し利用したい。

2

1の解答案によって、本文の結論に関する説明は自ずと解答化されるはずである（普通、最終傍線部は結論部分に設定されているからである）。それ以外の本文要旨として**「主題」、「主題の意味、内容、定義」、「結論の理由、背景」の三点を網羅するように、ここまでの本文を調べ直す**。

◆結論の理由、背景は、1で既に解答化されていることも少なくない。そのため、特に本文全体の主題と、その意味、内容、定義を意識的に解答化する。

◆これまでの設問と要素が重複することも、しないこともある（その時々の本文の構造、設問の構成による）。前の設問で書いたことをつなげばよいという安易な姿勢は避けたい。また逆に、前の設問で書いたことは二度と書かないという姿勢も不自然である。

3

1で得られた解答の中心を解答後半に置き、2で確認した要旨を解答前半に置くと書きやすいことが多い。

◆1でも述べたように、これまでに問われていない要点箇所には特に注意を払うこと。

それでは例題1・2に取り組んでみよう。**本章では東大現代文の典型を「知る」ことが目的であって、今すぐに十分な解答ができなくても心配ない**。本書では、ここで述べた説明と同じ内容を、具体的な設問に即しつつ何度も繰り返し解説する。例題を進めながら反復的に練習する中で、本文読解や設問解答に必要な思考を修得していけばよい。

例題1　二〇一七年度　第一問（文理共通）　伊藤徹『芸術家たちの精神史』－問題：別冊2ページ

本文解説

《本文構造》　＊本文の表現を一部変更して示す（以下同じ）

Ⅰ　科学技術の不気味さ（第1段落）

テクノロジーの**本質**

与えられた困難を人間の力で解決しようとして営まれる
⟷
問題を自ら作り出し、新たな技術の開発によって解決しようとする　＝自己展開

例
- 環境破壊が新たな技術を要請する
- ワクチンの新たな開発を強いられる
- 原発に対して防波堤を築く

たしかに
技術開発の展開が無限に続くとはいい切れない
⟷
けれども

《通読時の思考》

❶「**本質**的に〜」（2行目）という、重要内容（エッセンス）であることを示す表現に着目し、テクノロジーの本質を上記のように捉える。まだ確定とはいえないが、テクノロジーが本文の主題となる可能性を意識しておく（もしそうであれば、テクノロジーの「本質」を述べた第一文は、主題の意味、内容、定義の説明であり、本文全体の要旨としてきわめて重要である）。

❷「〜**といった事例**」（3行目）という表現に着目し、主張と具体例を区別する。筆者は事例を挙げてまで、直前で述べたテクノロジーの本質を例証しようとしているのであり、❶で捉えた内容の重要性が再確認される。

❸「**たしかに**（譲歩内容）」（7行目）、「**けれども**（主張内容）」（8行目）という表現に着目し、「けれども」の後が筆者の重要な主張であることを捉える。傍線部アで述べられている科学技術の両義的

科学技術
「人間の営みである
↔ ✿
人間をどこまでも牽引する
不気味なところ がある

← いったいそれは**なん**であり[A]
世界と人間との**どういった**関係に由来するのか[B]

Ⅱ 科学技術が人間に決断を迫る（第[2]〜[8]段落）

（例 人工受精、なかでも体外授精）

← **いずれにせよ**
こうした問題に関わる是非の判断は
技術そのものによって解決できる次元には属していない

（例 延命措置）

← テクノロジーの**本質**
•「一定の条件が与えられたときに、それに応じた結果が

なあり方は、概ね❶で捉えたテクノロジーの本質と重なる（上記✿の二箇所が対応する）。また、「**不気味**なところがある」という筆者の思いを表す表現に着目し、傍線部アは何らかの根拠によって実証された内容ではなく、筆者個人の心理を述べたものであることを確認する。

❹「**なん**であり」「**どういった**関係」（9・10行目）という疑問形式の表現に着目し、二つの大きな問い（上記[A]・[B]）をおさえる。これが本文全体に関わる問題提起だとすれば、やはり主題はテクノロジー・科学技術であると考えられる。

❺主張と具体例を区別する（❷と同様の思考）。

❻議論をまとめる「**いずれにせよ**」という表現、「**こうした**」という指示語（具体例をまとめる箇所に置かれやすい）（17行目）に着目し、具体例から述べたい主張として、科学技術は是非の判断を示しえないという内容をおさえる。

❼具体例の識別。18行目に「たとえば胃瘻」とあるが、その一文前の「延命措置」から既に具体例である。胃瘻は例の中の例。

❽「**本質**的に〜」（27行目）という重要内容（エッセンス）を示す表現に着目し、テクノロジーは「どうすればできるのか」を示す知識

生ずる」という知識の集合体
- 「どうすればできるのか」についての知識
- ハウ・トゥーの知識

テクノロジー

ニュートラルな道具**だといえなくもない** ……

↔ **ところが**

ニュートラルなものに留まりえない
- 実行の可能性を示すだけで人間を放擲する
- かつては問われなかった問題への決断を人間に強いる

←（例　出生前診断（第7段落）・延命措置（第8段落））……

Ⅲ 判断の基準を支える概念の虚構性（第9～10段落）

判断の是非を問題にしようというのではない

最終的な決定基準があるとは思えない

むしろ ……

いかなる論理によっても基礎づけるものが欠けている

＝ そういう意味で

実践的判断は虚構的なものでしかない

であって、「すべきこと」は示さないという内容をおさえる（価値判断に関与しない、すなわち価値中立的である点で、科学技術は一見「ニュートラル」なのである）。

❾「～**といえなくもない**（譲歩内容）。**ところが**（主張内容）」（30行目）という表現に着目し、傍線部イ「ニュートラルなものに留まりえない」という内容が筆者の主張であることをおさえる。人間に決断を強いる・迫るので、決して中立ではないのである。

❿主張と具体例を区別する。第6段落の内容を例証しており、第6段落の重要性が再確認される。

⓫「**むしろ～**」（42行目）という比較の表現に着目し、その後が筆者の重要な主張であることをおさえる。ただし、実践的判断がなぜ虚構的だといえるのかは、次の段落まで読まなければ十分にはわからない。

←（例　将来世代への責任……想像力の産物
人類の存続……（想像力による）尊大な欲望）

←**その他**
倫理的基準なるものを支えているとされる概念は
虚構性をもっている ◆

←（例　個人の意思……可変的
社会的コンセンサス……権力関係を追認しつくられる）

Ⅳ 新たな虚構の産出と生のあり方の変化（第11段落）

虚構**とはむしろ**人間の生全体に不可避的に関わるもの ……
←人間は虚構によって己れを支えている

問題は ……
テクノロジーの発展に伴う虚構のあり方の変化
＝

⑫ 主張と具体例を区別していくが、この箇所の具体例の処理はミスをしやすく差がつく。「**その他**」（48行目）という表現は「直前までの具体例にとどまらず」という意味で抽象化のサインであり、第10段落の中で、具体例ではない抽象的一般的内容は、上に◆として示した一節だけである。第10段落前半の「将来世代への責任」などは、「倫理的基準なるものを支えているとされる概念」の一例である。また「個人の意思」「（社会的）コンセンサス」も、「たとえば」（48行目）と述べられているように、倫理的基準を支える概念の一例であり、抽象的一般的な主張内容と混同しないようにしたい。

⑬ 「虚構**とは**」という定義の表現、「**むしろ〜**」という比較の表現（55行目）に着目する。ここでは人間の生における虚構の意義が示され、❹で見た問題提起のB（世界と人間の関係）に関わる議論が展開されるようである。

⑭ 「**問題は**」（56行目）という、筆者にとって重要な論点を述べるサインとしての表現に着目することで、虚構のあり方の変化が重要であることをおさえる。

・従来の虚構を無効にさせ、変質させた
・判断の必要がなかった事態を人為の範囲に落とし込み、
　これに呼応する新たな虚構の産出を強いるようになった

〓 **そういう意味で**

テクノロジーは人間的生のあり方を根本から変える

付記：「人工受精」「体外授精」は、「人工授精」「体外受精」という表記が一般的だが、本文に従った。

⑮「**そういう意味で**」（60行目）というまとめの表現に続く最終センテンスが、この本文の結論であろうと考えられる。主題である「テクノロジー」について、「人間的生のあり方を変える」という結論が示されている。⑬で見たように、虚構が人間の生に関わるのであるから、新たな虚構の産出は人間の生を変化させるのである（結論の理由、背景）。

＊全体を通読して、最低限、主題と結論が頭に残っていればよい。そして設問を解きながら適宜本文を参照し直すことで、主題の意味、内容、定義を指摘でき、さらに結論の理由、背景を説明できれば、一二〇字設問に対しても十分な解答が可能である。

設問解説

設問(一)

「科学技術の展開には、人間の営みでありながら、有無をいわせず人間をどこまでも牽引していく不気味なところがある」（傍線部ア）とはどういうことか、説明せよ。

1 解答の方針を立てる

傍線部は「たしかにx。けれどもy」のyにあたる。左記のような関係になっていることを確認しておく。

> **x【一般的にいえば】**
> 技術開発の展開が無限に続くとはいい切れない
> 予測不可能である
> ↕
> **y【筆者個人の思いとしては】**
> 科学技術の展開は人間をどこまでも牽引していく**不気味なところがある**

傍線部はあくまで、筆者個人の思いとして説明する必要がある。一般的には予測不可能であるという**x**の内容を混ぜないこと（減点や本設問失格のおそれがある）。

次に傍線部内部の構造を見ると「**科学技術の展開は、pでありながらqであり、不気味である**」という形であり、矛盾するpとqが並列されることで科学技術の両義性が示されている。

解答ではpとqの両方を換言説明する。

一般に最初の設問には、本文の前提的内容を確認するための基礎的な（易しいという意味ではなく、読解のベースとなる）**問いが置かれる。設問を解き進める中で徐々に本文理解が深まっていくように、出題者が設問配置を工夫するのである。**本問もその例に漏れず、全体の主題「科学技術」「テクノロジー」に関する、筆者による基本的な定義を問う問題である。導入（序論）部分の要旨確認ともいえる。傍線部直後の問題提起「いったいそれはなんであり……」の答えまで述べようとすると、本文の結論に関わるため到底二行には収まらず、本設問の主旨からも外れるであろう。第[1]段落の内容を用いて解答すればよい。

2 解答要素をそろえる

傍線部の「pでありながらq」の内容は、第[1]段落冒頭で述べられたテクノロジーの本質とほぼ同内容であり、解答に利用できる。

【傍線部】

科学技術の展開は

p 人間の営み

↔

q 有無をいわせず人間をどこまでも牽引していく

【第1段落冒頭】

テクノロジーは

p 与えられた困難を人間の力で解決しようとして営まれる

⟷

q 問題を自ら作り出し、新たな技術の開発によって解決しようとする ＝自己展開

そのうえで「(科学技術が) 有無をいわせず人間をどこまでも牽引していく」という傍線部の細部の表現の意味を解答化するよう努める。第1段落冒頭の文を記すだけでは、強制(有無をいわせず)や永続(どこまでも)のニュアンスが十分に反映されず、自分で言葉を補う必要がある。「(新たな技術の開発を) 人間に強い続ける」など。

「不気味なところがある」という筆者の思いは、**1**で確認したように傍線部の重要な要素であるが、本文中に換言があるわけではないので自分で表現する。「異様」「不安」など。

3 解答を作成する

解答要素をそろえること自体は比較的に易しいが、解答欄に収まるよう端的な表現を追求しなければならない点に難しさがある。特に、第1段落冒頭の一文をほぼそのまま書き写すのでは字数が多くなりすぎる。左記の解答例のように、できる限り内容を減らさず字数を圧縮する工夫が求められる。

解答例

人間の力で困難を解決するための科学技術が ……**p**
問題を生み、技術開発を ……**q**
人間に強い続けるようであり、……**人間をどこまでも牽引**
不安を覚えるということ。……**不気味なところがある**

設問(二)

「単なる道具としてニュートラルなものに留まりえない理由」(傍線部イ)とはどういうことか、説明せよ。

1 解答の方針を立てる

傍線部直前の指示語について、「それ」＝「テクノロジー」を

明示して解答する。

問いの意味を正しく把握することが難しい。 傍線部は次のような構造である。

テクノロジーは **ある理由（x）** ↑によって **ニュートラルなものに留まりえない（y）**

「理由」とは「どういうことか」という問いだから、**x**の内容の説明に注意が向きがちである。しかし、あえて「なぜか」と問わずに「どういうことか」と問うているからには、傍線部全体の換言（再現）も求めているのである。つまりこの設問では、次の二つを満たして解答する必要がある。

i　**xの内容（「理由」の中身）を述べる。**

ii　**傍線部全体の換言（再現）を行う。すなわち「x→y」という論理関係を解答化する必要がある**（このとき**y**は、傍線部の表現をそのまま使うわけにはゆかないから、**y**の換言が必要になる）。

解答は「テクノロジーが**y**である理由は**x**だ」と書いてもよいが、**「テクノロジーはxであることによって（xであるからこそ）yだということ」**（◆）という形が最も明快であろう。

2 解答要素をそろえる

まず**x**の内容を考える。テクノロジーが「ニュートラルなものに留まりえない理由」は、傍線部の一文より「こうして『すべきこと』から離れている」ことである。「こうして」とあるのでさらに前に戻ると、「結果として出てくるものが望ましいかどうか……とは無縁」という内容が得られる。具体例を避けつつ類似の内容の記述を集めて、

- （テクノロジーは）是非の判断を解決できない（17行目）
- （テクノロジーは）実行の可能性を示すだけ（32行目）

という二点も抽出できるとなおよい。

これで**x**の内容は明らかになった。次に「**x→y**」という論理を再現する必要があることを意識し、**y**の内容を考える。ニュートラル（中立）でないということは、何らかの立場をとるということである。テクノロジーは、是非の判断とは無縁であること（**x**）によって、人間に対してどういう立場をとるのか。傍線部直後の文に「人間は……決断せざるをえない行為者として直面する」とある。テクノロジーは人間に新たな問題への決断を強いる・迫るという意味で、中立ではないのである。

3 解答を作成する

2で得られた要素を踏まえると、1で示した構造は左記のように書き改められる。

> テクノロジーは
> **x** **是非の判断とは無縁である**
> **実行の可能性を示すだけである**
> ← によって
> **y** **人間に決断を強いる、迫る**

1で◆として示した形に代入して、解答を記すとよい。

解答例

テクノロジーは是非の判断と無縁であり、行為の実行可能性を示すだけであるからこそ、実行の判断を人間に迫るということ。

設問㈢ 「実践的判断が虚構的なものでしかないことは明らかだ」（傍線部ウ）とあるが、なぜそういえるのか、説明せよ。

1 解答の方針を立てる

「実践的判断が、虚構的である」理由は、「実践的判断は、〜だから」である（▼理由説明については12・13ページ参照）。

傍線部の直前に「そういう意味で」とあるので、直前の内容が解答にまず必要である。いかなる論理による基礎づけも欠くという意味で、実践的判断は虚構的なのである。さらに次の段落（第10段落）から、具体例を避けつつ内容を補う。

2 解答要素をそろえる

第10段落から解答要素を抽出する際、具体例と主張を混同してしまう誤りを犯しやすいので注意。第10段落は左記のような構造である（▼《通読時の思考》⑫も参照）。

a_n 倫理的基準を支えている概念は虚構性をもつ（48・49行目）
← 例示
a_1 将来世代への責任・人類の存続……想像力によるもの
a_2 個人の意思……可変的
a_3 社会的コンセンサス……権力関係を追認しつくられる

傍線部は「実践的判断」全般の話であるから、解答に直接的に利用できるのは、抽象的一般的なa_nのみである。a_1に関して述べられている「想像力」や、a_2に関して述べられている「可変的」などの語で解答しないようにしたい。

またa_nは、「判断基準が虚構である」と述べているのではないので注意したい。判断基準において前提とされている概念が虚構性をもつのである。たとえばある行為Xの可否について、「Xに同意するという個人の意思が書面で表明されていれば可」という基準を設けたとする。この基準の中で自明視されている「個人の意思」という概念自体が虚構性をもつのである。したがって、そうした概念に依拠してなされる判断も、当然虚構的だということになる（▼「虚構」については49・50ページ参照）。

3 ▶ 解答を作成する

傍線部直前の内容に、**2**で得られた要素を組み合わせて解答とする。左記の解答例について、次のような疑問があるかもしれない。解答例の末尾を傍線部に接続させてみると、「虚構性をもっているから虚構的だ」となり、トートロジー（同語反復）ではないか、という疑問である。しかし「判断基準を支える概念が虚構性をもつので、それに基づく判断も虚構的だ」という論理であって、決してトートロジーではない。

解答例

実践的判断は、いかなる論理によっても基礎づけられず、倫理的基準を支えているとされる概念自体が虚構性をもっているから。

＊なお、第9段落第一文を使って「最終的な決定基準がないから」と記すことは誤りであり、減点等のおそれがある。「最終的な決定基準があるとは思えない。**むしろ（＝それどころではなく・そのようなことよりも）**……」という形で傍線部に続いてきており、最終的な決定基準を欠くことは、もはや大事ではない内容として、既に退けられているのである。東大現代文ではこのように、**論理に注意せずに何もかも記すとかえって評価が下がることがありうる**ので注意したい。

設問(四) 「テクノロジーは、人間的生のあり方を、その根本のところから変えてしまう」（傍線部エ）とはどういうことか、本文全体の論旨を踏まえた上で、一〇〇字以上一二〇字以内で説明せよ（句読点も一字と数える）。

1 ▶ 解答の方針を立てる

まずは、傍線部に直接関わる第11段落（設問(三)までで、まだ一度も解答に用いていない）**の内容を中心にして、傍線部はどういうことかという問いへの端的な解答を考える。**そのうえで、本文全体の論旨を追加する。
傍線部の直前に「そういう意味で」とあるので、直前の要約が解答に必須である。これを最初に考えるとよい。

2 解答要素をそろえる

① 「そういう意味で」の内容を解答化する。
テクノロジーがこれまで判断の必要がなかった事態を人為の範囲に落とし込み、それに呼応する新たな虚構の産出を強いる（という意味）

② さらに第11段落の要点を反映する。
虚構とは人間の生全体に不可避的に関わるものである
↓だからこそ虚構のあり方の変化が「人間的生のあり方」の変化となる

③ ①・②より左記のような解答案を得る。

暫定解答案

テクノロジーは、
これまで判断の必要がなかった事態を
人為の範囲に落とし込み、 ……x
それに呼応するものとして、 ……y
人間の生全体に不可避的に関わる虚構の
新たな産出を強いるということ。（八〇字程度）

④ **ここまでの（第11段落より前の）論旨を盛り込む。**

i 暫定解答案の段階で、結論（傍線部エ）の説明はもちろん済んでいる。また「そういう意味で」の前を解答化することで、結論の理由、背景の説明も概ね済んでいる。**本文冒頭に戻り、全体の主題（テーマ）と、その意味、内容、定義の反映を忘れないこと。**主題は「科学技術」「テクノロジー」であり、その本質はまず、問題を自ら作り出す「自己展開」であった。

ii さらにテクノロジーは、是非の判断に関与せず、人間に決断を迫るものであった（第3・5・6段落）。これはちょうど暫定解答案の**x**に対応する（人為の範囲に落とし込む＝人間に判断を迫る）。**x**の箇所に盛り込めばよい。

iii 暫定解答案の**y**について、呼応する新たな虚構が生み出されるとは、判断の必要が生じたことに応じて、新たに虚構が必要となるということである。設問㈢で、判断の基準を支える概念が虚構性をもつことを見た。このことから、新しい判断の基準を作る際に、虚構が必要になるのだとわかる。

＊右記ⅰ〜ⅲはちょうど、それぞれがここまでの設問㈠〜㈢で解答した内容に重なっている。しかしだからといって「東大現代文の一二〇字設問は、常に前の設問の解答内容を繰り返せばよい」というわけでは決してない。本問では設問㈠〜㈢がどれも、本文の論述の順序に即して各部分の要旨を問うものであったために、このようになるのであり、そうではない設問構成もありうる。設問構成については第2章で詳述する。

⑤ ③・④より左記のような解答案を得る。**太字部分**が④で追加・書き換えをした内容である。

解答案

テクノロジーは**困難を解決しつつ新たな問題を生み、行為の可能性を示すだけで是非の判断を示さないため、**これまで判断の必要がなかった行為について**判断を人間に迫り、**……x
その行為を導く基準として、人間の生全体に不可避的に関わる虚構の新たな産出を強いるということ。……y

3 ≫ 解答を作成する

右で示した解答案について、字数や表現の調整を行い、解答例とする。全体を二文に分けて書く方が表現のミスを防げる。

解答例

テクノロジーは困難を解決しつつ新たな問題を生み、行為の可能性を示すだけで是非の判断を示さない。ゆえにこれまで判断の必要がなかった行為の判断を人間に迫り、行為を導く基準として、人間の生全体に不可避的に関わる虚構の新たな産出を強いるということ。（一二〇字）

設問㈤　傍線部a・b・cのカタカナに相当する漢字を楷書で書け。

a　タイセイ　b　キュウサイ　c　ヨギ

解答

a　耐性　b　救済　c　余儀

例題2　一九八六年度　第一問（文理共通）木村敏『異常の構造』

問題：別冊7ページ

本文解説

《本文構造》

I 「合理性」に関する導入（第1段落）

異常で例外的な事態が不安をひきおこすのは

規則性と合理性とが例外的事態を支配下におさめえない場合

＝ **つまり**

その例外が、合理性とは原理的に相容れない（＝合理化への道がアプリオリ(＊1)に閉ざされた）非合理の姿で現われる場合

アプリオリな非合理

＝ **つまり**

（合理化の未完成**ではなく**）

合理化が絶対的に不可能であるような非合理が存在する

←

《通読時の思考》

❶ 「**つまり**」（2行目）という要約の表現に着目し、その後の内容を中心的な要点としておさえていく。第1段落冒頭にある主語とあわせて、主述を意識して捉えることで、「異常で例外的な事態が不安をひきおこすのは……その例外が、合理性とは原理的に相容れない……非合理の姿で現われる場合である」という内容を得る。

＊1 「アプリオリ」は、ここでは「原理からして」の意であり、直前の「原理的に」とほぼ同義である。

❷ 同様に「**つまり**」（4行目）の後ろと、「～**ではなく**……」（4・5行目）という構文で肯定される内容を中心におさえていく。「合理化が絶対的に不可能であるような非合理が……存在するということは、その合理性が……欠陥を含んでいるということを意味する」というように、端的に内容をつかむ。この欠陥が不安をもたらすのである。

その合理性が（完全な意味での合理性**ではなく**）
欠陥を含んでいることを意味する
←
私たちを不安にする

Ⅱ 現代の科学における合理性（第2〜4段落）

現代が科学の名のもとに
絶対的な信仰(＊2)を捧げている合理性は、
はたして完全な合理性でありうる**のか**

科学**とは**
人間が自然を支配しようとする意志から生まれてきたもの
（比喩：人間が自然の頭上に舞い上がって支配する）
← そして
支配を合法化し絶対的な権限を与えるために

❸「**はたして〜のか**」（7・8行目）という問題提起の表現に着目し、科学における合理性が主題であることをおさえる。主題が把握できたら、以下では、主題（科学における合理性）の意味、内容、定義を意識して読み進める。

＊2「信仰」という語から、本来は「合理性」などありはしないという含意が読み取れる。

❹「科学**とは**」（8行目）という定義の表現に着目する。また「**いわば**〜」（9行目）は直後の内容が比喩であることを示している。比喩自体が重要なのではなく、比喩によって述べたい内容は何かをおさえる。ここでは一文前の「科学とは〜」という内容である。

人間の頭脳が作り上げた律法
＝（**ほかならぬ**）合理性

自然そのものには人間の征服以前には
「合理性」は備わっていなかった
（いくら**強調**しても**強調**しすぎることはない）

人間の頭脳のとった巧妙な支配技術　**特筆するに値する**
＝
自然が外見上示している周期性に眼をつけた
（例　太陽、動物、植物、人間、さらに微細な観察）

これらの周期性と反復性を ←
一定の体系の枠の中に拾い集めて編み出したもの
＝「合理性」といわれる組織（＊3）（に**ほかならない**）

❺「**ほかならぬ**合理性なのである」（12行目）という強調表現に着目し、主題である「（科学における）合理性」の定義として、自然への支配を正当化、絶対化するために人間が作り上げたものであることをおさえる（これが後の「仮構」「虚構」に関わる）。

❻「いくら**強調**しても〜」（14行目）という強調表現に着目する。人間が征服する前の自然には「合理性」などなかったということは、やはり「合理性」が人間による作りものであることを意味している。

❼「**特筆するに値する**」（17行目）という強調表現に着目し、「人間の頭脳のとった巧妙な支配技術」の内容に注意して読み進め、「周期性に眼をつけた」という内容を得る。

❽「太陽は〜」（18行目）以降は周期性の具体例である。具体例をまとめて「**これら**の〜」（20行目）と述べている箇所に着目する。さらに「〜に**ほかならない**」（21行目）という強調の文末からも、主題である「（科学における）合理性」の定義として、「周期性と反復性を一定の体系の枠の中に拾い集めて編み出したもの」という内容を得る。ここでも「合理性」が人間による作りものとして捉えられていることに注意。

＊3　ここでの「組織」はsystemの意。

Ⅲ 自然の本性（第5～6段落）

自然の**本性**は（**むしろ**）非合理そのもの
自然が存在するということ自体が非合理

（例　太陽、地球、生命の存在）
これらは大いなる偶然である
← その限りにおいて
合理性とは対立する

自然の**真相**・**本性** ＝ 大いなる偶然性・非合理性
真の自然 ＝ 奥深い
自然の**真の**秘密 ＝ 人間の頭脳でははかり知ることができない

このような自然を人間は科学により支配しようとした
← そして
自然の上に合理性の網の目をはりめぐらせ、
その上に文明という虚構を築きあげた

❾「自然の**本性**」（25行目）という表現や、「**むしろ**」（26行目）という比較の表現に着目し、自然が非合理であること、そもそも自然が存在すること自体が非合理であることをおさえる。

❿「太陽」「地球」「生命」などは具体例であり、その例を「**これら**は～」（29行目）とまとめた箇所に着目する。自然の存在は「大いなる偶然」であり、非合理であることをおさえる。

⓫「自然の**真相**」「**本性**」「**真の**自然」「自然の**真の**秘密」（31・32行目）という表現に着目し、自然が人間の頭脳では知りえない奥深さを備えていることをおさえる。規則性や合理性は「仮構」つまり人間が作り出したものにすぎないのである。

⓬⓫で捉えた内容を根拠として得られる本文の結論をおさえる。自然の規則性や合理性など「仮構」にすぎず、その上に築かれた「文明」も「虚構」なのである。

設問解説

設問㈠

「合理化の未完成ではなくて合理化が絶対的に不可能であるような非合理」（傍線部ア）とあるが、筆者の言う「合理化の未完成」は「非合理」とどう違うか、説明せよ。

1 解答の方針を立てる

傍線部とその一文からヒントを得る。後者の「非合理」については、**傍線部自体に「合理化が絶対的に不可能」と述べられており**、さらに**傍線部直前の「つまり」**の前に言い換えがあるので参考にできる。

前者の「合理化の未完成」については、「〜ではなく」と否定されていることからもわかるように、本文で中心的に論じられている内容ではない。そのため本文中にはヒントとなる表現が少ないことが予想される。**「未完成」という言葉の意味に留意しつつ、内容を自分で表現することが求められる**であろう。

以上より、「非合理」の内容から考えた方が解きやすい。

2 解答要素をそろえる

「非合理」については、傍線部から順に前へと遡って確認する。

合理性とは原理的に相容れない、
合理化への道がアプリオリに閉ざされた非合理（2・3行目）
＝
このような 原理的・本質的な、アプリオリな非合理（3行目）
＝ **つまり**
合理化が絶対的に不可能であるような非合理（傍線部）

「非合理」とは、合理性と原理的に相容れず、それゆえに合理化自体が不可能なものであることが把握できればよい。

「合理化の未完成」については、本文中にヒントとなる表現がないので、「非合理」との差異を意識して自分で表現する。

「非〜」という否定が「〜ではない」ことを意味するのに対して、「未〜」という否定は「いまだ〜しない」ことを意味する。したがって「合理化の未完成」は、合理化がいつか完成するということを前提としつつ、まだ道半ばである（その途上にある）という意であると考えられる。合理化の可能を前提としているという点で、そもそも合理化自体が不可能であった「非合理」とは異なる。

3 解答を作成する

2で得られた要素を相違点説明の形で構成すると、次の解答例1のようになる。

解答例1

前者は合理化が可能だが未だ途上にあることを指し、後者は原理的本質的に合理性と相容れず、合理化自体が不可能なものである。

本設問は、本文理解の前提となる第1段落の内容を問うための導入問題であろう（例題1でも、設問㈠は本文の主題の基礎的な定義を問う導入問題であった）。このように東大では、最初の設問を導入として、設問を解き進めるにつれ徐々に理解が深まっていくような工夫がなされる場合が多い。したがって本設問は、第1段落のみを要素とした右記の解答例1で十分である。

それを承知の上であえて別解を示すとすれば、本文後半の「自然」に関する記述を参考にして「非合理」を説明することも可能であろう。第5段落で「自然の本性」は「合理性とはなんのかかわりもないもの、むしろ非合理そのもの」と述べられていた。「なんのかかわりもない」どころか「非合理」であるのだから、合理性と無関係どころか合理性に反するということである（「非合理」＝「合理性と無関係」ではないので注意！）。また同段落には「合理性とは真正面から対立する」とも述べられている。これらを踏まえた解答例が、次の解答例2である。

解答例2

前者は合理化が可能だが未だ途上にあることを指し、後者は合理性と背反し対立しさえする、合理化自体が不可能なものである。

設問㈡

「いわゆる『合理性』のひとかけらすら備わっていなかったのだ」（傍線部イ）とあるが、このように言えるのはなぜか、理由を説明せよ。

1 解答の方針を立てる

① 傍線部を簡単な主述に直して理解すること。「人間に征服される以前の自然は、『合理性』など備えていない」といえる理由を問われている。したがって解答は、「**人間に征服される以前の自然は、〜であるから**」（◆）となる。

② 傍線部の後の二文は「〜のである」という文末で終わっている。「〜のである」は、前文の内容に関する説明、確認、

念押しなどを行う場合の文末表現である。したがって傍線部の理由を説明するうえで、傍線部の内容を説明、確認、念押ししている後の二文を参考にすること。

2 解答要素をそろえる

① **1**の①より、人間の征服以前の、自然の「本性」「真相」にあたる内容を集めればよい。そこで第5〜6段落の要点に着目することになる。

- 自然の本性は……非合理そのもの（第5段落）
- 大いなる偶然（第5段落）
- 合理性とは真正面から対立するもの（第5段落）
- 大いなる偶然性・非合理性……自然の真相であり、その本性（第6段落）

② **1**の②より、傍線部の後の二文の内容を解答化する。自然を支配しようとする人間によって、自然は合理性という律法のもとにおかれたのである。これは第2段落末尾の要点であった、「この支配を合法化し、これに絶対的な権限を与えるために、私たちの頭脳が作り上げた……律法が、ほかならぬ合理性なのである」という記述とも対応している。

3 解答を作成する

2の①・②の内容を合成する。**1**で示した◆の構文で着地したいので、**2**の②の内容から書き始め、①の内容で締めるとよい。

解答例

自然を支配しようとする人間が合理性を作り出したのであり、人間の征服以前の自然は、偶然性に満ちた非合理であったから。

設問㈢

「囚衣」（傍線部ウ）とあるが、それはどういうことか、説明せよ。

1 解答の方針を立てる

比喩解釈を要求する難問である。比喩を含む設問は第4章で集中的に練習するので、ここでは概略のみ理解できればよい。たとえば「ここはオアシスのようだ」という比喩表現があり、「オアシス」とはどういうことか、と問われたとする。このとき解答すべき内容は二点ある。第一に「オアシス」という表現が指しているのはどこなのかである。すなわち「ここ」が指す場所の名を答えなければならない。第二に「オアシス」という比喩で印象づけられているのはどういう性質かである。砂漠にあるオアシスとの共通性を意識し、安らぎをもたらす場、癒しの場などと答えなければならない。以上の二点より解答は、「○○（場所の名）は、安らぎをもたらす癒しの場であるということ」のような主述の構造をなすであろう。

本問でも同様に、**第一に「囚衣」がそもそも何を指すかを答え、第二に「囚衣」という比喩でどういう性質が印象づけられているかを答える。**第一の内容を主部に置き、第二の内容を述部に置くと書きやすい。

2 解答要素をそろえる

① 第一に「囚衣」が何を指すかを考える。傍線部の後の「合理性の着衣」という表現からも「合理性」を指すとわかるが、傍線部の箇所は「この囚衣」であり、指示語は原則として丁寧に前へ戻ること。「人間が仕立ててくれたこの囚衣」であるから、人間が作り出したものを直前に求める。「周期性と反復性を一定の体系の枠の中に拾い集めて編み出した」『合理性』といわれる組織」である。

② 第二に「囚衣」という比喩によって印象づけられる性質を考える。「囚衣」は文字通り囚人が着る衣服であるから、自由を奪われ支配される際に押し付けられるものである。つまり合理性は、人間が自然を**支配するにあたって無理に与えた性質**だということである。さらに、傍線部の後の文に「この身にぴったりと合う囚衣」とあるように、外見上・表面上はフィットしているからこそ衣服の比喩が用いられるのである。17行目に「自然それ自身が外見上示している周期性」とあることがヒントになる。合理性は、**周期性・反復性という自然の外見には合っている**のである。（なお、第6段落の「表面的な仮構」という表現もこれに対応している。）

3 解答を作成する

ここまででわかるように、設問㈡と解答内容が一部重複する（人間が自然を支配するために合理性を編み出したという内容）。しかし設問の主眼点は異なっている。本問では「囚衣」という比喩表現の解釈に主眼があるので、「押し付ける（強いて与える）」という要素が書けるか、あるいは外見には合っているという意味で「自然の周期性・反復性に合う（基づく）」という要素が書けるかがポイントである。難問であるから、これら二つのうち片方でも書ければ合格点であろう。解答内容が前の設問と部分的に重なること自体は珍しくない。その分、この設問の主眼点はどこにあるのかを明確に意識して解答したい。

解答例

合理性という組織は、人間が自然を支配する際に、自然の外見上の周期性・反復性に基づき、強いて付与したものであるということ。

設問㈣　「文明という虚構を築きあげたのである」（傍線部エ）とあるが、なぜ「虚構」と言えるのか。本文全体の論旨を踏まえた上で、一〇〇字以上一二〇字以内で説明せよ。

1 解答の方針を立てる

「本文全体の論旨」以前に、まずは通常の傍線部説明問題として解答を考える。「文明」が「虚構」といえる理由を問われているので、解答は「**文明は～であるから**」となる。

傍線部直前の「その（上に）」という指示語に着目する。「文明」は「合理性」の上に築かれているという内容に留意しておく。

何よりもまず、**これまでにほとんど解答に用いていない第6段落の内容を有効に活用すること。**そのうえで、本文全体の論旨を追加する。

2 解答要素をそろえる

① 第6段落の要点を振り返る。自然の本来のあり方について次の内容が述べられている。

- この（＝そもそも自然が存在するということ自体における）大いなる偶然性・非合理性こそは自然の真相であり、その本性である
- 真の自然とはどこまでも奥深いものである
- 自然の真の秘密は私たちの頭脳でははかり知ることができない

② ①のような自然のあり方に対して、「文明は～であるから」と解答する。傍線部の一文からわかるように、文明は「合理性」の上に成り立っている。それは人間が「はりめぐらせ」た「網の目」であり、第6段落の中にも述べられているように、「規則性や合理性」は「表面的な仮構」なのである（人間がはりめぐらせた網の目だという比喩のままで解答しないこと）。だからこそ、その上に築かれた「文明」も「虚構」なのである。

③ ①・②より左記のような解答案を得る。

暫定解答案

自然は存在自体からして偶然性・非合理性を本性としており、その真相は人間の頭脳では知りえないほど奥深い。[それに対して]文明は、規則性や合理性という表面的な仮構の上に成立しているから。（九〇字程度）

④ ここまでの（第[6]段落より前の）論旨を解答化する。特に**本文全体の主題とその意味、内容、定義を解答に反映すること**。本文全体の主題は、第[2]段落の問題提起で述べられたように「現代という時代が科学の名のもとに絶対的な信仰を捧げている合理性」である。**「現代」「科学」を忘れずに解答化すること**。そしてその「合理性」の意味、内容、定義は、人間が自然を支配する際に「作り上げたもの」（第[2]段落）、「編み出したもの」（第[4]段落）であった。

⑤ ③・④より左記のような解答案を得る。**太字部分**が④で追加した内容である。

解答案

自然は、存在自体からして偶然性・非合理性を本性としており、その真相は人間の頭脳では知りえないほど奥深い。それに対して、**現代が科学の名の下に絶対的な信仰を捧げる**規則性・合理性は、**人間が自然を支配する際に作り出した**表面的な仮構であり、文明はその仮構の上に成立しているから。

3 解答を作成する

右で示した解答案について、字数や表現の調整を行い、左記の解答例とする。

解答例

自然は、存在自体からして偶然性・非合理性を本性としており、人間が知りえないほど奥深い。それに対して、現代が科学の名の下に絶対視する規則性・合理性は、人間が自然を支配する際に作り出した表面的な仮構であり、文明はその仮構の上に成立しているから。（一二〇字）

設問(五)

傍線部a・b・cのカタカナに相当する漢字を楷書で記せ。

a　ソウサ　b　ビサイ　c　チョウエツ

解答

a　操作　b　微細　c　超越

発展 ―― 科学と虚構 ――

人間の不安は科学の発展から来る。進んで止（とど）まる事を知らない科学は、かつて我々に止（とど）まる事を許して呉（く）れた事がない。

夏目漱石『行人』

ここまでは、試験本番でいかに思考すべきかを重視して、本文読解と設問解答の解説に徹してきたが、以下では本文内容に関する考察を行う。東大現代文で頻出のテーマや基礎概念について理解を深めることで、類する議論が出題された場合に一層精確な読解が可能となり、同時に東大入学後にも通用する基礎教養となるであろう。

時代とともに変わりうる「自然」観

例題1・2の本文の出典となった著書が刊行された時期は、次の通りである。

例題1：伊藤徹『芸術家たちの精神史』二〇一五年刊行
例題2：木村敏『異常の構造』一九七三年刊行

木村敏（例題2）によれば、自然の偶然性・非合理性を前提とした場合、人間の文明は「虚構」とみなされるという。しかしその後、現在に至るまでの約半世紀の間に、テクノロジーは急速な発展を遂げた。今では伊藤徹（例題1）が述べるように、「自然」に任すことができた様々な状況を人為の範囲に落とし込むことが可能となってきている。生殖補助医療技術のみならず、ヒト・クローン個体の産生、再生医療、ゲノム編集による遺伝子の改変、そして遺伝子操作により望み通りの子どもを作るデザイナー・ベビーなどが想起されるだろう。かつては神秘であるかのように思われた人間の生命の仕組みが明らかにされ、生命の在り方を人間が支配することが可能になりつつある。こういった現在の状況に照らせば、実は自然は「非合理」などではなく、現段階では「合理化が未完成」であるために、「非合理」であるかのように見えているだけではないか、と問うことも可能であろう。以下ではこうした内容について、東大現代文の他の過去問題も参考にしながら、さらに考えを深めてみたい。

東大現代文と科学論

東大現代文では過去に、例題1・2以外にも科学論が出題されている。特に代表的な二題について、本文内容の一部を紹介しておく。

■一九九六年度出題　坂本賢三『科学思想史』

科学研究にあたって前提となっているのは、「対象はこのようにできているはずだ」という自然観・社会観と、「このようにアプローチすれば対象を把握することができる」という研究方法である。たとえば現代の科学者は、対象の中に法則性があることを疑っていない。法則が存在するか否かを問うことは科学の問題ではなく、法則の存在を自明の前提として研究を進めているのである。しかし、四百年前までは法則を発見しようなどと考える人はいなかったのであり、研究結果を法則化する態度は歴史的に形成されてきたものである。

■一九九八年度出題　西谷修「問われる『身体』の生命」

脳死は心臓死とは決定的に違う。移植医療において、脳死を「人の死」と規定して臓器の摘出を認めることは、脳死身体をもはや「人ではない身体」とみなし、人間の身体を「資材」化する道を開くことである。これは、人間に役立つはずのテクノロジーが人間の非人間化をもたらしている状況であり、不気味である。人間はその不気味な状況を欺瞞なしに受けとめ、テクノロジーとのありうべき関係を探ってゆくほかない。

自然の法則性・規則性の存在は自明ではない

坂本賢三の議論と、木村敏（例題2）の議論を比較してみよう。坂本は、大昔から現在に至るまでの多様な科学思想の存在を視野に入れ、法則性の存在を前提とする現在の科学思想はその一つにすぎないと考えている。したがって、科学という語の指す範囲は広く、近代以降の科学に限られない。一方で、木村が論じる科学は、法則性の存在を前提とする近代以降の科学のことである。木村の文章の基底には、自然は超人間的であり合理的な秩序などもたないという考えがあり、こうした自然に対して近代以降の科学は、強いて合理性や規則性を見ようとしているということになる。

坂本も木村も、自然の法則性・規則性の存在を自明視しないという点では共通している。自然が合理的な秩序を有するというのは、近代以降の人間がもつ先入見なのである。両氏の議論の基盤には、人間はある前提を仮に想定して、その前提のもとで自然を見るほかないという認識があるように思われる。すなわち、自然の中に含まれる人間が、自然の本性を完全に理解したり、自然を思いのままに制御したりすることはできないという認識があるのである。

神になりつつある科学

西谷修の不気味という思いの根底にも、同様の認識があるものと思われる。西谷が抱いているのは、人間に制御などできないはずの自然に、人間が介入しようとしていることへの不気味さであろう。木村敏（例題2）が「偶然性」と述べていた部分に介入することが、漠然と不気味だと感じられるのである。テクノロジーの急速な発展に伴い、実は自然は「非合理」などではなく「合理化の未完成」なのではないかという様相を示し始める。その過渡期において人間が感じる不気味さであろう。自然のすべてを科学で解明し、支配することができる――いわば科学が神に代わることが可能になりつつあることへの戸惑いでもある。

「自然」に任すことができた状況を人為の範囲に落とし込むことが可能となりつつある、という伊藤徹（例題1）の指摘を改めて想起しよう。合理化の「未完成」部分がますます縮減され、最終的に「完成」へと至れば、すなわち自然の一切が解明されれば、偶然は必然となり、自然のすべてが人為で再現可能になる時代が到来するようにも思われる。

「虚構」という重要概念

例題1・2ともに、「虚構」という語が本文のキーワードであった。「虚構」は東大現代文で頻出であるだけでなく、現代の人文学においてもきわめて重要な概念である。

日常的には、虚構（fiction）というと、「この物語はフィクションです」という字幕のように「作り話・事実でないもの」という意味で用いられやすい。しかし学術的文章では、そうした非事実という意味ではなく、**「人間が作り出したもの」「人間による構成物」**といった意味で用いられる場合が多い。決して自然に存在するもの、人為を離れて普遍的に存在するものではないということである。たとえば、人間は他者との関係なしには生きられない存在であり、原子のように切り離された自立的な「個（individual）」という単位は虚構である（人間が作り出した単位である）といわれる。虚構という語そのものに否定的含意があるわけではなく、たとえば「個」という概念に依拠してこそ近代以降の民主的な社会が可能となっているように、虚構は人間の生を支える重要な要素である。虚構と現実を対立的に捉えるのではなく、我々の生きる現実は虚構に支えられていると考えられる。

なお fiction という語には、「(そうでないものを) そうであ

第1章

発展

るとみなす」という意味での「擬制」という訳語もあり、人為的で時代に応じて変遷しうる社会制度や法などは、しばしば擬制と呼ばれる。

《出典解説》

■伊藤徹『芸術家たちの精神史』(ナカニシヤ出版、二〇一五年)

伊藤徹(一九五七〜)は哲学者。二〇〇二年「手としての人間 作ることへの問いと柳宗悦」で京都大学文学博士。これをもとにした書籍『柳宗悦 手としての人間』の一節が、二〇〇四年度の東京大学第一問で出題されている(本書第5章で扱う)。他にも『作ることの哲学 科学技術時代のポイエーシス』『作ることの日本近代 一九一〇―四〇年代の精神史』などの著書がある。『芸術家たちの精神史』は、「日本近代化を巡る哲学」という副題をもち、高橋由一から岡本太郎、寺山修司に至るまで、芸術家たちの作品に反映された近代日本の精神を、現代のテクノロジーと関連付けて論じた書である。

■木村敏『異常の構造』(講談社現代新書、一九七三年、のちに講談社学術文庫、二〇二二年)

木村敏(一九三一〜二〇二一)は、医学者・精神科医。精神病理学を専門とする。医学博士、京都大学名誉教授。『人と人との間』『自己・あいだ・時間』『時間と自己』『関係としての自己』など多数の著書があり、『木村敏著作集』全八巻が刊行されている。大学入試の現代文では頻出著者でもあり、二〇一一年度センター本試験第1問で「境界としての自己」が出題されている。『異常の構造』は、統合失調症(現在の呼称)のような精神病理に見られる事例をもとに、正常・異常の基準が絶対的なものではないことを論じた書である。

《読書案内》

■野家啓一『科学哲学への招待』(ちくま学芸文庫、二〇一五年)

東大入試にも出題歴のある著名な哲学者による、科学史・科学思想の入門書。古代ギリシアの自然観から、三・一一以後の現代科学技術に至るまで、主要な論点を深く論じている。

■村上陽一郎『科学史・科学哲学入門』(講談社学術文庫、二〇二一年)

一九七七年に刊行された『科学・哲学・信仰』をもととして、文庫化されたもの。「神の意志」と「理性による世界支配」を根幹とするキリスト教と、科学との関わりを論じている。

column 1

第一問の出題意図について

たとえば二〇二二年度の第一問について、東大ウェブサイトで発表された「「国語」の出題の意図」では次のように述べられている。

> 第一問は、現代文の論理的文章についての問題です。今回は鵜飼哲の文章を題材としました。ナショナリズムが持つ仮構的性格ゆえに、日本人の誰もが排除の対象に転じうるとする論旨の展開を正確に捉える読解力と、それを簡潔に記述する表現力が試されます。また、ある程度の長文によって全体の論旨をふまえつつまとめる能力を問う問題を設けました。

あわせて、東大ウェブサイトに掲載されている「高等学校段階までの学習で身につけてほしいこと」を確認しよう。以下では現代文に深く関わる部分を引用する。

> ……問題文は論旨明快でありつつ、滋味深い、品格ある文章を厳選しています。学生が高等学校までの学習によって習得したものを基盤にしつつ、それに留まらず、自己の体験総体を媒介に考えることを求めているからです。本学に入学しようとする皆さんは、総合的な国語力を養うよう心掛けてください。
>
> 総合的な国語力の中心となるのは
>
> 1　文章を筋道立てて読みとる読解力
>
> 2　それを正しく明確な日本語によって表す表現力
>
> の二つであり、出題に当たっては、基本的な知識の習得は要求するものの、それは高等学校までの教育課程の範囲を出るものではなく、むしろ、それ以上に、自らの体験に基づいた主体的な国語の運用能力を重視します。……

——部のように、論旨を正確に読み取る力、読み取った内容を正確に表す力の二点が試されている。きわめて明快である。言い換えれば、本文要旨の把握を問うために設問を作成し、それに適切に応答する説明を記述できれば得点できるように作問しているのである。決して特別な方法（テクニック）や、文学的な才能などが求められているのではない。**安**

＊文科専用の第四問については、補章を参照。

心して正々堂々と、本文要旨の把握、設問への適切な応答という二点を学習すればよい。

また、「簡潔に」という点には留意したい。小さな文字でびっしりと書く力を求めているのではなく、二行の解答欄に対して適当な字数で、コンパクトに記述する力を求めているといえる（六〇字程度が目安であろう）。なお、……部の「ある程度の長文によって～まとめる」とは、一〇〇字以上二二〇字以内の記述のことである。

～～部の「自己の体験総体（を媒介とする）」「自らの体験（に基づく）」という文言は、何を意味するのか。「体験」だからといって、各人の実体験に即した解答を記せという意味ではないし、自分だったらどう思うかという安易な主観で解答せよという意味でもない。**ベースとなる国語運用力や基礎教養の蓄積が重要だ**ということであり、**その場の思いつきだけで恣意的に考えてはならない、直感で答えてはならない**という意味であろう。現代文の学習のみならず、国語以外の科目の学習や、日常生活の中でも、私たちは言葉を用い、言葉によって思考している。さらに、たとえば科学論であれば、理科系の学習や読書を通じて、関連するテーマについて思考した経験があるかもしれない。あるいは近代科学の成立に関して、歴史の学習で何ごとかを知り、考えた経験の蓄積が生きるかもしれない。言葉によって思考した経験が豊かであればあるほど、解答も明晰な表現となりうるし、様々な論点について考えた経験があればあるほど、安易な思いつきは排除される。

受験生の多くは、他科目も広く学習しており、様々な問題を考究していることと思う。受験本番までに、さらに色々な本を読むなどして考えを深めることが理想であろうが、その余裕はあまりないかもしれない。そこで本書では各章に「発展」を付し、例題で扱った文章に関連する基本的な論点に触れられるようにしている。考えを深める契機としてほしい。

第2章

設問の意図を理解する

本章のテーマは、**東大現代文（特に第一問）の設問がどういう意図で作られ、配置されているのかを理解する**ことである。出題者の立場に仮に身を置いて、設問作成のねらいを考えてみることは、試験で求められている学力を正しく理解するという意味で、必要かつまっとうな学習である。解答作成の指針を一層明確化することにもつながる。

以下の説明は、例題３・４を解く前に読むか、あるいは例題３・４をどちらも解いてから、二題を比較しつつ読んでほしい。

図１
本文（▬▬ は要旨になる重要内容＝各設問の解答要素）

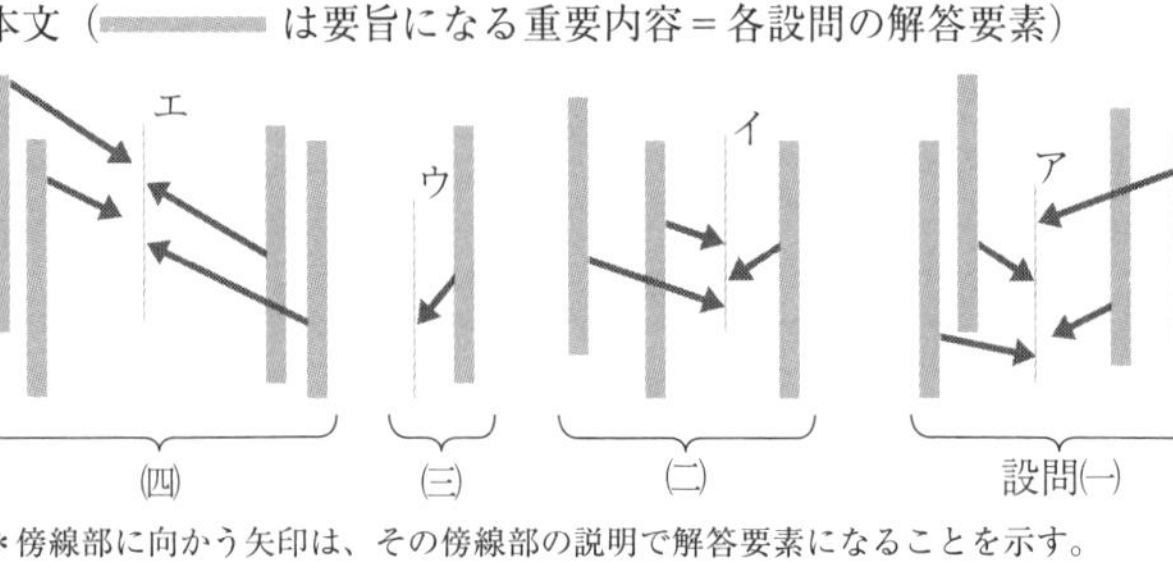

＊傍線部に向かう矢印は、その傍線部の説明で解答要素になることを示す。
＊白い部分（解答要素になっていない部分）は、具体例など、それ自体が重要だとはいえない箇所である。

現代文一般の設問意図

第1章でも述べたように、現代文の設問は、本文の要旨把握を試すために作られる。それならば、最もシンプルな問いは「本文を要約せよ」である。しかしそれでは一問しか作成できず、また複雑な問題に答える表現力を問えない。したがって、要旨を設問ごとに分けて問うべく、それにふさわしい傍線部を設定する。そして、傍線部に関する説明という形で問うことで、複雑な問いに的確に応答する表現力をも試す。

上の**図1**は、傍線部ア〜エによって、全体要旨を四問に分けて問う場合のサンプルである。なお、現実には常に本文の初めから順に問うとは限らない。あくまで単純化した図である。

要旨を問うということは、本文の重要内容が解答要素になるように設問を作るということであり、解答者からすれば、要点箇所を参照しながら設問を解くべきだということである。

全設問への解答を終えたとして、たとえば「第4〜6段落には重要内容が詰まっていたのに、一度も設問に関係しなかった」などということは考えがたい。真面目に読んだ受験生をあえて惑わせるような問題設計は、原則としてなされないからである。**すべての設問に解答することで、自ずと本文全体の要旨をカバーすることになる**と考えればよい。特に最終設問で、これまでの設問で一度も解答していない要点箇所に注意せよというのは、そのような意味である。

図2［東大 タイプ1］

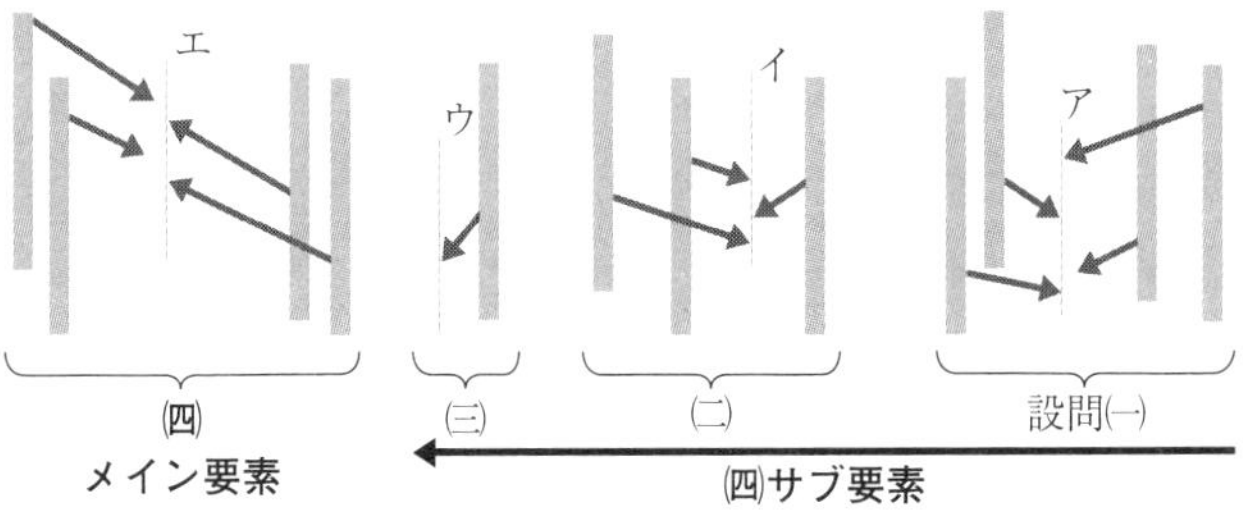

エ ウ イ ア

㈣ ㈢ ㈡ 設問㈠

メイン要素

㈣サブ要素

東大現代文の設問構成

東大現代文第一問の場合は、最後の記述問題で全体要旨をも踏まえさせる形であり、**図1**に一工夫加えた設問構成になる。近年の第一問に即して、記述問題四問の構成で考えれば、たとえば**図2**のようになろう。

設問㈠～㈢で各部分の要旨を問い、設問㈣では最終部分の要旨を中心として、これまでの要旨をも付加的に説明させる構成である。このような設問構成は現に見られるが、**図2**を見てもわかるように、設問㈣の解答要素が設問㈠～㈢と大きく重複してしまうという難点がある。最終設問に至るまでに各部分の要旨を随時問うてきたのであるから、最後に全体要旨を書こうとすると内容が重なるのは当然といえる（**そのため受験生としては、解答要素が重複することを不安に思う必要はない**）。

図2のような構成では、設問㈠～㈢で高得点であった受験生が、設問㈣でも必然的に高い点数を取ることになってしまう。そこで、**図3**（次ページ）のように工夫された設問構成も見られる。

全体の主題や結論に深く関係する内容について、たとえ本文前半に書かれていても設問㈠～㈢で問わずに残しておき、全体要旨を踏まえる設問㈣で回収させるというタイプである。このような構成であれば、設問間で解答要素が大きく重複することはなく、設問全体を通じて全体を合理的に問うことができる（特に、第一問で記述問題が五問から四問に減らされた二〇一七年度以降は、設問間での要素の重複が減っている傾向にある）。

図2と図3については、設問作成のあり方として一度頭で理解しておけばよく、その都度「今回はどういう設問構成か」などと見極めようというのではない。ただ**図3**のようなタイプがありうることを理解していれば、たとえば設問㈠が本文冒頭の要旨を問うものでなかったとしても、心

図3［東大 タイプ2］

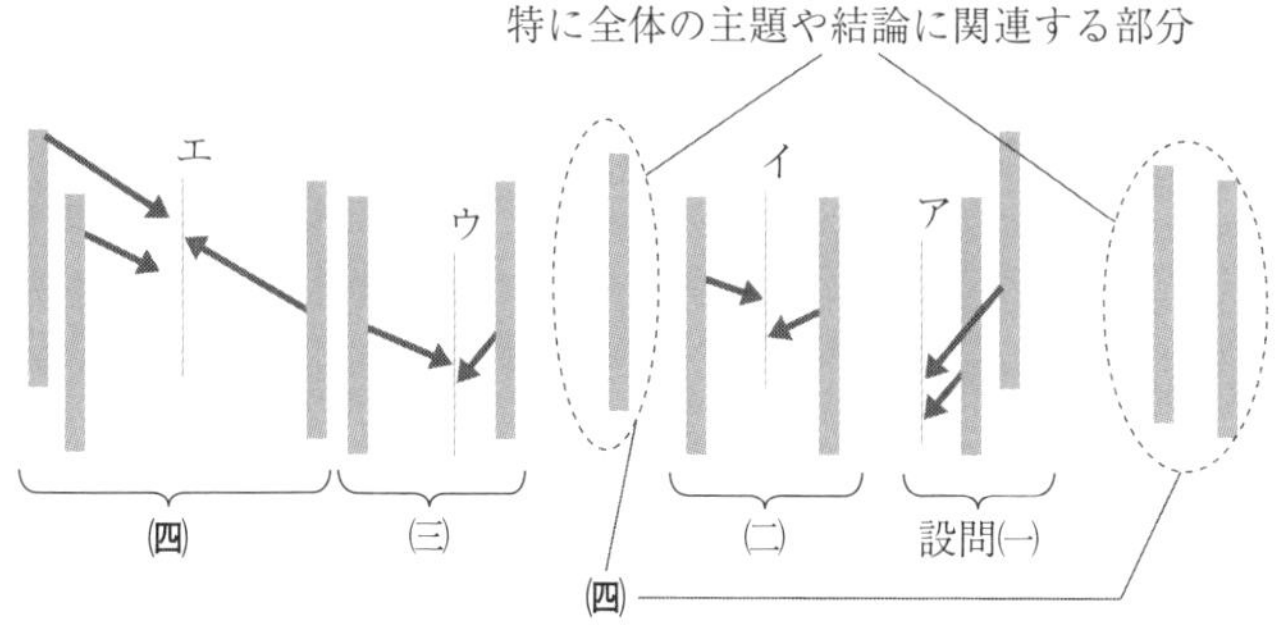

配はいらないとわかる。冒頭の内容は最終設問で踏まえればよいからである。またいかなる場合であれ、本文の主題に関わる内容は一二〇字設問で必須であり、**図3**のようにそれをここまでの設問で解答していないとすれば、なおさら重要だと意識できる。**どういう設問構成であれ、最終的には本文の要点をすべて問いたいという試験の根幹は変わらず、合理的に全体を問えるように、常に設問の作られ方が工夫されている**ということがわかればよい。

以上の内容について、実際の問題を通して理解を深めるべく、**図2**のタイプと**図3**のタイプをそれぞれ例題3・4として配置している。第1章で学習した基本的な読解・解答の発想法も振り返りつつ、取り組んでみよう。

例題3　二〇〇八年度　第一問（文理共通）宇野邦一『反歴史論』――問題：別冊10ページ

本文解説

《本文構造》

I　あいまいで巨大な領域をもつ歴史（第1～3段落）

問い

歴史とは何かという**問いをたてる**

歴史とはあったことをいうのか、

書かれたことをいうのかと**問うてみよう**

（例　「文字禍」）

←

書かれなくても、言い伝えられ、記憶されていることがある

書かれたとしても、散逸し、無に帰してしまうことがある

たとえば

私が生きたこと　書かれずに終わる

↔

ナポレオンの一生　書かれてきた、まだ新たに書かれる

「書かれなかった事は、無かった事じゃ」とはいえない

《通読時の思考》

❶　「**問いをたてる**」（1行目）、「**問うてみよう**」（3行目）といった問題提起の表現に着目し、本文の主題を捉える。もちろん「歴史」が主題である。主題を捉えたらその意味、内容、定義を意識して読み進めるが、ここではまさにその定義自体が問題とされている。

❷　「**たとえば**～」（7行目）という例示の表現に着目し、具体例を挙げることで筆者が述べようとしている主張を捉える。「私」・「ナポレオン」という例の前後にある抽象論をおさえること。歴史は、書かれたことかどうかという基準では定義できないのである。

「書かれた事は、有った事じゃ」ともいえない

←

（さしあたっての）答え

歴史＝画定することのできないあいまいな領域を広げている

←

歴史学＝この巨大な領域に支えられ、養われている

Ⅱ 歴史と記憶（第4～6段落）

歴史の問題が「記憶」の問題として思考される傾向

歴史**とは**ただ遺跡や史料の集積と解読**ではなく**

（遺跡や史料の集積と解読を含めた）記憶の行為

＝ 史料 とは

記憶されたことの記録

＝

記憶の記憶

歴史**とは**個人と集団の記憶とその操作

→

❸「さしあたって歴史は～」（12行目）という一文は、❶で見た問いに対する（とりあえずの）答えである。要点となる主述を短く捉えることを意識して、上記のように端的に内容をおさえておく。これで、主題である「歴史」の一応の定義が手に入ったといえる。

❹ 第4段落では、「歴史**とは**～」のような定義の表現が連続する。主題である「歴史」の定義は当然重要であることを意識し、上記のような内容を捉える（なお「史料とは～」（17行目）は、「歴史」の定義の中に出てくる「史料」の定義であり、定義の中の語の定義である）。特に「～**ではなく**」（17行目）という表現に注意。「歴史」は一般に「遺跡や史料の集積と解読」のように思われがちだが、むしろ「記憶」であるという面を筆者は強調している。人間の「記憶」である以上、人間の「主体性」「主観性」なしにはありえないのである。

歴史を記憶の一形態とみなそうとした背景

歴史の過大な求心力から離脱しようとする ……… 別の歴史的思考の要請

歴史＝ある国、社会の代表的な価値観によって中心化され … その国あるいは社会の成員の自己像を構成する

||

歴史＝そのような自己像をめぐる戦い、言葉とイメージの闘争の歴史

記憶
- 量的にはるかに歴史を上回る ………
- 人間の歴史をはるかに上回るひろがりと深さをもっている

↕ **だが**

歴史
- 局限され、一定の中心にむけて等質化された記憶の束
- 人間だけのもの

＊「歴史の過大な求心力」（20行目）とは、この後に述べられるように、国や社会の代表的価値観で成員の自己像を統制する力である。たとえば戦前の日本国民は、皇国史観に基づく「歴史」の過大な求心力にさらされていたと考えられる。それに対して、そうした「過大な求心力」をもつ「歴史」自体も、人間の主観に基づいており、決して自明のものではないという見方が、「歴史」を「記憶」と捉える立場であろう（▼「発展」80・81ページ参照）。

❺ 引き続き「歴史」の定義が連続する。上記のようなイコール関係を捉え、歴史は様々な言葉やイメージ（歴史像）の闘争を経て、国や社会の成員のアイデンティティを作り出す役割をになってきたことを捉える。

❻ 「歴史は……**だが**、記憶の方は～」（28・29行目）という表現などから、「歴史」と「記憶」が対比されていることをつかみ、上記のような内容をおさえる。このとき特に、本文の主題である「歴史」に関する内容を重視する（傍線部ウはあえて「記憶」側を問うために設定されているが、本文全体の論旨として重要なのはもちろん「歴史」側である）。

Ⅲ 歴史の決定と自由との関係（第7〜10段落）

歴史＝・さまざまな形で個人の生を決定してきた
・個人から集団を貫通する記憶の集積
・数えきれない成果すべての集積
・私を決定する
（例　身体、思考、感情、欲望、存在、死など）

↕ **にもかかわらず**

そのようなすべての決定から私は自由になろうとする

私の自由な選択や行動や抵抗がなければ、
自由の集積や混沌がなければ、
歴史そのものが存在しえなかった

（**たとえば**　文章を書く・書かない
会社をやめる・やめない）

そのような大小の自由が歴史に含まれている

歴史に対して私の自由はあるのかどうかと**問うている**
そう問うことに意味があるのかどうか、さらに**問うてみる**

❼ 第7段落では具体例が多く記されるので、具体例を通して述べたい抽象論の部分に絞って要点を捉える。第7段落の第三文は、具体例をカットして骨格をあぶりだすと、「個人から集団を貫通する記憶の集積として、……数えきれない成果……すべての集積として、歴史は私を決定する」と読むことができる。さらにその後、第7段落の最後まで、「歴史」が「私を決定する」ことの具体例である。

❽ 「**たとえば**〜」（39行目）という例示の表現に着目し、具体例の前後の抽象論を捉える。まず直前をおさえ、「歴史」は「自由な選択や行動や抵抗」＝「自由の集積や混沌」を存在の要件とするのだという内容を得る。さらに、具体例をまとめる「**そのような**」（40・41行目）という指示語に着目することで、歴史の中には大小の自由が含まれているという内容を得る。

❾ 「**問うている**」「**問うてみる**」（45行目）という表現から、筆者の問題意識を捉える。歴史と自由の関係を問題にしているのである。

↔ **けれども**

歴史からの完全な自由を欲しているの**ではない**

歴史を無にしたいと思っているの**でもない**

歴史＝無数の他者の痕跡とともにあることの喜び、苦しみ、
重さ

⑩「〜**ではない**」「〜**でもない**」（46行目）という否定の後にくる内容を重視する。その内容は、「歴史**とは**〜」（46行目）とあるように、主題「歴史」に関する重要な定義でもある。「歴史とは、無数の他者の……痕跡……とともにあることの喜びであり、苦しみであり、重さなのである」とおさえる。これが本文の結論であろう。

設問解説

設問(一) 「歴史学の存在そのものが、この巨大な領域に支えられ、養われている」（傍線部ア）とあるが、どういうことか、説明せよ。

1 ≫ 解答の方針を立てる

傍線部の構文に合わせて、解答は概ね「**歴史学自体が〜という領域のおかげで成り立っているということ**」のようになる。

「この巨大な領域」という指示語の指示内容を明示する。これが「歴史」を指すのであり、本文の主題である「歴史」の基礎的な内容確認という意図を含んだ設問であることがわかる。

さらに「養われている」という比喩的な表現の意味も、できる限り本文の表現によって正確に説明したい。

2 ≫ 解答要素をそろえる

「この巨大な領域」＝「画定することのできないあいまいな（領域）」＝「果てしなく広げ（られている領域）」＝「歴史」である。これで解答は、「**歴史学自体が、画定不能で曖昧に広がる歴史という領域のおかげで成り立っているということ**」のようになる。

さらに「養われている」という比喩的な表現を正確に置換したい。歴史が歴史学に養分のようなものを与えるといった表現を本文中から探す。傍線部の直後に「この巨大な領域のわずかな情報を与えてきたのは」とあり、「**（歴史に）養われている**」＝「**（歴史から）情報を与えられている**」であろう。

細かい点としては、「（歴史学の存在）そのものが」の意味を解答化できると一層万全な解答となる。基本的には「（歴史学）自体が」としておけばよいが、ここでは次のような逆説的な含意がある。

例　悪いと思っていないということ自体が、悪い。
→悪いと思っていないという当の（まさに）そのことが、かえって悪い。

傍線部の直前にあるように、**歴史学は曖昧さを排除しようとしている**（歴史の画定を目指している）。ところが、当の歴史学自体が、**逆に曖昧な領域のおかげで成立する**のである。

3 ≫ 解答を作成する

「この巨大な領域」「養われている」の内容説明ができればひとまず合格点であろう。「そのものが」の説明は難しい。

解答例

曖昧さを排除し歴史の画定を試みる歴史学自体が、画定不能で曖昧に広がる歴史という領域から情報を得て成り立つということ。

設問㈡ 「歴史そのものが、他の無数の言葉とイメージの間にあって、相対的に勝ちをおさめてきた言葉でありイメージなのだ」（傍線部イ）とあるが、どういうことか、説明せよ。

1 解答の方針を立てる

解答の大枠は、「**歴史自体が～であるということ**」となる。

傍線部中の「(歴史)そのもの」は、設問㈠と同様にひとまず「(歴史)自体」としておけばよい。ここでは「Aがある以前に、(そもそも)Bそのものが……」という文脈であり、B（歴史）のそもそもの特質を述べるような用法である。

「～のだ」という文末は、前文の内容を説明、確認、念押しする表現である。したがって、傍線部の前文の内容を参考にしながら「歴史」の内容を説明する。

「相対的に勝ちをおさめてきた」という表現の意味を、できるだけ本文に即して解答化する。内容的な考察を要する。

2 解答要素をそろえる

傍線部をそのまま解釈すると、ある言葉・イメージが、他の言葉・イメージと戦って勝ち、それが歴史となったということである。傍線部の前文より、**歴史となるのは、「そのような自己像」＝「その国あるいは社会の成員の自己像（アイデンティティ）」をめぐる戦いに勝ち残った言葉・イメージ**である。

＊傍線部の「相対的」とは〝他との関係・比較において成り立つさま〟であり、唯一の歴史像（言葉・イメージ）が自明に存在するのではなく、他の歴史像（言葉・イメージ）との対立や葛藤があることを意味する。

しかし、言葉・イメージどうしが人間のように「戦い」「闘争」をするはずはなく、あくまで比喩である。多様な言葉・イメージが存在する中で、そのうちの特定のものだけが歴史として残ったということである。果たしてどのような言葉・イメージが、国や社会の成員の自己像（アイデンティティ）を構成しうるものとして残ったのかを本文から探る。

21・22行目に「ある国、ある社会の代表的な価値観によって中心化され、その国あるいは社会の成員の自己像（アイデンティティ）を構成する」とある。**国や社会の中での代表的価値観に応じた言葉・イメージが選ばれ、それが歴史となっていくの**

である（知識のある受験生は、戦前の皇国史観や、いわゆる「歴史認識」をめぐる対立などが想起されるかもしれない）。

関連する要点箇所の拾い残しがないかを確認する。第④段落に「歴史」の定義として、「個人と集団の記憶とその操作」（18行目）とある。代表的な価値観に基づいて「中心化」されている歴史は、**記憶の「操作」を経ている**のであり、これも解答に含めたい。

＊以上のように論理的な過程を経れば解答を導出することはできるが、内容的に十分な理解に到達するには、歴史論に関する基礎的な知識があった方がよい。特に歴史論は東大で頻出であるから、最低限の背景知識を持っておくことが望ましい（▼「発展」79〜83ページ参照）。

3 解答を作成する

「歴史自体が〜であるということ」という構文でまとめる。

解答例

歴史自体が、国や社会の成員の自己像を構成すべく、代表的価値観で中心化され、操作された、個人と集団の記憶であるということ。

設問㈢

「記憶の方は、人間の歴史をはるかに上回るひろがりと深さをもっている」（傍線部ウ）とあるが、それはなぜか、説明せよ。

1 解答の方針を立てる

記憶が歴史以上のひろがりと深さをもつといえる理由を答える。解答の大枠は「記憶は〜であるから」（▼理由説明については12・13ページ参照）。なお、傍線部は「歴史」との比較をしているので、**「記憶は、……である歴史とは違って、〜であるから」**という解答にしたい。

「歴史」と「記憶」の対比のうち、本文論旨として重要なのは「歴史」であるが、この設問ではあえて、比較対象としての「記憶」に焦点を当てている。「歴史」の「中心化」されたありについては既に設問㈡で問うたので、本設問ではそれと対比的な「記憶」を問うているのである。合理的で明快な設問配置である。「歴史」とは異なる「記憶」の内容を探り、解答の中心に据える。

2 解答要素をそろえる

「歴史」との比較において、「記憶」の「ひろがり」「深さ」の証拠となるような内容を探せばよい。両者を対比的に論じているのは第6段落のみである。比較であるため、対応関係（a_1とb_1、a_2とb_2）を意識して抽出する。

A	歴史	a_1	局限され、一定の中心にむけて等質化された記憶の束
	↕	a_2	人間だけのもの
B	記憶	b_1	量的にははるかに歴史を上回る
		b_2	物質、遺伝子などの記憶形態もある

3 解答を作成する

1で示した解答の大枠に、2で整理した要素を取り込めばよい。

解答例

記憶は、それを局限し等質化した歴史とは異なり、量的に巨大であり、人間以外にも物質、遺伝子を含む多様な記憶形態をもつから。

設問(四) 「歴史という概念そのものに、何か強迫的な性質が含まれている」（傍線部エ）とあるが、どういうことか、説明せよ。

1 解答の方針を立てる

解答の大枠は、**「歴史という概念（=歴史という語の意味内容、表象）自体に、何ごとかを強いるような面があるということ」**のようになる。

「何か」（不定であり、英語のaとtheでいえばaにあたる）とあるように、「強迫的な性質」の内容はこれまでには説明されておらず、ここで初めて話題になる新情報である。したがって解答要素は、これよりも後の本文中に求める。

2 解答要素をそろえる

第7段落から、**具体例を避けつつ**、「歴史」の「強迫的」な面に関する記述を抽出する。

- 歴史は、さまざまな形で個人の生を決定してきた
- 個人から集団を貫通する記憶の集積として、……数えきれない成果……すべての集積として、歴史は私を決定する

右の「……」で略した具体例のうち、一部だけを記してしまうミスをしないこと。特に「形成し、保存し……」（31・32行

目）の「形成し」のみを書いてしまう誤りを犯しやすい。

3 解答を作成する

具体例と抽象論を明確に区別できるかどうかが、本設問の可否の分かれ目である。

解答例

歴史の意味内容自体に、個人から集団にまで関わる記憶の集積、無数の成果の集積として、個人の生を決定する面があるということ。

設問(五)

筆者は「それらとともにあることの喜びであり、苦しみであり、重さなのである」（傍線部オ）と歴史についてのべているが、どういうことか、一〇〇字以上一二〇字以内で説明せよ。（句読点も一字として数える。なお採点においては、表記についても考慮する。）

1 解答の方針を立てる

「全体の論旨を踏まえて」という指示はないが、設問文であえて「筆者は……と歴史についてのべているが」と念押しされているように、本文全体の主題である「歴史」の内容説明であるから、必然的に全体論旨が関連する（▼コラム84ページ参照）。とはいえ、**まずは通常の傍線部説明として発想し、特に第8段落以降の要旨を中心的に適用して説明する。**

傍線部に関しては、「それら」という指示語の指示内容を欠かさないことと、「喜び」「苦しみ」「重さ」という三種が解答内容となることに注意。以上を十分に満たしたうえで、全体論旨を追加する。

2 解答要素をそろえる

① 「それら」は「無数の他者の……痕跡」を指す。

② 「喜び」「苦しみ」「重さ」は、「歴史」の定義として述べられているものであるから、特に第8段落以降の「歴史」に関する説明を参照して一つずつ内容を考察する。

- 自由な選択や行動（37・38行目）
  ↓ 喜び（歴史の決定からの自由）
- 抵抗（38行目）↓ 苦しみ（歴史の決定に耐え忍び抗う）
- 自由の集積や混沌（38行目）↓ 重さ

③ ①・②より左記のような解答案を得る。

暫定解答案

歴史は、無数の他者と共に生きながらなされる、個人の自由な選択や行動、また強制力・決定力への抵抗の、集積と混沌であるということ。（六〇字程度）

④　右記の解答案の段階で既に「歴史の決定（強制力・決定力）」には触れざるをえず、その内容（設問㈣と同内容）は先に説明しておくべきであろう。のみならず、**「歴史」は本文全体の主題であり、その意味、内容、定義をこれまでの本文要旨から集めて補う**ことで、全体論旨を踏まえた解答とする（自ずと設問㈠～㈢の解答内容と重複する）。

⑤　④で追加することにした要素を解答第一文に入れ、③で示した解答案につなげると、左記のようになる。歴史について、否定的な面と肯定的な面を説明することになる。

解答案

曖昧で巨大な領域に広がっている歴史は、個人と集団の記憶とその操作であり、国や社会の代表的な価値観によって中心化（局限）され、個人の生を決定する。

他方で それは、無数の他者と共に生きながらなされる、個人の自由な選択や行動、また強制力・決定力への抵抗の、集積と混沌であるということ。

3 解答を作成する

右記の解答案からもわかるように、解答第一文がほとんど設問㈠～㈣の解答内容と重複してしまう。これは、設問㈠～㈣でストレートに各部分の要旨を問うてきたことによる必然的な帰結である（設問㈢は「記憶」の説明であったが、比較される「歴史」の内容自体も解答要素に含まれたので、結果的には「歴史」関連の要旨も答えていたのである）。おそらくこのような理由もあって、近年では二行設問が三問のみとなり、最終設問の要素が前の設問と大きく重なることは減ってきている（したがってくれぐれも、前の設問で書いた内容をつなげばよいなどと安易に考えないこと）。次の例題4ではそうしたタイプの近年の問題を扱うので、比較してみてほしい。

字数を調整して、解答例とする。

解答例

曖昧で巨大な領域に広がる歴史は、個人と集団の記憶とその操作であり、代表的価値観で局限され個人の生を決定する。他方でそれは、無数の他者と共に生きながらなされる、個人の自由な選択や行動、また強制力・決定力への抵抗の、集積と混沌であるということ。（一二〇字）

設問㈥ 傍線部a、b、c、d、eのカタカナに相当する漢字を楷書で書け。

a サンイツ　b チョウエツ　c キカイ
d シンコウ　e ムジュン

解答

a 散逸（散佚）　b 超越　c 機会
d 信仰　e 矛盾

例題4　二〇一八年度　第一問（文理共通）野家啓一『歴史を哲学する』――問題：別冊14ページ

本文解説

《本文構造》

Ⅰ　歴史的過去について（第1段落）

体験的過去　知覚できず想起できるだけ
　＝当たる
歴史的過去　「物語り行為」

＝つまり
過去は知覚できないがゆえに
「実在」を確証するには「探究」の手続きが不可欠

Ⅱ　科学哲学における「理論的存在」（第2～3段落）

知覚できないにも拘らず

《通読時の思考》

❶ 「体験的過去における～に**当たる**ものが、歴史的過去においては……」（2行目）という表現に着目。ここから、本当に伝えたい主題は「歴史的過去」であり、その内容を理解しやすくするためのたとえ・比較項目として「体験的過去」の話がなされたのだとわかる。

❷ 「**つまり**」（3行目）という要約の表現に着目し、過去の「『実在』を確証」するには「『探究』の手続き」が必要だという内容をつかむ。ここまでで主題「歴史的過去」は、「『探究』の手続き」によって「『実在』を確証」されるものである、とおさえる。

❸ 素粒子の具体例は、何をいうためのものか、具体例の前後を中心に確認し、次ページの上図のように捉える。第3段落で「**このように**」（15行目）と述べ具体例をまとめていることに着目する。

われわれがその「実在」を確信して疑わないもの

（例　素粒子）

このように直接的に観察できない対象

＝「理論的存在」「理論的構成体」

むろん

- 「理論的虚構」という意味は含まれていない
- れっきとした「存在」である

しかし

- 「実在」を確かめるには巨大な実験装置と理論的手続きが必要
- 「実在」の意味は理論的「探究」の手続きと表裏一体

❹「科学哲学では〜と**呼んでいます**」（15・16行目）という表現に着目し、「理論的存在」「理論的構成体」の定義をおさえる。ここで重要なのは、素粒子の具体例は一旦終わったものの、主題である「歴史（的過去）」の話題には戻っていないということである。物理学に即した議論が続く。どこで主題「歴史（的過去）」に戻るかを意識しつつ読み進める。

❺「**むろん**〜**しかし**……」（16〜18行目）という形式に着目。理論的存在は「理論的虚構」ではなく「存在」であると述べて、ありがちな誤解を予防したうえで、「しかし」の後で、「『実在』を確かめるためには……巨大な実験装置と一連の理論的手続き」が必要であることを強く述べようとしている。

Ⅲ 歴史的事実も「理論的存在」である（第4～5段落）

理論的「探究」の手続きは「歴史的事実」の確定に不可欠

↑ （例「歴史（history）」の原義は「探究」）

歴史的事実の「実在」を主張するには

- 直接間接の証拠が必要
- 一連の理論的手続きも必要

↑ その意味で

歴史的事実＝「理論的存在」

↑ （**実際** ポパーの説）

歴史記述の対象　×「もの」、個々の「事物」

○「こと」、関係の糸で結ばれた「事件」や「出来事」

（例「フランス革命」「明治維新」）

❻ 第4段落でようやく主題である「歴史（的過去）」に関する話題に戻ったことを確認する。

❼ 「歴史（history）」の原義に関する記述に着目する。人文学系の評論では、語源は何ごとかを例証するための論拠として用いられることが多い。何を例証しようとしているかを上図のように把握する。このあたりは、本文の主題である「歴史的事実」の意味、内容、定義にあたることを意識しておく。

❽ 「～として**特徴**づける」（26行目）という、際立った特質を規定するような表現に着目する。主題である「歴史的事実」が「理論的存在」として規定されていることをおさえる。

❾ 「**実際**」（28行目）は、何ごとかを説得的にするための事例を挙げる、例証の表現である。何を例証しようとしているのかを確かめる。

❿ 「フランス革命」「明治維新」という具体例に着目し、具体例から述べたい抽象論をおさえる。直前を確認すれば、「歴史記述の対象」は「こと」であり、「関係の糸で結ばれた『事件』や『出来事』」である、という内容を理解させるための例だとわかる。

Ⅳ 歴史的出来事の存在論（第6〜7段落）

「理論的存在」

（**例**　「赤道」「日付変更線」
地理学の理論によって「実在」を保証された「理論的存在」）

↓

この「理論」を「物語り」と呼び換えることで
歴史的出来事の存在論に足を踏み入れることになる

（**例**　「前九年の役」
一定の「物語り」のコンテクストを前提としている）

＝　**つまり**

歴史的出来事の存在性格は「理論的存在」と異ならない

＝　**言い換えれば**

歴史的出来事の存在は「物語り的存在」

⓫「**例**をとりましょう」（35行目）という表現に着目し、何の例かを確認する。地理学における「赤道」「日付変更線」の具体例は、「**理論的存在**」すなわち「理論によってその『実在』を保証された」存在の例である。

⓬「具体的な**例**を挙げましょう」（43行目）という表現に着目する。何のための例なのか直前を確認すれば、「この『理論』（＝『理論的存在』の『理論』）を『物語り』と呼び換える」ことで「歴史的出来事の存在論」になるということを示そうとしているようである。さらに具体例をまとめる「**つまり**」（50行目）の後をおさえると、歴史的出来事の存在性格は「理論的存在」と同じであり、それは「物語り的存在」と呼べるという。**網掛け**部分に注目。「理論的存在」の「理論」を、「物語り」に変換することで、「物語り的存在」となるのである。

歴史的出来事　＝　理論的存在

理論　＝　物語り

∴　歴史的出来事　＝　物語り的存在

＊具体例の多い本文であった。その都度具体例の前後を確認して、対応する抽象論を発見するという発想が、読解の鍵となる。

設問解説

設問(一) 「その痕跡が素粒子の『実在』を示す証拠であることを保証しているのは、量子力学を基盤とする現代の物理学理論にほかなりません」（傍線部ア）とはどういうことか、説明せよ。

1 解答の方針を立てる

傍線部は「**AがBであることを保証しているのはCである**」という構造である。この論理の正確な再現が解答の必須要件である。「**Cがあって（こそ）AはBでありうる**」など。論理がやや複雑な箇所に施線し、その正確な再現を要求するという問いは、東大現代文では頻出である。

右記Aにあたる「その痕跡」の指示内容を明確化すること。また、傍線部直後の文は「その意味では〜」と始まっており、傍線部の換言として参考になる。

傍線部は具体例の中にあり、そもそも何の例であるかを踏まえて（具体例の外の抽象論を参照して）解答する。**具体例の中の設問は、決して「具体例を書いてはならない・具体例で答えてはいけない」ということではないが、「抽象論を無視して具体例のみで答えては不十分である」**といえる。

2 解答要素をそろえる

解答の大枠は「**現代の物理学理論があってこそ、『その痕跡』は、素粒子の『実在』を示す証拠でありうるということ**」（◆）のようになる。ここに細かい要素を加えていく。

- 「その痕跡」＝「素粒子の飛跡」「ミクロな粒子の運動のマクロな『痕跡』」。「素粒子の運動の痕跡」などでよい。
- 「証拠」＝「間接的証拠」（直後の文より）。

「素粒子」は、そもそも何の具体例であったかを確認する。「知覚できないにも拘らず、われわれがその『実在』を確信して疑わないもの」（5行目）、「直接的に観察できない対象」（15行目）の例である。この内容を解答に取り込む。

3 解答を作成する

◆の大枠に、その後で確認した細かい要素を盛り込む。

解答例

現代の物理学理論があってこそ、素粒子の運動の痕跡は、直接知覚できない素粒子の存在を示す間接的証拠でありうるということ。

なお次のように抽象化して、同じ内容を記すこともできる。

別解例

一連の理論的手続きによってこそ、直接的に知覚できない対象は、その実在を示す間接的証拠を支えられているということ。

設問㈡

「『理論的虚構』という意味はまったく含まれていない」（傍線部イ）とはどういうことか、説明せよ。

1 解答の方針を立てる

傍線部は「むろんA、しかしB」という構造のAの側にある。中心的な主張はBであり、傍線部は筆者が特に強く主張したい箇所ではない。やや細かい問題である。まずは「しかしB」以前の、「むろんA」の側の内容を中心的に調べて、解答内容を定める。

＊後にも述べるが、設問㈣でそれまでの設問と要素が重複しすぎないように、中心的な要旨を設問㈣まで問わずに残しておこうとすると、必然的にこのような細かい設問を作らざるをえないのである。

傍線部は「理論的存在」について述べられたものであることをおさえる。傍線部を含む一文の構造に合わせて解答は「**理論的存在は、〜ではないということ**」といった形とすること。

2 解答要素をそろえる

「むろんA」の側にあたる傍線部の直後の文までを参考にする。理論的存在は「虚構」ではなく「れっきとした『存在』」であり、「実在性」をもつのである、という内容である。この文脈から推せば、「虚構」は「存在」「実在」の反対であるから、「非存在」「非実在」である。

暫定解答案

理論的存在は、非存在・非実在ではないということ。

主語である「理論的存在」の意味や、「非存在」「非実在」ではないといえる理由を中心に要素を補い、説明を豊かにする（▼要素の補足については86ページ参照）。ここで「しかしB」の後ろの内容など、この段落の中心的な要旨を用いることができる。

- 科学哲学における、直接的に観察できない対象（である理論的存在）
- 実験装置と理論的手続き（＝理論的「探究」の手続き）で「実在」を確かめうる（ので非存在・非実在ではない）

3 解答を作成する

やや難しいが、単なる「虚構」でなく「理論的虚構」と記されていることに留意できるとよい。あれこれと理論・理屈をこねて（観念的な操作によって）作り上げられたものではない、という意味を解答化するとよい。

解答例

科学哲学の理論的存在は、直接的に観察できないが、実験装置と理論的手続きで実在を確証でき、観念的な非実在ではないということ。

設問㈢

「『フランス革命』や『明治維新』が抽象的概念であり、それらが『知覚』ではなく、『思考』の対象であること」（傍線部ウ）とはどういうことか、説明せよ。

1 解答の方針を立てる

傍線部は具体例であり、その前の抽象論との関連を意識する。また、傍線部は**「Aは、Bではなく、Cである」**という形であり、この形を維持して解答したい。

2 解答要素をそろえる

1で確認したことを意識すると、直前の抽象論が、傍線部と同じ形の記述になっていることがわかるであろう。

> 歴史記述の対象**は**
> 「もの」　個々の「事物」**ではなく**
> 「こと」　関係の糸で結ばれた「事件」や「出来事」**である**
> ＝
> A**は**　B**ではなく**　C**である**（傍線部）

右の関係を意識して、A・B・Cの各部分に対応する内容を代入していけばよい。この設問では特に、主語（A）の立て方でミスをすることが多い。つい「理論的存在」を主語にしてしまうのである。しかしここでの要旨は、第4段落末やその例証であるポパーの引用からわかるように、「歴史的事実」を「理論的存在」として規定することである。それゆえ**「歴史的事実（＝歴史記述の対象）［トイウ話題ニツイテ］は、理論的存在だ［ト判断サレル］」という形で、「理論的存在」を述部に置かなければならない**。それを主語に立ててしまうと、答案全体で「理論的存在」自体の定義を述べることになってしまう。それは既に設問㈡の段階で済んでいる。

「知覚」ではなく「思考」の対象であるという傍線部の意味を、解答に反映する。

- 「知覚」は本文中の「観察」という語で置換すればよい。
- 「思考」は難しいが、「関係の糸で結ばれた『事件』や『出来事』」という表現が参考になる。歴史的事実は、一つのつながりのもとで関係づけられたことがらなのであり、関係づける人間の営みなくしてはありえない。「糸」という比喩を避けつつ、「『思考』の対象である」という表現に合うようにすれば、「関係性に基づいて把握されることがらである」などとなる。

3 解答を作成する

傍線部の形に合わせてまとめること。

解答例

歴史記述の対象は理論的存在であり、観察される個々の事物ではなく、関係性に基づいて把握されることがらであるということ。

設問㈣

「歴史的出来事の存在は『理論内在的』あるいは『物語り内在的』なのであり、フィクションといった誤解をあらかじめ防止しておくならば、それを『物語り的存在』と呼ぶこともできます」（傍線部エ）とあるが、「歴史的出来事の存在」はなぜ「物語り的存在」といえるのか、本文全体の論旨を踏まえた上で、一〇〇字以上一二〇字以内で説明せよ（句読点も一字と数える）。

1 解答の方針を立てる

「本文全体の論旨」以前に、まずは通常の傍線部問題として解答を考える。「歴史的出来事の存在」が「物語り的存在」といえる理由を答える。「フィクションといった誤解をあらかじめ防止しておくならば」という注釈部分も念のため解答化すると、**「歴史的出来事の存在は、虚構ではなく、〜であるから」**となる（▼理由説明については12・13ページ参照）。傍線部の直前は「言い換えれば」であり、直前の文も手掛かりにして解答する。

何よりもまず**最終意味段落（第6〜7段落、これまでの設問でも答えていない）を中心に解答内容を考える。**そのうえで本文全体の論旨を追加するが、主題である「歴史的過去」「歴史的事実」について説明している**第1・4段落も、これまでの設問で問われてこなかったことに注意する。**本設問の重要な要素となると考えられる。

2 解答要素をそろえる

まず最終意味段落（第6〜7段落）の要旨を解答に活用できないか考える。具体例でない箇所を主に参照する。

- 歴史的出来事の存在性格は「理論的存在」と同じ（50・51行目）
- 「理論」を「物語り」と呼び換える（41行目）

＝「理論的存在」の「理論」が、歴史では「物語り」に相当する

以上の二点より、**「歴史的出来事の存在は、『理論的存在』と同じ性格であり、その『理論』が『物語り』に相当するので、『物語り的存在』と呼ぶこともできる」**ということをおさえる。

傍線部はあくまで「物語り的存在」という呼称を問題としていることに注意。「理論的存在」の「理論」という語を「物語り」という語に置き換え、「物語り的存在」という語が導かれるという内容が解答の中心となる。

本文全体の論旨に目を配り、特に**主題「歴史的過去」「歴史的事実」の意味、内容、定義を捉える。**

- 歴史的過去は知覚できないがゆえに、その「実在」を確証するためには、物語り行為をもとにした「探究」の手続きが不可欠である（第1段落）
- 理論的「探究」の手続きが、「歴史的事実」を確定するためにも不可欠である（第4段落）
- 歴史的事実の「実在」を主張するためには、直接間接の証拠、また、一連の理論的手続きが要求される（第4段落）

要するに、実在を確かめるために理論的「探究」の手続きが必要である点で、歴史的事実は理論的存在と同様なのであり、**実在が確証されるからこそ、「フィクション」ではないれっきとした「存在」なのである。**

3 解答を作成する

例題3では、本文全体の論旨を踏まえる際にこれまでの設問と要素が大きく重なったが、本問ではむしろ、設問㈣まで問わずに残されていた主題の意味、内容、定義を回収する形になる。現に、設問㈠・㈡では「歴史」という主題に入る以前の、物理学の「理論的存在」に関する内容確認になっている。出題者は設問㈣を見越して、序盤では本文全体の主題についてストレートに問うことを避けてきたと考えられる。これもまた、合理的な設問構成であろう。本文全体の論旨を踏まえる際には、この

ように前設問までで記していない要素を有効に使えないかを考えるとよい。

解答作成では、第1・4段落から集めた「歴史的事実」の説明を第一文にまとめるとよい。そして第二文では、「理論的存在」の「理論」を「物語り」と呼び換えうる（ゆえに「物語り的存在」である）という呼称の問題を述べる。左記の解答例の――部分である。最後に、実在が確証される（ゆえにれっきとした「存在」である）という内容で締めると書きやすい。

解答例

歴史的事実は直接的には知覚できず、その実在を主張するには、直接間接の証拠と一連の理論的手続きを要する。この点で歴史的出来事の存在は、理論的存在と同様の性格をそなえ、虚構と異なり、歴史学の理論に相当する物語り行為によって実在が確証されるから。

（一二〇字）

設問㈤ 傍線a・b・cのカタカナに相当する漢字を楷書で書け。

a　フタ　b　リンセツ　c　コショウ

解答

a　蓋　b　隣接　c　呼称

発展 ——歴史——

人は現在（いま）を指し示す［ことができる］が、過去は物語らなくてはならない。

ヨハン・ゴットフリート・ヘルダー『言語起源論』宮谷尚実訳

歴史叙述の前提

この世界に生じたあらゆる出来事を、細大漏らさずすべて書き留めた膨大な年表のようなものがあるとする。米国の哲学者であるアーサー・ダントーは、これを「理想的年代記（Ideal Chronicle）」（▼例題4、48行目）と呼んだ。たとえそのようなものが存在しうるとしても、それは歴史叙述の材料となるだけであり、歴史叙述そのものとは言いがたい。歴史叙述は、たとえば「出来事Aが出来事Bを導いた」というように、複数の出来事を関連づけ組織化する営みと不可分であるが、理想的年代記は単発的な出来事の羅列にとどまり脈絡を欠く。さらに、歴史を語る私たちも歴史の中に身を置いている以上、理想的年代記の作者のように、神のような特権的視点から世界全体を見下ろして歴史を描けるわけではない。歴史叙述は常に歴史の内部から、特定の視点を前提にして行われるのである。その意味で歴史叙述は「客観的」ではありえず、例題3の宇野邦一の言葉を借りるならば「主体性と主観性」から逃れられない（例題3では、常に歴史を語る人間が介在するという意味で「記憶」という表現がとられていた）。

ただしこのことは決して、現在の視点から過去を好き勝手に解釈して歴史を描けばよいということではない。「客観的」な視点に立ちえないからこそ、歴史家は証拠としての史料を慎重に精査して実証的であろうとするし、また史料すらも何者かの視点で語られたものだからこそ、一連の理論的手続きに基づいて整合性を検証する。このように、歴史学という学問の過程において、可能な限りの客観性（正確には間主観性）を確保しようとするのである。

＊なお、例題4の野家啓一が用いる「物語り」という用語は、storyではなくnarrativeである。narrate（物語る）という行為に焦点を当てるための用語であり、歴史が語り手の存在を前提とすることに注意を促すための概念である。したがって、決して恣意的な物語（story）を語ることを正当化するものではなく、むしろ、特権的な立場からの恣意的な語りに批判的であるための概念である。

歴史と自己確認

たとえば人間は、現在に至るまでの自己の来歴について、ある筋のもとで物語を語ることによって、自身のアイデンティティを確認する場合がある。東大現代文の過去問題で出題された本文内容の一部を紹介しよう。

■一九九七年度出題　坂本多加雄『象徴天皇制度と日本の来歴』

高校野球で活躍した生徒がプロ野球入りを決断する場合を考える。自己の実力について過去の実績を考慮しつつ、プロ野球選手となることが本当に自分の願望するものであるかを確認する。この時、自身の過去の出来事や思い出が、プロ生活へ入るという決断に向けて、自分自身で納得しうるような「筋」の中に位置づけられていく。その物語が自身の決断の理由を構成する。逆にプロに入ることを断念する決断が下された場合は、また別様の物語が語られたことを意味する。すなわち、「来歴」はあらかじめ固定したものではなく、現在との関連で様々に語られうる可能性をもつ。

坂本のいう「物語」は、現在との関連で恣意的に語られうるstoryという意味に近い。ここで述べたいことは決して、歴史もすべてこのように恣意的な「物語（story）」だということではない。ただ、たとえば「自国の正史」や「国民の物語」といった場合の「歴史」は、例題3で述べられていたように、国民の自己像（アイデンティティ）を構成すべく、特定の価値観に基づいて操作された面があるであろう。国史の編纂は国家体制の整備と軌を一にしており、近代日本では明治二年に新政府が修史の詔を発し、「正史」（国家史）の編纂を始めた。「日本国民」という同一性を作り上げるうえで、「国民の物語」としての「正史」の編纂は重要な役割を果たしたと考えられる。このような意味での「歴史」は、人々を統制し支配するためにも利用されうるのである。

多様なhistoriesの存在

例題3で述べられていた「歴史の過大な求心力」とは、特定の価値観に基づいて特定の自己像を強い、人々を統制するような力を指している。「自己像をめぐる対立」は、中世日本における南朝と北朝のどちらが正統かという論争などであろう。こういった場合の「歴史」は、天皇やナポレオンといった人間が主要人物となり、政治史の形をとりやすい。これに対する「別の歴史的思考」として、たとえば柳田國男（一八七五〜

一九六二）の民俗学は、民間伝承の調査によって庶民の生活に関わる歴史を描き出そうとした。あるいは歴史学者である網野善彦（一九二八〜二〇〇四）は、従来の歴史学が軽視してきた職人や漁民などに目を向けた研究を行った。農村を中心とする均質な国家とされてきた従来の日本像に異を唱え、きわめて多種多様な人々が存在するとともに、それまで貧しいとされてきた人々が実は海運業などで豊かな生活をし、歴史の重要な担い手となってきたことを示した。例題3の「記憶」という表現で示唆されているのは、前述のような人間の主体性・主観性のみならず、こうした一般の人々の伝承、記録、雑文などの存在であろう。国家を基本単位とした「正史」（History）にはすくい取られないような、多様な histories が存在するのである。

歴史の両義性

社会科学には、個人を単位として社会が成立するのか（方法論的個人主義 methodological individualism）、社会こそが基本単位であり個人を規定するのか（方法論的集合主義 methodological collectivism）という議論がある。歴史についても同様であり、個人の営みが歴史を担い歴史を動かす一方で、個人は思考や感情に至るまで歴史に規定されるという両義性が認められる。これが例題3の設問㈤で問われていた内容である。関連する内容を論じた過去問題を紹介しておこう。

一九六四年度出題　務台理作「歴史と人間」

社会と個人との関係が古くて新しい問題であるように、歴史における個人の役割の問題も古くて新しい問題といわれよう。一方に、すぐれた個人の力が与（あずか）らないと歴史は動きようがない、［ 1 ］という人間個性本位の考えがある。また他方では、歴史の提起する問題を離れて個人が何であるかは評価しようがない、［ 2 ］という考えがある。そしてこの両者の間に、歴史は人間個人の特質と社会的勢力とのかね合いで、その統一として成立するという考えや、超個人的な世界の理念があり、それを現実に実現していく力として偉人の役割があるという考え、その他さまざまな見方が行われている。まことに、歴史ほど多元的な見方をされるものはあるまい。

自然についての科学的説明は、より一般的、より統一的な見方にしぼられていく。しかし歴史に関しては、そこに人間の問題、個人の役割の問題があり、つねに多義的な観点が投入されるので、正しい歴史とは何かの問題はつねに論議の対象とならざるをえない。その上、歴史は自然とちがって、その全体が過程的に発展し変化してやまないために、唯一の歴史観というものが容易に定まらない。歴史観そのものも、また[3]　　の一形態として歴史の中に含まれるからである。誰もが異議なく一致する一定の見方は、もともと出来ないようになっているというべきかもしれない。

しかし、歴史における人間の能力、個人の役割の評価の問題は、どうしても明らかにしておかなければならない。それは歴史を理解する上にほんとうに基本的な問題である。まさしくそれは古くて新しい問題だと思う。

（設　問）

(A)　右の文章の中の三つの空白箇所（1〜3）のそれぞれに対応して、次の三組の語句の群（1〜3）があげてある。それぞれの空白箇所を補うのに最も適当だと思う語句を、それぞれ一つずつ選び、イ・ロなどの文字を用いて示せ。

1
- イ　すぐれた個人とは歴史の作り出すものである
- ロ　すぐれた個人こそ歴史の内容を作り出す力である
- ハ　個々の人間の集まりこそ歴史の担い手である

2
- イ　すぐれた個人とは歴史の作り出すものである
- ロ　すぐれた個人こそ歴史の内容を作り出す力である
- ハ　歴史の法則は自然の法則に準じた客観的なものである

3
- イ　人間の活動
- ロ　歴史
- ハ　自然的現象
- ニ　個人的活動

(B)　右の文章に、全文の内容を包含するような題をつけるとすれば、次にあげたもの（イ〜ニ）のうち、どれが最も適当だと思うか。一つだけ選び、イ・ロなどの文字を用いて示せ。

4
- イ　古くて新しい問題
- ロ　唯一の歴史観
- ハ　歴史と個人
- ニ　社会と個人

（解　答）

(A)　1—ロ　2—イ　3—ロ　(B)　4—ハ

なお、右の本文での歴史観に関する議論（第二段落）は、先に述べたように、歴史を叙述する人間も歴史の内部に位置しており、「客観的」ではありえないという議論である。

《出典解説》

■宇野邦一『反歴史論』（せりか書房、二〇〇三年、のちに講談社学術文庫、二〇一五年）

宇野邦一（一九四八〜）は、哲学者、フランス文学者。立教大学名誉教授。京都大学文学部を卒業後、パリ第8大学でジル・ドゥルーズの指導のもと、哲学と文学を学んだ。『アルトー　思考と身体』『ドゥルーズ　流動の哲学』『ジャン・ジュネ　身振りと内在平面』『破局と渦の考察』『吉本隆明　煉獄の作法』『政治的省察　政治の根底にあるもの』など多数の著書がある。『反歴史論』は、歴史を批判するというテーマのもと、ニーチェやドゥルーズの思考を基底として、文学、哲学、人類学、民俗学といった様々な分野に触れながら歴史を再考する書である。

■野家啓一『歴史を哲学する　七日間の集中講義』（岩波書店、二〇〇七年、のちに岩波現代文庫、二〇一六年）

野家啓一（一九四九〜）は、哲学者。専攻は科学哲学である。東北大学名誉教授。東北大学理学部で物理学を専攻していたが、東京大学大学院理学系研究科で科学哲学を専攻するようになり、大森荘蔵に師事した。『言語行為の現象学』『無根拠からの出発』『科学の解釈学』『物語の哲学』『科学哲学への招待』など多数の著書がある。『歴史を哲学する　七日間の集中講義』は、過去の事実をどのように知りうるのかという問題に発し、著者の主張である「歴史の物語り論」や、「歴史修正主義論争」などに関して、七日間の講義という形でわかりやすく解説した書である。

《読書案内》

■東京大学教養学部歴史学部会編『東大連続講義　歴史学の思考法』（岩波書店、二〇二〇年）

実際に東大駒場で行われている一・二年生向けの歴史学のオムニバス講義を書籍化したもの。十二人の教員が、基本的かつ具体的な歴史学の思考法を講じている。

■池上俊一『歴史学の作法』（東京大学出版会、二〇二二年）

ヨーロッパ史を専門とする著者（東大名誉教授）が、歴史叙述はどうあるべきかという考察を踏まえ、社会史・心性史の意義を照らし出す。

column 2

一二〇字設問に付される条件について

過去問を確認すると、一二〇字設問に付される条件の文言には、主に次のようなバリエーションが見られる。

①本文全体の趣旨を踏まえて（二〇一九年度以降に多い）

②本文全体の論旨を踏まえた上で（二〇〇九～二〇一八年度に多い）

③特に指示がない（二〇〇八年度以前にいくつかある）

③の場合は原則として、あえて指示などせずとも、必然的に全体要旨が関連するように作問されている。したがって、一二〇字設問では**指示の有無にかかわらず、常に本文全体への目配りが必要である**と考えておけばよい。

＊逆にいえば**①や②の場合は、本文全体を踏まえずとも、通常の傍線部問題として最低限の解答ができてしまうからこそ、あえて「全体要旨も踏まえよ**（全体要旨にも追加の部分点を設定する）**」という指示をする**のである。

①と②について、「趣旨」と「論旨」はほぼ同義語であり、ともに全体要旨を指すことには変わりないので、受験生が特段、両者の区別に頭を悩ませる必要はない。実際、東大発表の出題意図では、①の文言で出題された年度でも「全体の論旨をふまえつつまとめる」という表現がとられている。

近年、②が減って①が増えている背景には、次のような事情があるかもしれない。②の「論旨を踏まえた上で」という表現は、55ページ**図2**の設問㈣のように、まずここまでの議論の筋道をまとめ、その上で傍線部の説明に着地せよという意味に受け取られやすい。そのように前の内容から（半ば機械的に）順番に書けという意味ではなく、むしろ56ページ**図3**の設問㈣のように、この文章の中心的内容を適宜盛り込みつつ解答してほしいという意図を明確にするために、①のような文言が多く採用されるようになったとも考えられる。

受験生としては、①～③のどのタイプであっても、常に本文全体に目を配り、主題と結論、主題の意味、内容、定義、そして結論の理由、背景という基本的な内容を意識して解答すればよい。

第3章

端的で明快な記述を追求する

本章では、解答欄二行の設問（以下、二行設問という）の練習を集中的に行う。短く書くことが求められる中で、内容の充実度を保ちつつ、端的で明快な記述を追求しよう。

短い解答案から考えて要素を付加する

例題1では、次の傍線部について「どういうことか」と問われていた。

傍線部「科学技術の展開には、人間の営みでありながら、有無をいわせず人間をどこまでも牽引していく不気味なところがある」

これに取り組む際に、いきなり「本文のあの箇所と、あの箇所と……」というように要素を探しにいくと、記述量が膨らみがちである。それよりも、骨格となる短い解答案を先に考える方がよい。「科学技術は、pでありながらqであり、不気味だ」と考えるのである。そのうえで、pとqに関するできるだけ短い説明を本文に求め、骨格にいわば代入していく。このようにすれば、pやqと無関係な記述を漫然と書くことが減り、また解答全体の構成を先に見通しているので、「pの説明だけで一行を超えたらまずい」などと考えながら字数を調整できる。

要するに、**解答の骨格となる構成を**、（pやqなどの記号を用いてもよいので）**傍線部にあわせて先に計画しておき、必要に応じて要素を代入、付加する**ことで、無駄のない説明にする。それでも字数にゆとりがある場合や、内容が薄すぎる場合は、

1　主語（主部）の意味、内容、定義を付加する
（「○○である［主語］は……」「［主語］は○○であり……」）
2　述語（述部）の理由、背景を付加する
（「……△△によって、［述語］」「……△△であり、［述語］」）

といった方法で、要素を補足すればよい。

表現を短くするための工夫

以上は解答全体の組み立て方であった。次に、よりミクロな視点で、表現を短くするための工夫をまとめておく。

和語よりも漢語を用いる

（例）本を読むことで、いろいろな人々の暮らしを自分のことのように感じられる。

→読書により、多様な人々の生活を疑似体験できる。

連体修飾を用いる

（例）人間は、身体を持っていることによって、……

→身体を持つ人間は、……

構文を工夫する（大きく字数を減らす必要があるとき）

（例）彼のAという考えは、Bという現実的なあり方に反しているから。

→現実にはBであり、Aでないから。

＊全体的な意味が同じであれば、構文を変えることに何ら問題はない。たとえば「xがyを～にした」という傍線部について、「どういうことか」「なぜそういえるのか」と問われたとする。この場合、必ずしもxを形式上の主語に立てる必要はなく、「yはxにより～となったということ」「yはxにより～となったから」でもよい。

それでは、例題5～7で練習を積もう。問題を解きながら、解答表現に困った場合には、ここで説明した内容を繰り返し参照すればよい。

例題5　一九八三年度　第一問（文理共通）　作田啓一『恥の文化再考』――問題：別冊19ページ

本文解説

《本文構造》

I　恥の効果（機能）を考える前に（第1段落）

恥に不可欠な要素　羞恥

←

> 恥による行動の規制
> 外がわの世間から　＋　自我の内がわから

＝　同じ

> 罪による制裁
> 内面的な良心の苛責　＋　罰や非難を恐れる　＋　さらに　命令は論理的な根拠なしに与えられる
> 外面的な要因

《通読時の思考》

❶ 「（恥による行動の規制は）～**だけではなく**……（からも行われる）」（1・2行目）という累加の表現に着目する。一般には、恥による行動の規制は外部から行われるように思われているが、筆者としては、内部からも行われるという点に注意を促している。

❷ ❶と同様に、「（罪による制裁は）～**だけであるとは限らない**」（2・3行目）という累加の表現に着目する。一般には、罪による制裁は内面的な要因に基づくと思われがちだが、筆者としては、罰や非難という外面的な要因もあるという点に注意を促している。

←したがって

恥＝外面的制裁、罪＝内面的制裁という

ベネディクトの図式には無理がある

→

善悪基準に立つ罪の観念　最初は外面的制裁

優劣基準に立つ恥の観念　外界からの判定に無関係

- 善悪、優劣という基準は本性においてどう異なるか
- この基準は共同生活のどういう側面に起原をもつか

この二つの問いに答えることも**もちろん**重要である

↔**が**

恥の観念が個人や社会に及ぼす効果（機能）を尋ねる

❸ 傍線部アの一文の接続詞である「したがって」は、直前の文のみならず、ここまでの恥と罪の議論全体を受けている。恥も罪も内面外面両方に関わるのだから、恥が外面、罪が内面というように分類することはできないのである。

❹ 「善悪基準に立つ罪の観念が〜**ように**、優劣基準に立つ恥の観念も……」という表現に着目し、恥と罪の比較構造をつかむ。❷で見たように、罪は一般には、内面との関わりで見られがちなので、筆者はここであえて「外面的制裁」の面に注意を引いている。また❶で見たように、恥は一般には、外部との関わりで見られがちなので、筆者はここであえて「外界からの判定にかかわりなく」という内部の要因に注意を引いている。

❺ 「**もちろん**〜**が**……」（10行目）という表現に着目し、逆接の後の内容がこの本文での中心問題であることをつかむ。すなわち本文の主題は、恥の観念が個人・社会にどういう効果を及ぼすのか、すなわち恥の機能である。

第3章　例題5　本文解説

Ⅱ 達成の原理に基づくありがちな議論（第2段落）

1
罪の観念　ある行動を禁止するだけ
⟷ であるのに反し
恥の観念　理想我に自らを近づけるので生産的
という議論がある

＋ **また**

2
日本社会では外国人に笑われまいとする心がけが近代化の動因の一つとなった
という議論もある

← **これら**の議論（1＋2）
キリスト教中心的な考え方への挑戦　有意味
⟷ **けれども**
能動的な活動に高い価値を与える達成の原理に立っている
← そのかぎりにおいて
西欧的ヒューマニズムの枠を越えてはいない

❻「～**という議論がある**。それから**また**、……**という議論もある**」という表現に着目する。一般によくある議論が二つ並列されていることをつかみ、それがどちらも恥の意義を述べた議論であることを捉える。ここでの二つの議論は決して筆者が主張したいものではなく、むしろ筆者によって批判される通念的な議論であろうという見通しをもつこと。

❼「**これら**（の議論）」（14行目）というまとめの表現に着目し、❻で捉えた二つの議論が合流していることをつかむ。

❽「**けれども**」（16行目）に着目。❻で捉えた二つのありがちな議論について、筆者が述べたいことは逆接の後である（その前は譲歩）。ありがちな二つの議論は、どちらも日本の恥の文化を評価しつつも、能動的活動に価値を置く原理に依拠している点で、結局は西欧的ヒューマニズムにすぎないと否定的に捉えている。

Ⅲ 達成とは別の観点から見た恥の意義（第3～4段落）

別の観点から恥の観念のもつ社会的[機能]を取上げて**みよう**……

恥
- アチーブメントの動機づけを強化する
- ↔ **が他方では**
- 達成の原理に伴う競争のスピリットを抑制する

← この点において

恥の内向化の側面としての羞恥が**重要**な役割を演じる……

→
- 競争の過程では当然自己があらわとなる……
- ↔ **が**
- 自己顕示は羞恥によって限界を画される

（突き出ると本人と他者にとって羞恥）

羞恥の共同体……
- 個人の創意や自発性の表現を押さえつける －
- ↔ **だがそれにもかかわらず**
- 集団的エゴイズムに対決する拠点となってきた ＋

ことを**忘れてはならない**

❾「別の観点から～を取上げて**みよう**」という意志あるいは勧誘の表現に着目し、第3段落からはいよいよ、筆者が批判するような通念的な見方とは別の、筆者独自の観点からの議論が始まることを意識する。また「恥の～社会的機能」とあるように、恥の[機能]が本文の主題であったことを想起する。

❿「**重要**な役割」（20行目）という表現に着目。「恥」全般の議論ではなく、その特定の側面である「羞恥」の話が始まる。

⓫羞恥が重要である理由については、逆接「**が**」（21行目）の後を相対的に重視して読解する。競争の過程における自己顕示を羞恥がおしとどめるのである。

⓬羞恥のネガティブな面が先に述べられるが、「**だがそれにもかかわらず**」（23行目）という逆接、さらにその文末に「**忘れてはならない**」（25行目）とあるので、むしろ逆接の後が重要だとわかる。羞恥の共同体が集団的エゴイズムに対決しうるというポジティブな面こそが、主張の中心なのである。❺で見たように、本文の主題は恥がもたらす「効果」であったことを思い起こせば、ポジティブな面が論の中心となるのは当然の流れである。

恥には**二つ**の社会的［機能］がある ……

1　公恥

達成や自己主張の動機を強化する

↔ が

人を孤独な内面生活に引き込む

しかし

2　羞恥

→ 広汎な連帯を可能にする

- 自己の内部の劣等な部分が透視されている人間 ……
- 有としての自己を主張しうる根拠を失った人間

そういう人間同志の連帯＝集団の砦を越えた連帯

この連帯 ……

現在

生産的・創造的な機能をもちえない

↔ **だが**

未来（競争の価値が低下し、階級・階層の壁がなくなる）

結合の重要な一形式となる

⑬ 恥の「**二つ**の社会的機能」（27行目）という列挙の表現に着目。本文の主題である恥の［機能］である。「公恥」と「羞恥」の二種をおさえるが、論の中心は、前段落からの流れからしても、「**しかし**」（28行目）という逆接の後にあることからしても、「羞恥」（のポジティブな面）である。羞恥が広汎な連帯を可能にするという要旨を捉える。

⑭ 「〜人間、……人間、**そういう**人間同志の連帯」（29・30行目）という表現に着目し、具体例をまとめる「そういう」の後にある抽象論を特におさえる。羞恥によって「集団の砦を越えた連帯」が可能となるのである。

⑮ 「現在の時点では〜。**だが**この連帯は、……未来の社会において……」（31・32行目）という表現に着目する。筆者が主張したいのは、未来の社会における「この連帯」の意義なのであろう。「この連帯」（＝羞恥が可能にする、集団の砦を越えた連帯）は、階級差・階層差がなくなった未来においては、結合の重要な形式となるのだという主張を読み取る。このようにして日本文化（恥の文化）を再評価することが本文の結論である。

設問解説

設問㈠
「かなりの無理がある」（傍線部ア）とあるが、それはなぜか、説明せよ。

1 解答の方針を立てる

傍線部は「恥を外面的制裁とし、罪を内面的制裁とするベネディクトの図式は、かなりの無理がある」という主述関係である。そのようにいえる理由を答えるので、解答の大枠は「**恥を外面的制裁とし、罪を内面的制裁とするベネディクトの図式は、〜であるから**」（◆）と想定される。

傍線部を含む一文は「したがって」から始まるので、その前の内容の要約が理由として必須である。

2 解答要素をそろえる

「したがって」の前に述べられた、恥と罪に関する内容を整理する。

> 恥による行動の規制
> ……（羞恥を認めるなら）外がわの世間から ＋ 自我の内がわから

> 罪による制裁
> ……内面的な良心の苛責 ＋ 罰や非難への恐れ（＝外面的要因）

傍線部直後の文も、同様の内容を述べていることを確認する。

> 善悪基準に立つ罪の観念
> ……（内面的制裁だけに関わるのではなく）外面的制裁を通じて学ばれる
> 優劣基準に立つ恥の観念
> ……（外界によるだけではなく）外界からの判定と無関係でありうる（＝内面的要因）

右記より、恥と罪はともに外面的制裁・内面的制裁の面をもつことがわかる。これを◆で示した大枠に即してまとめると、左記のような解答案が得られる。

暫定解答案

恥を外面的制裁とし、罪を内面的制裁とするベネディクトの図式は、恥と罪がともに、個人の行動に対する外面的・内面的制裁の面をもつという現実のあり方に反しているから。（八〇字程度）

3 解答を作成する

内容的には難しくないが、限られた解答枠の中に収まるように表現するのが難しい。一旦は右記のような解答案を発想したうえで、内容の充実度を維持したまま、構文を変えることで字数を短くする（▼構文の工夫については87ページ参照）。

解答例

恥と罪はともに外面的・内面的制裁の面をもつため、両者を、個人の行動への外面的制裁と内面的制裁に単純に区分しえないから。

設問㈡

「西欧的ヒューマニズムの枠を越えてはいない」（傍線部イ）とあるが、それはなぜか、説明せよ。

1 解答の方針を立てる

「大雪であるかぎり（条件）、道路は（主語）、通行止めだ」という内容に対して「なぜか」と問われた場合、「大雪であるかぎり（条件）、道路は（主語）、危険だから」などとなり、**条件と主語は解答でも維持される。**本設問では、「そのかぎりにおいて」（条件）、「これらの議論」が（主語）、「西欧的ヒューマニズムの枠を越えてはいない」といえる理由を答える。解答は、条件と主語を維持して、「**～というかぎりで、○○という議論は、△△であるから**」のようになる。

「これらの議論」は、一般にありがちな議論であって、筆者による批判の対象となっている。**「これらの議論」（第2段落）↔筆者の議論（第3～4段落）という対比関係**を念頭に置いておく必要がある（▼《通読時の思考》❻・❾参照）。

2 解答要素をそろえる

①「これらの議論」

i 恥の観念は理想我にみずからを近づける行動を奨励するから生産的であるという議論

ii 日本社会では、外国人に笑われまいとする心がけが近代化の動因となったという議論

＝ 罪の文化の優越性を前提とするキリスト教中心的な考え方への挑戦（異論）

罪と同じように恥もまた、あるいはむしろ罪よりも恥の方が有効だという議論

以上の内容を一言でまとめる必要がある。ⅰ・ⅱの片方だけを用いるのではなく、両者をまとめた表現で記す。「**罪の文化に対して恥の文化の意義を主張する議論**」などとする。

②「そのかぎりにおいて」
能動的な活動に高い価値を与える達成の原理に立った指摘である（かぎりにおいて）

③ 現代文が苦手な受験生は、②までの内容を書ければひとまず十分である。この後は難しい。罪の文化に対して恥の文化の意義を主張する議論は（①）、能動的な活動に価値を与える原理に立つ限り（②）、なぜ西欧的な枠組みにとどまるのか。第2段落と第3〜4段落の対比を念頭に置けば、「第3**〜4段落のような（西欧的枠組みにとらわれない）観点にまで達していないから**」である。

第3〜4段落で筆者が主張する「連帯」は、

- 「達成本位によって結びついた徒党がもちやすい集団的エゴイズムに対決する」連帯（第3段落）
- 「沈黙している大衆」の連帯（第3段落）
- 「自己主張を助け合う徒党よりも、もっと広汎な連帯」（第4段落）
- 「無為の立場」から消極的に抵抗する連帯（第4段落）

である。「沈黙」「無為」「消極的」などからわかるように、能動性とは全く異なる立場に筆者は意義を認めている。こうした第3〜4段落の議論に対して、恥は生産的だとか、近代化を促したなどという第2段落の議論は、いまだ能動性をよしとする評価原理にとらわれている。「沈黙」や「無為」といった「消極的」態度の意義など考えてもいないのである。

3 ≫ 解答を作成する

2の①と②を確実に書いて、可能であれば③の内容（「沈黙」や「無為」などの重要性を省みていない）で締める。

解答例

罪の文化に対して恥の文化の意義を主張する議論は、
能動的活動を評価する達成の原理に立つ限り、
消極的態度の意義を省みないから。

設問㊂　「羞恥」に関する筆者の二つの評価を記せ。

1 解答の方針を立てる

「羞恥」が議論の焦点となるのは、「羞恥が重要な役割を演ずる」とされた第3段落以降である。第3段落以降の要旨要約となると考えられる。

「羞恥」への二つの評価を、第4段落冒頭の「恥には二つの社会的機能がある」と混同しないこと。「恥」の「二つの社会的機能」は「公恥」と「羞恥」である。このうちの「羞恥」について二つの評価（否定的・肯定的）があり、それを解答するのである。

恥 ┬ 公恥
　 └ 羞恥 ┬ －
　　　　　 └ ＋

2 解答要素をそろえる

① 「マイナスの効果は～明らかにされてきた。だがそれにもかかわらず……」（23行目）という表現が、最もわかりやすいであろう。羞恥の否定的側面の説明から、逆接によって肯定的側面の説明に転じている。この部分の内容が解答の軸となる。

② さらに第4段落の要点も参照してまとめると、次のように整理できる。

－ ・個人の創意や自発性の表現を押さえつける

↕

＋ ・集団的エゴイズムに対決する
・自己主張を助け合う徒党よりももっと広汎な連帯を可能にする
・集団の砦を越えた連帯（を可能にする）
・未来の社会において結合の重要な一形式となる（ような連帯を可能にする）

③ 以上の内容を「**羞恥は、－である一方、＋である**」という構文でまとめる。このときに可能であれば、主語である「羞恥」の基礎的な内容説明や、二面性を有する理由・背景にあたる内容を補足できるとよい（▼要素の補足については86ページ参照）。「羞恥」の二面性が提示される以前に述べられた、競争の際の自己顕示をおさえるという内容を盛り込んでおけば、「羞恥」の基礎的な内容説明ともなり、二面性を有する理由にもなる。

3 解答を作成する

端的な漢語のキーワードを積極的に利用して短くすること。

解答例

競争での自己顕示への羞恥は、個人の創意や自発性の表現を抑圧するが、集団的エゴイズムと対抗する広範な連帯を可能にする。

設問㈣ 傍線部a・b・cのカタカナに相当する漢字を楷書で記せ。

a ショウレイ　b トトウ　c ジダイ

解答

a 奨励　b 徒党　c 事大

例題6　一九八八年度　第一問（文理共通）鈴木忠志『内角の和　鈴木忠志演劇論集』

――問題：別冊22ページ

本文解説

前半の抽象度が高く、読みづらさを感じるであろう。こういう場合にこそ、筆者が主張を伝えようとしている表現（この文章では「～と**思う・考える**」（意見表明）、「～**とは**……」（定義）、「～**ではなく**……」（通念の否定）など）に意識的に着目すること。そして筆者が伝えようとしている内容を、**「何がどうだ」という主述の構造を意識**しつつ抽出すること。この文章の序盤では、［演技］の内容説明と［演技について語ること］の内容説明が代わる代わる述べられる（論理的には前者によって後者を導く展開をとっている）。筆者の主張を抽出する際に主語への意識を欠くと、両者を混同してしまう。重要な主張を発見した際に、漫然と「このあたりが大事」と思って済ませるのではなく、主張内容を主述の形で意識化するよう注意したい。

前半の抽象論を具体例に即して説明したものが、本文後半の世阿弥の例である。つまり**本文全体が、ほぼ同じ一つの内容を前半では抽象的に、後半では具体的に述べる構造をとっている**。こういう場合は、たとえば**前半の抽象論に傍線部を設定された際に、それを具体例で述べ直した後半部分まで踏まえないと十分な解答となりえないことがあり得る**。抽象論と具体例は、抽象度のレベルが異なるだけで、内容的には同一だからである。現代文が比較的に得意な受験生でも、このような論構造の文章が出題されるとうまく解答を作成できない場合が多い。だからこそ、練習しておくに値する。

〈本文構造〉

I 抽象論 演技について語ること（第1段落）

演技について語る人 **たくさんいる**

↔ **だが**

[演技について語ること]

＝人間存在の本質を発見する絶えざる行為

（自覚化されている人は少ない）と**思う**

[演技]

× 語るもの

○ 生きるもの

× ある形、意味伝達の道具として空虚な空間のうちを浮遊

× 空間のうちに分散し非人格化され断片的に凝固した心

○ 動きとのあいだに充分に規定された関係をもつ空間のなかで、ある個人が彼自身と出会うための不可避なる営為

〈通読時の思考〉

❶「〜人は**たくさんいるだろう。だが**」（1行目）という、一般的にありがちな議論と差別化する表現、さらに文末の「**思う**」（2行目）という意見表明の表現に着目し、「演技について語ること」は「人間存在の本質を発見する」行為なのだという要点を抽出する。このように重要内容を端的な主述の構造でおさえていく。

❷「演技**とは**」（2行目）という定義の表現に着目しつつ、「……を**拒否**する」「……**ではなく**」という否定の後を重視する。演技とは「生きるもの」だと言いたいようである。ここではまだその意味は不明瞭である。

❸ ❷と同様に、「演技**とは**」（3行目）に着目しつつ、「……**ではない**」「……**でもない**」の後ろを捉える。演技とは傍線部アのような営為だと言いたいようである。これもまた、ここではまだ意味が不明瞭である（結果論をいえば、後の世阿弥の例まで読まないとわからない。ここで止まって考えても仕方がなく、わからないときこそ、ひとまず要点箇所をおさえて早く先に進まなければ、追加の情報が得られない）。

演技を語る ＝人間の真実をあやまたず射抜く
＝未知の世界への投企

演技 ＝感覚的なプレロジカルな領域
（＝前言語的領域）◇
＝透明な全体性の相貌

演技を語る（語らなければならない）◆
＝語る主体が新しい言語領域のなかを生きたいという希求をもつ

II 具体例 世阿弥は演技をどう語ったか（第2段落）

プレロジカルな領域◇とロジカルな領域◆のはざまで
演技についての言語世界を形成している 世阿弥
『花鏡』の引用

❹ ここでも「**とは**」（7行目）に着目するが、❷・❸のように「演技とは」ではない。「そういう性質をもった演技を語って、……射抜くとは」であり、演技を語ることの定義である。❷・❸での演技の定義を踏まえて、ここでは演技について語ることを定義している。

❺ 再び「演技**とは**」（8行目）である。❹で見た演技を語ることの定義から、演技そのものの定義に一旦戻っている。

❻ ここでも「**とは**」（9行目）である。何の定義か。「（演技の）前言語的領域を透視して、何ごとか語らなければならない……とは」であり、演技を語ることの定義である。このように本文前半では、演技を定義しては、それを受けて演技を語ることを定義する、という構造が繰り返されている。「前言語的」（＝言語以前）（◇）のものを言語で語る（◆）のであるから、矛盾をはらんだ難問となることがわかる。

❼ 前言語的（◇）な演技を、言語によって語る（◆）ことに成功している例として、世阿弥が登場する。つまり世阿弥は演技を語る人の例だと意識する。本文前半の理解が難しかったとしても、ここから具体例が語られるので、安心すればよい。本文前半の内容が、

←

・演技に対するこのような見解 ……**驚く**

・（世阿弥が）人間は身体をもつだけで疎外されている、疎外のもとで自分自身を不断に創造していく人間的行為が舞台空間のなかでのみ純粋に結実していく（という鋭い直観を所有していた）……**感ずる**

・世阿弥の俳優、演出家としての確かさ……**思われる**

能勢氏の引用

←

離見の見は如何に養うかという次元のものでは**ではあるまい**

我見・離見 ＝ 意識の機能の仕方

世阿弥の具体例によって語り直されるのである。

❽「**驚く**」（20行目）、「**感ずる**」（23行目）、「**思われる**」（24行目）などといった、筆者の意見表明（やや主観的だが）の表現に着目する。特に「感ずる」の一文では、世阿弥という具体例レベルの話にとどまらず、人間全般に関わる抽象度の高い内容が述べられているので、特に重視したい。身体による疎外のもとで自分自身を不断に創造していく人間的行為が、舞台空間のなかでのみ純粋に結実する、と端的に要点を抽出する（身体による疎外とは、自分の目は自分自身を見られないということであるが、わからなくてもよい）。

＊後で設問㈠を解くときに、傍線部アの関連箇所としてここを参照することになるが、当然最初に通読している時には、ここが傍線部アに対応するなどとは気がつかない。ただ、だからといってこの箇所を全く気にも留めず読み流していては、後で参照するチャンスさえも失われる。筆者の意見表明の箇所であり、抽象度も高く、要点であろう（後で設問に関わるかもしれないとマークなどをしておく）という程度の意識は必要である。

❾能勢朝次の引用に対する筆者の見解が述べられるところを重視する（「能勢氏のいうように～」（26・27行目）以降である）。

❿「**～ではあるまい**」（27行目）という否定表現に着目し、ならばどうなのかをおさえる。「我見」「離見」は「意識の機能の仕方」であるという。能力ではなく意識の働きだと言いたいのであろう。さらにそれは、「演技というものが～**ではなく**……ということの世阿弥

＝ 演技が……である ことの世阿弥的表現

演技
× 絶対的独自性を主張する自己意識によって行なわれる
○ 弁証法的なダイナミズムのなかでしか捉えられない

世阿弥の論　すぐれていると**思える**
……演技をひとつの全体性としての関係のなかで考えようとする

的表現」（28～30行目）であるという。特に「ではなく」の後をおさえておく。筆者は演技を、固定的な自己意識によるものではなく、動態的（ダイナミズム）な自己意識に関わるものと捉えており、世阿弥がそれをうまく言い表したのだと言いたいようである。

⓫「彼の論がすぐれていると**思える**」（30行目）という意見表明の表現に着目し、世阿弥の優れた点は、演技をひとつの全体性としての関係のなかで考えようとする一貫性にある、という内容をおさえる。

設問解説

設問(一)

「彼自身と出会うための不可避なる営為」(傍線部ア)とは、どういうことか、説明せよ。

1 解答の方針を立てる

何が傍線部のような「営為」なのか、主語をおさえる。傍線部の二行前から確認すると、「演技とは……ではない。……でもない。……ある個人が、彼自身と出会うための不可避なる営為として行なわれるものである」とある。よって、解答の大枠は「**演技は、個人が〜する営みであるということ**」。本文の主題である「演技」の意味、内容、定義が問われている。

主語は「演技」そのものであり、「演技について語ること」ではないので、混同しないこと。特に冒頭第二文の「人間存在の本質を発見する」を解答とする誤りを犯しやすい。それは「演技について語ること」の説明であって、「演技」そのものの定義ではない。

2 解答要素をそろえる

① 「演技」の定義で、なおかつ「ある個人が、彼自身と出会う」という意味に相当する箇所を探す。しかし、傍線部付近には見つからない。そもそも傍線部より前では、演技は否定形でしか定義されていない。傍線部の三文後には「演技とは〜」という一文があるが、「プレロジカルな領域」「透明な全体性の相貌」だと述べられているだけで、傍線部のような、演技する個人が変容するという内容ではない。

② それならば、次のように考えるしかない。傍線部アを含む**第1段落は「演技」「演技を語ること」に関する抽象論であり、後の第2段落はその具体例なのだから、第2段落では第1段落とほぼ同内容を世阿弥に即して説明し直しているはず**である(本文解説も参照)。つまり世阿弥の具体例の中に、傍線部アに類する内容が述べられている可能性がある。**第2段落から、「演技」について述べられた箇所、なおかつ、演技する個人の変容らしき内容が書かれた箇所を探り出せばよい。**

③ 傍線部アを含む一文と対応のある箇所を発見する。

> (身体の)動きとのあいだに充分に規定された関係をもっている空間のなかで、ある個人が、彼自身と出会うための不可避なる営為(傍線部ア)

⇄対応

人間は身体をもつだけで疎外されているということ、
そういう他者による疎外のもとで、
自分自身を不断に創造していく人間的行為が
舞台空間のなかでのみ、純粋に結実していく（21・22行目）

内容が難解だが、試験本番では難解な文章でも最低限論理的に解答できなければならないから、一旦内容理解を措いて、本文のキーワードを論理的に組み合わせて解答を考えよう。1で見た解答の大枠に右の本文表現を適用すれば、「**演技とは、動きとの関係を規定された舞台空間のなかで、身体をもっている個人が自分自身を不断に創造していく営みだということ**」となる。あとは傍線部の「不可避」を「必須」などと置換する。

＊人は自分の全身を自分では見られない（「疎外」）。そうした制約下でも、舞台上では常に自分の見え姿について想像を働かせ、自己を捉え直し続けていく。内容上はこういうことだが、こうした理解は読解力の表れなのか知識の披露なのか判然としない。試験本番の解答としては、何よりも本文の論理の把握ができ、本文に即した表現で誤解なく説明できることが重要だ。

3 ≫ 解答を作成する

得点率は低いと思われるが、勉強になる設問である。

解答例

動きとの関係を規定された舞台空間での演技は、身体をもつ個人が自己自身を不断に創造するうえで必須の営みであるということ。

設問㈡

「そういう緊張を言葉が獲得したとき」（傍線部イ）とあるが、それは言葉のどのようなあり方をさしているか、説明せよ。

1 ≫ 解答の方針を立てる

一言で答えるならば、「『そういう緊張』を獲得したあり方」である。「そういう緊張」の内容を探ればよい。なお、傍線部を含む一文を最後まで読むと、次の関係が把握できる。

そういう緊張を言葉が獲得する
↓（結果として）ひとつの世界が我々の面前に顕現する

「世界」の「顕現」（＝「言語世界を形成」12・13行目）は「緊張」から生じる事態であり、「緊張」の内容そのものの説明ではないので、不要である（▼コラム206・207ページ参照）。

2 解答要素をそろえる

① 「そういう緊張」の内容を探るが、直前の文のうちどの部分が「緊張」に対応するのかが難しい。こういう場合は、**傍線部を含む一文全体の内容を考え、指示内容について大体の見当をつけてから、前文に戻る方がよいかもしれない。**

② 傍線部を含む一文全体の内容を考えていくと、次の□部分について、直後の一文との対応が発見される。

・そういう緊張を言葉が獲得する
→ ［ひとつの世界が顕現する］（傍線部を含む一文）

・プレロジカルな領域とロジカルな領域のはざまを旋回
あやうい均衡
→ ［言語世界を形成している］（直後の一文）

右の二文が全体として同内容であるとすれば、「緊張」＝「プレロジカルな領域とロジカルな領域の間でのあやうい均衡」である。**二領域の間でせめぎ合いながら、あやうい均衡を保つ状態だからこそ、「緊張」と言われている**のである。

③ 改めて傍線部の前文に戻り、プレロジカルな領域とロジカルな領域の間のせめぎ合いに関わる内容を発見する。

そういう前言語的領域（＝演技の感覚的・プレロジカルな領域）を透視して、何ごとか語らなければならない……

本文解説でも見たように、**演技は前言語的領域（言葉にできない領域）にあるにもかかわらず、言語で語らねばならない**。このようなせめぎ合いの状態が「緊張」なのである。

④ ②・③より解答案は、「**前言語的領域にある演技を語るにあたって、プレロジカルな領域（＝前言語的領域）とロジカルな領域（＝言語的領域）の間であやうい均衡を保っているあり方**」のようになる。これで十分に合格点である。

3 解答を作成する

内容的には、言葉にできない前言語的領域へ向かう力と、「既成の言語体験」（傍線部の前文）に取り込んでしまう力の引っ張り合いの中で、一方に寄ったり他方に寄ったり「旋回」しつつ言葉が語られるような状態である。左記の解答例ではそうした理解を細部の表現に反映させているが、試験本番では難しい。最大のポイントは、傍線部の前文を長く記すのではなく、「緊張（＝張り詰めた状態）」を意識して内容を絞れたかである。

解答例

前言語的領域にある演技を語るに際して、前言語的領域と既成の言語的領域の間で揺動し、あやうい均衡を保っているあり方。

設問㈢ 「他人知覚を前提としつつ、自己に対する想像的意識に支えられていく」（傍線部ウ）とは、どういうことか、説明せよ。

1 解答の方針を立てる

① 傍線部を含む一文を確認する。

我見・離見は、演技が傍線部という弁証法的ダイナミズムのなかでしか捉えられない、ということの世阿弥的表現である。

傍線部は**「演技」のあり方**であり、その内容は世阿弥の言う**「我見」「離見」の意味と関係がある**。

② 傍線部は、「～を前提としつつ、……に支えられていく」という形である。したがって解答も、「A **でありつつ** B 」のように書きたい。

③ 傍線部は、「絶対的独自性を主張するような自己意識」の反対であり、「弁証法的なダイナミズム」である。「弁証法」は重要語であり、矛盾・対立する二項が結びつき、何らかの肯定的作用をもたらすことである。「ダイナミズム」は力動性を表現する際に用いられる。このことから解答は、**矛盾・対立する二つの要素が結びついて肯定的かつ動的な作用が生まれる**といった方向性になると考えられる。

2 解答要素をそろえる

① A から考える。「他人知覚」が前提であるという内容を、「我見」「離見」との関連で言い換える。**古文の問題ではないから世阿弥の引用全文を解釈する必要はなく、傍線部を含む一文に深く関わる「我見」「離見」の説明に絞って捉えればよい。**

- わが眼の見るところは、我見なり。
  → **我見＝自分の目から見た見方**
- 離見の見にて見るところは、～見所同心の見なり。
- 離見の見にて、見所同見となりて
  → **離見＝（我見を離れた）観客と同じ見方**

これより「他人知覚」を前提にするとは、ここでは、他者である観客の視点に立った知覚をすることであろう。

② 次に B を考える。「自己に対する想像的意識」について、「我見」「離見」をめぐる世阿弥の見解に基づいて説明する。

- 離見の見にて、見所同見となりて、不及目の身所まで見智して～これすなはち、心を後に置くにてあらずや。
→離見の見で、観客と同じ見方になって、目の届かないところまで見極めることが、心を後ろに置くことである。

これより「自己に対する想像的意識」とは、視線の及ばない部分にまで意識を働かせて自己を捉えることであろう。

③　ここまでで基本的な要素はそろった。さらに可能であれば**1**の③で確認した「弁証法」の意味を考えたい。「弁証法」は必ず二項に関わることから、最終文の「ふたつの項をもちながらもたえずひとつの全体性としてしか働かない」がヒントになる。二つの項は俳優（の行為）と観客（の行為）である。傍線部に即せば、**「他人知覚」（観客視点の知覚）**と**「自己に対する想像的意識」（俳優自身の意識）が合わさって、自己「全体」の把握につながる**のである。

④　細かい点だが傍線部末尾の「～ていく」という継続性を解答化する。**1**の③で見た「ダイナミズム」に対応する動的なあり方である。設問㈠と同様に「不断に」を用いるのもよい。

3 ≫ 解答を作成する

基本的には「演技ではＡでありつつＢだ」という内容が書ければ可であろう。

解答例

演技において、自身を離れた観客の視点に立ちつつ、視線の及ばない部分を補い、不断に自己の全体的な把握を試みるということ。

＊「他人知覚」は現象学における特有の背景をもつ語であるが、解答例では本文に即した理解を述べるにとどめた。

設問㈣

傍線部ａ、ｂ、ｃ、ｄのカタカナに相当する漢字を楷書で記せ。（各二字）

ａ　ギョウコ　ｂ　ケンゲン　ｃ　キンコウ　ｄ　ケンキョ

解答

ａ　凝固　ｂ　顕現　ｃ　均衡　ｄ　謙虚

例題7 二〇〇八年度 第四問（文科） 竹内敏晴『思想する「からだ」』――問題：別冊25ページ

本文解説

本文全体を通して、筆者の経験を含む具体的な事例が多く紹介されている（やや随想的な文章といえる）。このような文章では本論と具体例を明確に区別することが難しく、時に、具体的な話題自体が実は本論であったということもあるので、自信のない箇所について無理に具体例とみなさないこと。注意したいのは、具体的な話の読みやすさに流されて、肝心な抽象的一般的主題に関わる部分を把握し損ねるおそれがあることである。たとえば第2段落では「感情とはなにか」という主題めいた問いが提示され、これに第9段落の「本源的な感情とは〜」で応答したという構造は重要である。**具体的な話題の中にある、論文らしい抽象的で硬質な表現を常に意識する**こと。要するに、**具体例と抽象論を切り分けようという意識よりも、具体的な話からどのような抽象論が導かれるのかを常に意識すべき**だということである。

《本文構造》

I 主題への導入――感情について（第1〜2段落）

二流の役者

- セリフを主人公に吐かせている感情の状態を推測する
- その感情を自分の中にかき立て浸ろうと努力する

（**たとえば**『三人姉妹』の末娘を演じる女優たち）

《通読時の思考》

❶「**たとえば**、チェーホフの……」（2行目）とあるので、これ以後は明確に具体例である。具体例の前の抽象論を捉えること。二流の役者は、主人公の感情の状態を推測し、自分もそれに浸ろうとするのである。

もっといいかげんな演技者（二流以下の役者）

・口調や言い方のパターンを想定して演じる
・（主人公の〈からだ〉のプロセス、
〈ことば〉の内実に身を置くよりも）
ジェスチュアに跳びかかる

もっと通俗的なパターン
「もっと感情をこめて読みなさい」
⇐
感情**とはなにか**
そのことばを言いたくなった事態に**どう**対応したらいいの**か**

Ⅱ ほんとうに涙を流す役者について（第3〜5段落）

この逆の行為
（＝感情に浸れない場合とは逆に、浸っている際の行為）
舞台でほんとうに涙を流す人がいる……**驚き、感動**

❷ ❶で「二流の役者」という内容をつかんでいれば、「もっといいかげんな演技者なら〜」（4行目）という表現を見たところで、これ以後は二流以下（未満）の役者の話に切り替わっていることがわかる（それゆえ、二流の役者に関する具体例はこの前で終わっていると判断する）。この先、「感情」に関する抽象論ではなく、「嬉しい」という具体例に即して書かれているので戸惑う。こういう場合はできるだけ抽象度の高い記述を集めて（「嬉しい」という具体例が入るのを避けて）、「パターンを想定して」演じること、「ジェスチュアに跳びかかる」ことを捉えておけばよい。

❸ ここは具体例のようにも思われるが、決め手を欠くので無理に例とはみなさないことにする。それよりも重要なことは、「感情**とはなにか**」「……**どう**対応したらいいの**か**」（11行目）という疑問表現の存在である。特に前者は「感情」の定義を問題にしており、あたかも論文のような問題提起である。具体的な話題の中にある、こうした抽象的一般的内容に関わる部分を確実におさえ、「感情とはなにか」が本文の主題かもしれないと考える。

❹ 映画『天井桟敷の人々』のセリフを具体例と考える場合、何に関

← 例『天井桟敷の人々』涙を流す役者をほめるセリフ
賛嘆と皮肉の虚実がどう重なりあっているのか
知れたものではない

← 見事に華々しく泣いて見せた主演女優
ワキ役「自分ひとりでいい気持ちになりやがって」

← **実のところ**ほんとに涙を流すということは難しくない
いくつもの行為のもつれと発展がある
役者はリズムも呼吸も昂る
← 役者は頂点で主人公の状況から身を切り離す
自分の回想・連想に身を浸してわが身をいとおしむ
← 涙が湧いてくる

＝ **つまり**

する例かをおさえる。例に入る前を確認し、「舞台でほんとうに涙を流す人」に関する具体例とわかる。映画の中にはそのような人をほめるセリフがあるが、セリフを書いた人も役柄も役者も「一筋縄ではいかぬ（＝普通のやり方では処理できない）」人々なので、賛辞なのか皮肉なのかを単純に割り切っては考えられないということであろう。

❺ この話は、筆者の演出助手としての経験に依拠しており、具体例の一つと考えてもよいし、無理に例と考えなくてもよい。いずれにせよ、第5段落「実のところ……」以降は、単なる筆者の経験談ではない議論になるので、それに比べれば第4段落は具体的な事例であった、という程度の思考でよい。

❻ 「**実のところ**……」（24行目）以降は、単なる筆者の経験談ではない、やや一般性の高い議論になっている。本当に涙を流すことはそれほど難しくないという。その理由は上記のように整理できるが、試験本番では特に「**つまり**」（28行目）という要約の表現に着目し、主人公から離れて自分の感傷に浸ることで涙が流れるのだとわかればよい。それが共演者に伝わり「自分ひとりでいい気になりやがって」という捨てゼリフにつながる。これが傍線部ウの捨てゼリフであることが意識できると、後で設問㈢を解きやすいであろう。

役者は主人公の行動の展開とは無縁の位置にいる
わが身あわれさに浸っている（＝すりかえ）
←
舞台で向かいあっている相手（共演者）に瞬間に響く
←
「自分ひとりでいい気になりやがって」となる

Ⅲ 「悲しい」という感情について（第6～8段落）

「悲しい」とは**どういう**存在のあり方であり、
人間的行動であるの**だろうか**
←
「悲しみ」は「怒り」ともともと一つのものかもしれない
←
現実は動かないと〈からだ〉が受け入れていく
そのプロセスが「悲しみ」と「怒り」の分岐点
←
現実を否定する闘いを少しずつ捨て始めるときに
もっとも激しく「悲しみ」は意識される
←とすれば
悲劇の頂点では現実に対する全身での闘いをやるべき

❼「**どういう**……であるの**だろうか**」（31行目）という疑問表現に着目する。意識するポイントは三点である。

i 本文の主題「感情」（❸参照）に対して、「悲しみ」は具体例である。無理に具体例を切り分ける必要はないが、大きく見れば第8段落いっぱいまでは具体例に即した議論であり、真の主題は「悲しみ」のみならず「感情」全般であるという意識は必要である。

ii ただし具体例とはいえ、「悲しみ」の定義を問題にしているので、主題である「感情」の定義に近づきつつあるようである。

iii 疑問表現に対する答えとしては、「悲しみ」はもともと「怒り」と同一であり、その後の状況に応じて「悲しみ」として意識されるようになることがわかればよい。

「悲しみ」を意識する余裕などない
⟷ ところが
二流の役者は「悲しい」情緒を自分で味わいたがる

Ⅳ 結論——感情とは（第9段落）

こういう観察を重ねて**見えてくる**こと …………
＝
「感情そのもの」を演じることを捨てねばならぬということ

本源的な感情 …………
＝激烈に行動している〈からだ〉の中を満たし溢れているなにかを
外から心理学的に名づけて言うもの
＝「からだの動き」＝action
⟷
ふつう感情と呼ばれていること …………
＝低まった次元の意識状態

❽「**こういう**」（42行目）というまとめの指示語があり、さらに「観察を重ねて**見えてくる**」という表現から、具体的事例から導かれる抽象的一般的な考察がついに提示されるという意識をもつこと。第9段落だけが、抽象度の高い、ほとんど論文に近い次元で論じられているのである。

❾「**本源的**な感情**とは**……」（43行目）の文は、エッセンスであることを示す「本源的」という表現、「とは」という定義の表現、さらには主題である「感情とはなにか」に対する応答として、きわめて重要な文であるとわかる。感情を身体的状態として捉えていることに注意。常識とは異なる主張がなされている。

❿ ❾で「常識とは異なる主張」と述べたが、これは筆者も自覚していることであり、だからこそ「**ふつう**感情と呼ばれていることは……」（44・45行目）というように、常識的な意味での「感情」との対比がなされている。

設問解説

設問(一)　「「ウレシソウ」に振舞うというジェスチュアに跳びかかる」（傍線部ア）とあるが、どういうことか、説明せよ。

1 解答の方針を立てる

主語を取り違えないことが最大のポイントである。「二流の役者」としたら本設問失格であろう。「もっといいかげんな演技者」である。したがって解答に関わる範囲は、「二流の役者」の説明ではなく、「もっといいかげんな演技者なら～」から傍線部までの範囲である。

「ジェスチュアに跳びかかる」という表現の意味を、できれば本文の言葉を適切に用いいつつ説明する。それが正しくできていれば、解答は「嬉しい」という具体例に即して書いても、「感情」全般にまで一般化して書いても、どちらでも可であろう。

*本文の主題は「感情」全般であるが、傍線部の付された箇所は「嬉しい」感情の演技について述べられている部分であり、どちらの抽象度で書くべきか戸惑うかもしれない。本文全体の読解を重視すれば「感情」全般にまで一般化して書き、あくまで傍線部の意味説明であることを重視すれば「嬉しい」に限定して書くことになる。結局、全体と部分のどちらを優先するかという立場の違いにすぎず、実質的な解答内容（「ジェスチュアに跳びかかる」の意味内容）は同じになるのだから、どちらでもよいであろう。ただし、本問とは逆に、傍線部が抽象論に設定されている場合には、具体例で書いてはならない。

2 解答要素をそろえる

「ジェスチュア」は身振り手振りであり、二流以下の役者は嬉しいときの身振り手振りを演じるにすぎないということであろう。それを本文表現で書けないかを考える。「パターンを想定して」演じるという表現を用いて、「嬉しいときの動きのパターンを想定して演じるにすぎない」などと記すとよい。

「跳びかかる」は、軽率に手を出すという意味である。軽率さや安易さをできるだけ本文の表現に基づいて解答化したい。そのためには、傍線部直前の「その〈からだ〉のプロセス、選び出されてきた〈ことば〉の内実に身を置くよりも」の内容を記し、**本来あるべき感情の表現になっていないこと**を指摘すべきであろう。ここを短くまとめるのが難しい。

① 通読時に第9段落の最終的な結論をつかんで、「本源的な感情」は身体の激烈な状態だという要旨を理解していること

が前提である。第9段落の言葉を用いる必要はないが、〈からだ〉=身体が重要であることを意識し、傍線部のような演技では身体が軽視されていることを指摘したい。

②「〈からだ〉のプロセス」を「身体的過程」などと漢語で圧縮しつつ、それが〈ことば〉の内実であることを踏まえ、「発言（言葉）に至る身体的過程」などとする。傍線部のような演技では、これが無視されているのである。

3 ≫ 解答を作成する

「もっといいかげんな役者」（=二流以下の役者）という主語に続けて書くこと。

解答例

二流以下の役者は、「嬉しい」という発言に至る身体的過程を無視し、安易に動きのパターンを想定して演じるだけだということ。

設問(二)

「賛嘆と皮肉の虚実がどう重なりあっているのか知れたものではない」（傍線部イ）とあるが、どういうことか、説明せよ。

1 ≫ 解答の方針を立てる

何が、賛嘆と皮肉の虚実が重なりあったものなのか、**主語にあたる内容をおさえて書く**。『天井桟敷の人々』の中に出てくる二つのセリフである。

①「役者はすばらしい」

②「毎晩同じ時刻に涙を流すとは奇蹟だ」

これらは、『天井桟敷の人々』の例に入る前の抽象論によれば、**「舞台でほんとうに涙を流す人」をほめるセリフ**だといえる。②の「毎晩同じ時刻」という表現まで加味すれば、**涙を流すべきときに思い通りに涙を流す役者をほめるセリフ**である。

したがって解答は、「思い通りに涙を流す役者をほめる『天井桟敷の人々』のセリフは、〜であるということ」のように書きたい。主語が長くなるが、いかに短く圧縮できるかという点に表現力の差が出る。

『天井桟敷の人々』に関する話はこの箇所だけであり、傍線部の表現の言い換えがどこか本文中にあるわけではなさそうである。**傍線部の意味を自ら言い換える力が問われる**問題であり、要旨把握というよりも、細部の表現の意味を正確に解答化する表現力を試すことに主眼がある問いであろう。

2 解答要素をそろえる

傍線部を含む一文の「一筋縄ではいかぬ」という表現が、最大のヒントである。「普通の方法では処理できない」という意味の慣用表現である。セリフを書いた人も、それを話す役柄も、演じる役者も、みな単純に捉えられる人間ではないのである。そういう人々によるセリフだからこそ、役者がいつでも涙を流せることに対する**単純な「賛嘆」(＋)ではなく、また単純な「皮肉」(−)でもなく**、「虚実(＝うそとまこと)」が**計り知れないほど複雑に混じり合っている**ということであろう。

第3段落の内容を、筆者の認識の変化に即して次のように整理することもできる。

芝居の世界に入ったばかりの若い筆者

舞台で本当に涙を流す人を見た
→ひどく驚き、凄いものだと感動した［**＋のみの認識**］

↕

映画『天井桟敷の人々』の中のセリフに接した
→ナルホドと思った［**＋のみの認識**］

現在の筆者

映画『天井桟敷の人々』のセリフを書いた人も役柄も役者も一筋縄ではいかぬ連中であると認識している
→賛嘆(＋)と皮肉(−)が複雑に入り組んでいるようではっきりしない(知れたものではない)［**＋−判然としない**］

思い通りに涙を流せることを、ただほめている(＋)わけでもなく、悪く言っている(−)わけでもなく、**＋・−という尺度では計りようのない複雑さがある**ことを述べればよい。

3 解答を作成する

「賛嘆」と「皮肉」をそれぞれ類義の表現に置換したうえで、単純には割り切れない、複雑であるという意味を反映し、「知れたものではない」(＝はっきりしない、計り知れない)まで丁寧に置換する。

解答例

思い通りに涙を流す役者をほめる『天井桟敷の人々』のセリフは、単純な称賛や非難ではない、計り知れぬ複雑さがあるということ。

設問㈢

「自分ひとりでいい気持ちになりやがって。芝居にもなんにもなりやしねえ」（傍線部ウ）とあるが、どういうことか、説明せよ。

1 解答の方針を立てる

この大問の中では比較的に解きやすい問題である。傍線部前半と同じような表現を、第5段落の末尾に発見することができる。**第4段落が筆者の経験談であり、第5段落はそれを受けてやや一般的なレベルでの議論をしている**ので、解答の中心的な内容は第5段落から探ることになる。

傍線部前半の「自分ひとりでいい気持ちになりやがって」については、第5段落に説明を発見できるが、後半の「芝居にもなんにもなりやしねえ」については、本文に言い換えがないので、自分で換言説明するしかない。

2 解答要素をそろえる

第5段落の要点は、特に「つまり」という要約表現の後に着目すれば、「その瞬間（＝演技の頂点で涙を流す瞬間）には役者は主人公の行動の展開とは無縁の位置に立って、わが身あわれさに浸っている」ということである。主人公から離れて、自分自身へのいとおしさ、あわれさに浸っているので、「自分ひとりでいい気に」なっているのである。

傍線部後半の「芝居にもなんにもなりやしねえ」は、演劇が成り立たないという方向で置換すればよい。

暫定解答案

役者が演技の頂点で、主人公とは無縁の立場で自身の感傷に浸り、演劇が成り立たないということ。

基本的な解答はこれでよいが、暫定解答案のように短い表現で書けば字数にゆとりができ、要素を補足できる（▼要素の補足については86ページ参照）。ここでは、なぜ演劇が成り立たないのか、その理由や背景を補足するのが書きやすい。第5段落末尾に「自分ひとりでいい気になりやがって」が再登場するが、その直前に「このすりかえは舞台で向かいあっている相手には瞬間に響く」とある。舞台上で共演者にすぐに伝わるからこそ、演劇が崩れるのである。

3 解答を作成する

2で示した解答案に、理由や背景にあたる内容を補足する。

解答例

役者が演技の頂点で、主人公とは無縁の立場で自身の感傷に浸ると、共演者にはすぐに伝わり、演劇が成り立たないということ。

設問㈣　「『感情そのもの』を演じることを捨てねばならぬ」（傍線部エ）とあるが、どういうことか、説明せよ。

1 解答の方針を立てる

「感情の昂まりを生むために、役者は～を演じてはならない」のような解答になる。さらに傍線部の直後には、演じるべき「本源的な感情」の内容が書かれている。これを踏まえて、**「感情の昂まりを生むために、役者は～ではなく――を演じるべきである」「役者は――を演じ、～を排することで、感情の昂まりを演じうる」**などと解答したい。全体が長くなりそうなので、各要素をコンパクトにまとめる難しさがある。

本文の結論にあたる抽象的一般的要旨の確認である。主に、抽象度の高い第9段落に基づいて解答すればよいが、**第6～8段落がこれまでの設問で未解答**であり、第9段落を導く具体例（「悲しい」という感情）でもあるので、何らかの形で取り込めるとよい。

2 解答要素をそろえる

① 筆者が演じるべきだと考えている「本源的な感情」の内容は、傍線部の一文に書かれているが、短くまとめることが難しい。こういう場合に、第6～8段落の具体例と照合しながら、特にどの内容が重要なのかを判断する必要がある。第6～8段落には、

- 激しい身動き（33行目）
- 全身での闘い（38行目）

という表現もあるので、激しさと身体性は必須の要素であろう。「激烈な身体の内的状態（を演じるべき）」などとする。

② 逆に、筆者が否定しているのは「ふつう感情と呼ばれていること」＝「かなり低まった次元の意識状態」である。これを排さねばならない（「捨てねばならぬ」）とする。

③ 基本的な解答としては②までで可であろう。さらに万全を期すとすれば、「本源的な感情」は、「外から」の「名づけ」以前から存在する状態だという点を解答に反映する。これは「悲しみ」の具体例でいえば、「『悲しみ』を意識する余裕な

どない」という記述に対応する。したがって、**演じるべき感情の内容に、言葉で（感情として）意識される以前からあるという内容を付加しておくとよい**。「本源的な感情」が言語以前の激しい身体の状態であるのに対し、「ふつう感情と呼ばれていること」は、言語によって意識される精神の状態であると考えられる。

3 解答を作成する

1で示した構文によって解答する。

解答例

役者は、感情を意識する以前の激烈な身体の状態を演じ、低次元の意識状態を排することで、感情の昂まりを演じうるということ。

発展 ——個人と世間、社会、他者——

森のなかで、私は幾度も私が森を見ているのではないと感じた。樹が私を見つめ、私に語りかけているように感じた日もある……。

画家アンドレ・マルシャンの言葉
メルロ＝ポンティ『眼と精神』滝浦静雄・木田元訳　所引

演劇を通じて人間のあり方を考える

例題6・7は演劇に関する文章である。例題6では、演技を語ることは人間存在の本質を発見する行為であると述べられていた。現に世阿弥は「離見の見」の論によって、自己の身体は他人によってしか知覚されえないという人間存在のあり方を見事に捉えていたのである。また例題7では、人間の本源的な感情は、たとえば「悲しい」という意識状態などではなく、「悲しい」と意識される以前の激烈な身体のありようであると指摘されていた。これら例題6・7は、演劇を通じて、身体的存在としての人間のあり方に言及する論である。演劇（を語ること）はこのように、人間存在について再考を促す面を持つ。

「離見の見」と「恥の文化」

世阿弥の「離見の見」に関連して、社会心理学には次のような議論がある。

> 世阿弥は、演者が自分の舞い姿をソトからながめながら演ずるような状態を考えた。そこに成立する不思議な心理状態が「離見の見」と呼ばれる。他者の目を意識して、他者の〈まなざし〉をわがものとして演じるのである。日本の芸術家のこのような生き方は、「世間体」を重んじ、常に他者の目を意識して自己を抑制する日本の人々の生き方に一致する。世阿弥の考え方は、日本における「世間体」の問題に通じる面をもつ。
>
> （井上忠司『「世間体」の構造　社会心理史への試み』一部要約）

世阿弥の「離見の見」と、他者の目を意識する日本の人々の生き方を重ねる論である。米国の人類学者であるルース・ベネディクト（一八八七〜一九四八）は、その著作『菊と刀』（一九四六年）の中で、他者の評価を基準にして行動を律する日本の文化を「恥の文化」と定義し、個人の内面に善悪の基準がある西洋の「罪の文化」と対比した。これは、西洋を優位とする二項対立的な構造を有するとして現在では批判されるが、戦後日本の文化論には大きな影響を与えた。先掲の井上の論は、ベネディクトの言う「恥の文化」のありようを、世阿弥の芸術論と関連づけて考えたものといえる。

例題5の出典である『恥の文化再考』は、題名の通り、「恥の文化」と呼ばれる日本文化の特徴を改めて考え直すことを企図した書である。設問㈠で問われていたように、恥による行動規制は自我の内面からも行われるとして、ベネディクトへの批判がなされていた。

心的作用と社会との関係

ベネディクトの議論や例題5の本文では、恥という心理が日本社会との関係で捉えられている。人間の心的作用は、その人の置かれた社会と無関係ではありえない。たとえば現代の我々には、時代劇などで見るように、君主に思慕の情を抱き、その無念を晴らすために敵を討つといった感情は容易には理解しがたい。あるいは「なんとしてもあの人のようになりたい」という激烈な態度を、「嫉妬」と呼んで否定的に評価するのか、好ましい競争心として高く評価するのかは、社会のあり方による。例題7でも述べられていたように、通常感情と呼ばれているものは、事後的な名づけにすぎない。その名づけ方、すなわち心的作用の分類のしかたは、社会的な価値を反映する。恥という心理も、社会と切り離しては論じられないのである。

なお、**個人を原子論的に独立した単位として捉えるのではなく、関係の中で捉えるという議論は、東大現代文で頻出**である。

「未来の社会」について

心的作用と社会との関連について、例題5では恥の観念が社会に及ぼす機能について論じられていた。羞恥は人々の広汎な連帯を可能にし、未来の社会で重要な役割を担うという趣旨であった。そのことを端的に述べた一文を再度見てみよう。

「だがこの連帯［＝羞恥に基づく広汎な連帯］は、生産力の高まりによって競争の価値が低下し、有機的な構成が階級・階層の壁を徹底的にこわすまで進んだ未来の社会において、結合の重要な一形式となることは確かだ。」

争いの価値が減じ、一切の階級差や階層差が排された平等な社会の到来が予想されている。著者の作田啓一は一九二二年に生まれ、一九四八年に京都帝国大学文学部を卒業、本文の出典である『恥の文化再考』は一九六七年の刊行である。戦後約二〇年、当時の人々に共有されていたであろう社会観が、ここに反映されている。

《出典解説》

■**作田啓一『恥の文化再考』（筑摩書房、一九六七年）**

作田啓一（一九二二～二〇一六）は社会学者。京都大学名誉教授。京都帝国大学文学部哲学科を卒業後、西京大学（現　京都府立大学）助教授を経て、京都大学教養部助教授、その後教授。当時の社会学に大きな影響を与えた『恥の文化再考』『価値の社会学』に加え、『ジャン＝ジャック・ルソー　市民と個人』『生成の社会学をめざして』など多数の著書がある。一九九八年からは同人誌『Becoming』を発行し、現代思想の知見を取り入れた人間学の論考を精力的に発表した。『恥の文化再考』は、前述のように、ルース・ベネディクトの言う「恥の文化」を批判的に再検討した書である。内面的な「羞恥」という特性に着目することで、西欧社会との二項対立的な比較を相対化した。

■**鈴木忠志「離見の見」『内角の和　鈴木忠志演劇論集』（而立書房、一九七三年）所収**

鈴木忠志（一九三九～）は演出家。世界各国での上演活動・共同作業や俳優訓練法で知られる。早稲田大学政治経済学部を卒業後、別役実らとともに「早稲田小劇場（現　劇団 SCOT）」を創設し、小劇場運動を推進した。のちに富山県利賀村（現　南砺市）に本拠地を移し、一九八二年より「利賀フェスティバル（現 SCOT サマー・シーズン）」を毎年開催している。『劇的なるものをめぐってⅡ』『トロイアの女』『リア王』など国際的に名高い演出作品に加え、『演劇とは何か』『演出家の発想』など多数の著書がある。『内角の和　鈴木忠志演劇論集』は一九七〇年前後の演劇論の集成であり、「離見の見」（原題「演技論」）は一九六九年に発表された論考である。メルロ＝ポンティの影響が色濃い。

■**竹内敏晴『思想する「からだ」』（晶文社、二〇〇一年）**

竹内敏晴（一九二五～二〇〇九）は演出家。東京大学文学部を卒業後、劇団「ぶどうの会」、小劇場運動の先駆とされる「代々木小劇場＝演劇集団・変身」で演出を手がける。のちに「竹内演劇研究所」を開設。身体論のさきがけと称される『ことばが劈かれるとき』をはじめとして、『からだが語ることば』『「からだ」と「ことば」のレッスン』など多数の著書がある。『思想する「からだ」』は、一九九〇年頃から二〇〇〇年頃までの思索がまとめられた書である。出題箇所は「定義への試み　からだ、こころ、ことば」（原題「断想　からだ・こころ・ことば」）の一部であり、一九九〇年に発表された論考に基づく。

《読書案内》

■**松村圭一郎『うしろめたさの人類学』（ミシマ社、二〇一七年）**

「私」と他者との関係、社会との関係、世界との関係を考えさせられる書。既存の秩序や体制を批判するのみで終わらず、今の私たちにできる日常的実践を提起する。

■**河野哲也『意識は実在しない　心・知覚・自由』（講談社選書メチエ、二〇一一年）**

東大現代文では二〇一二年度第一問で出題された書。心を身体と環境との関係の中で捉え、「拡張した心」という考え方を提起する。

column 3

随想の読解について

例題7では、やや随想的な文章を扱った。随想は文科専用の第四問で頻出であるが、文理共通の第一問でも出題されている。随想の読解で意識すべきことをまとめておく。

随想というジャンルへの基本的理解

●大学入試で出題される随想は主に学者や作家が書いたものであり、一見具体的・個別的・日常的な話の背後に、抽象的・一般的・学術的な主題を有する（人間とは、言語とは、世界とは、学問とは、など）。

●論文では、研究成果を厳密な論証とともに示すことが目的であり、筆者のひらめきや気づき、論文執筆に至るまでのリアルな思索過程は文章に残らない。随想は、**論文では切り捨てられるような着想段階の思索を、あえてそのままに残そうとして書く**文章である。

本文通読時の具体的な意識

1 原則としては論理的文章の読解と同様であるが、随想はそもそも具体的な話題を主とする場合が多いので、具体例かどうか迷ったら判別を保留するとよい。

2 **筆者の思い（心情）の表現**については、**思考のもとになる気づき**であると考え、**その思いの対象となる内容が、本文の抽象的一般的主題につながる**可能性を考慮しておく。

3 普段ものを思ったり感じたりする際に頭に浮かばないような、**抽象的で硬質な語があれば、筆者が論文に近い思考をしている**（厳密な思考を経てその部分を書いている）**ことのサイン**となる。本文の重要内容となる。

4 誰かひとりの体験が「人間はだれしも……」と一般化されたり、「私」に即したエピソードが「人間は……」と一般化されたりするなど、**個人的な一体験がa_1のようになり、a_nらしきものが提示される箇所に注意**する。抽象度や一般性が上がっていることの証である。

第4章

比喩説明の解法を修得する

本章では、比喩説明を多く含む例題を扱い、その解法を修得することを目指す。そのためにまず、比喩表現とはどういうものかを理解することから始めよう。

違うけれど似ている

比喩表現（たとえ）の基本は、違うけれど似ているという点にある。「彼は鉄の意志を持ってやり通した」という場合、彼の意志は実際には鉄ではない。しかし、固くて簡単には曲がらないという共通性があるために、たとえが成立している。**本当はそうでないが、共通の性質を有する**ということが、比喩表現の根幹をなす。

したがって比喩説明に際しては、まず**「本当はそうでない」と識別すること**、すなわち比喩であると気づくことが必要になる。「鉄の意志」とはどういうことかと問われた場合に、本当の「鉄」の問題として説明したら失格である。「意志」の性質を説明すべきである。そのうえで、（ここでは「鉄」と「意志」に）**共通する性質を明確に言語化した解答にする**必要がある。簡単には曲がらない固さを持つことが「鉄」と「意志」の共通点であれば、解答は「彼の意志は、簡単には動かされない固いものであった（ということ）」のようになる。このとき、共通の性質は本文中であえて言語化されていないことが多いので、その場合は「鉄」の性質をもとに自ら考えて、自分で表現することになる。ここに比喩説明の難しさがある。

＊なお、「鉄が硬くて容易に曲がらないことと同様に……」といった説明は、原則として不要である。そのため、解答に「鉄」という語は用いないのが普通である。

比喩説明の例

以下では簡単な例文をサンプルにして、比喩説明の解答へのアプローチを示しておく。

サンプル１

古典を読む。これは先人との対話である。

○設問例

「これは先人との対話である」とはどういうことか。／「先人との対話」とはどういうことか。

○解答へのアプローチ

1　本当に向かい合って話すリアルな「対話」でないとすれば、比喩表現である。

2　何が「対話」にたとえられているのかを確認する。ここでは「古典を読む」ことであり、「古典を読むことは……であるということ」という解答になる。

3　「古典を読む」ことと「対話」の共通点を明確に言語化する。そのために、たとえに用いられている「対話」の語義やイメージを洗い出す。

対話……互いに顔を向かいあわせて話すこと。話をする中で考えの交流を図る。

「考えの交流」に着目すると、「書物の著者である過去の人の考えと、自分の考えとを関係づける」という点で、「古典を読む」ことと「対話」が共通している。

＊「対話」の性質のうち、「顔を向かい合わせる」「(口頭で）話す」などは、「古典を読む」ことにはあてはまらないので、解答に記してはならない。このように、すべての性質があてはまるわけではないので慎重に見極めること。比喩の基本は「違うけれど似ている」であった。「違う」ものである以上、ごく一部の性質しか共通しないのは当然といえる。

4　以上より解答は、「古典を読むことは、書物の著者である過去の人の考えと、読者である自分の考えを関係づける営みであるということ」などとなる。もちろん、補足できる情報が本文にあれば、ここに付加する必要がある。

＊「対話が～であるのと同様に」など、たとえに使われている語句そのものの説明は、原則不要である。

第４章

サンプル2

Kと話したとき、私に一筋の光が差しこんできた。

○設問例

「一筋の光が差しこんできた」とはどういうことか。

○解答へのアプローチ

1 光学的な意味で本当に「光が差しこんできた」のでなければ、比喩表現である。

2 何をたとえた表現なのかを考えるが、**サンプル1**の「古典を読む」のようには本文中に明記されていない。

3 以下のように、比喩表現に用いられた言葉の語義やイメージを踏まえて、何をたとえているのかを考えていく。

- 「光」……明るいもの。→希望など、明るい思いのたとえ
- 「一筋」……細長く続く、一本だけのもの。→わずかなこと、かすかなことのたとえ
- 「（光が）差しこむ」……（もともと暗かったところに）（光が）入ってくる。

→これまでは見通しが思わしくなく、絶望的であったところに、希望が生じたことのたとえ

4 以上を組み合わせて、解答は「Kと話したことで、絶望的と思われた状況に、わずかな希望が見出されたということ」のようになる。もちろん、補足できる情報が本文にあれば、ここに付加する。

以上の説明を参考にしつつ、例題8～10で練習を積もう。

例題8　二〇一三年度　第一問（文理共通）　湯浅博雄「ランボーの詩の翻訳について」

――問題：別冊29ページ

本文解説

第1段落冒頭の一文をあえて模式的に単純化すると、「A、いやむしろBは、C、D、Eと切り離してはありえない」のようになる。AがBと言い直され、CとDとEが並列されるなど、本文全体を通して、単純な一つの言い方で済ませず様々な言い方が並べられることが多い。できるだけ正確性を期し、誤解を避けようとする、慎重で注意深い文体である。できる限りこうした表現形態を尊重すべきであるが（それこそが本文の主張である）、試験本番の時間制限の中では単純化して捉えざるをえないとも思われ、解説でも本番の思考に合わせて、端的に示すことがある。

《本文構造》　　《通読時の思考》

I　文学作品の翻訳者がとるべき姿勢（第1～7段落）

文学作品が言おう、言い表そうと志向すること
⇄ 切り離せない
言い方、表し方、志向する仕方

人々は**よく**「主張」、「メッセージ」、……と言う
↔ **しかし、実のところ**

❶ 冒頭の文の捉え方は右で説明した通り。要するに、文学作品の内容は表現の仕方と不可分だと捉えておく。

❷ 「人々は**よく**～。**しかし、実のところ**……」（2～4行目）という、ありがちな通念に異を唱える表現に着目し、逆接の後に主張の中心があることを捉える。

文学作品の内容　×　独立して自存する ……

○　表現形態の面と一体化して作用することでしか存在しない、コミュニケートされない

← それゆえ

翻訳者は次のような姿勢をとるべき ……

＝ **つまり**

むろんいったん語り方の側面、意味するかたちの側面を経由する

⟷ **がしかし**

- 〈意味するかたちの側面〉を気づかうことをやめるべきでは**ない**
- 意味内容・概念の側面に注意を集中する態度を取ってはなら**ない**
- 自分が読み取り了解した概念的中身・内容が、独立してテクストの意味、志向をなすとみなしてはなら**ない**
- そういう意味や志向を母語で読みやすく言い換えればよいと考えてはなら**ない**

← しばしば読みやすく理解しやすい翻訳作品を ……

❸「独立して自存していることは**ない**」（6行目）という否定表現に対して、ではどうなのか、肯定的な表現が後ろにあるのでおさえること。端的に捉えれば、意味内容は表現形態と常に一体だということである。❶で捉えた主張と概ね同内容である。

❹翻訳者がとるべき姿勢について、「**つまり**」（10行目）の後を中心におさえる。「**むろん**～である**が、しかし**……」（10～12行目）という、ありがちな反論を予防したうえで主張を述べる表現に着目。「しかし」の後に続く内容をおさえること。概ね上記の四点のような内容である。否定形の表現が続くが、端的にいえば、翻訳者は原文の内容のみならず表現形態に注意すべきだということである。このあたりで本文の主題が「翻訳」であることが理解できればよい。

❺「～**かもしれない**。**ただし**……」（21行目）という表現に着目する。

生み出す**かもしれない**
↔ **ただし**
大きな危うさ
＝原文のテクストが独特な語り口、言い方、表現の仕方によって微妙なやり方で告げようとしているなにかを気づかうことから目をそらせてしまう
（例　ランボーの詩）
← 翻訳者は原文の志向する仕方の面に注意を凝らし、それにあたうかぎり忠実であろうとする
（例　ランボーの詩の独特さ、単独性の尊重）

❹と同様に、ありがちな反論を予防したうえで主張を述べる表現である。逆接の「ただし」の後にくる、「大きな危うさ」の内容を捉える。翻訳者が読み取った内容を母語に言い換えることばかりに注意を向けると、原文が独特な表現形態によって告げようとしているものを看過してしまうのである。これはその直後（第5段落）で、ランボーの具体例を添えてまで説明されていることからも重要な内容とわかる。

❻第7段落で再びランボーの具体例が挙げられ、何に関する例か、抽象論をおさえておく。「その点を踏まえて」とあるように、直前の第6段落に関する例である。

Ⅱ 矛盾する二つの要請に対する翻訳者の応答（第8～10段落）

翻訳者　相容れない両立不可能な**二つ**の要請を負う
1　原文の意味内容をよく読み取り、こなれた、達意の日本語にする
2　原文の表現形態をあたう限り尊重する
←
原文＝原語と母語の関わり方を徹底的に考える

❼翻訳者が応えるべき「**二つ**の要請」について、「**一つ**は」「**もう一つ**は」という列挙の表現に着目する。原文の意味内容を達意の母語にしつつ、原文の表現形態も尊重するという矛盾を抱えるわけである。これは、主題である「翻訳」の意味、内容、定義に相当する内容でもあり、全体論旨としても重要である。

❽「原文＝原語と母語との関わり方を徹底的に考えていく」（39行目）という翻訳者の営為について、その具体的過程が述べられた後、

原文の表現形態の面、志向する仕方の面を
自国語の文脈のなかに取り込もうとする
↔ しかし
両言語で志向する仕方は一致しない
むしろ食い違い、齟齬をきたし、摩擦を起こす
← それゆえ
食い違う志向する仕方を和合、調和させようと努める
←
自国語の枠組みや規範を破り、変えるところまで進む

＝**こうして**
原語と母語とを対話させる（無限に続く、終わりなし）
こうした無限の対話
・**まさしく**翻訳の喜びと苦悩が存する
・新しい言葉のあり方へつながっている
（ベンヤミンが示唆した翻訳者の使命を継承する）

「**こうして**」（45行目）というまとめの指示語によって「対話」と要約されることを意識しておく。原語の表現形態をなんとか母語に取り込み、両者を和合・調和させられないかという試行錯誤を行うのである。

❾「**まさしく**」（47行目）という強調の表現に着目し、❽で捉えた「対話」が無限に続く（＝決して実現しえない）中で、翻訳者は喜びと苦悩を経験することをおさえる。

❿「ベンヤミン」（52行目）は何を言うために引かれているのか、具体例に対する抽象論をおさえるように発想する。「**こそ**」（52行目）

という強意表現からもわかるように、筆者は「こういう約束（の地平）」を強く述べたいのである。どのような約束かを確認し、翻訳が新しい言葉の在りようにつながるという内容をおさえる。これは第8段落末尾で述べられていた、翻訳が自国語の枠組みや規範を変えるという内容に対応している。

Ⅲ 翻訳の意義（第11段落）

⑪「もっと大きなパースペクティブにおいて見ると」（53行目）とあることから、論点の広がりを捉える。第11段落では、より広い視野で見た翻訳の意義が述べられるようである。

もっと大きなパースペクティブで見る

- 諸々の言語の複数性を引き受けるということ
- 他者を受け止め、理解し、相互に認め合っていかねばならないということ
- そのためになんらかの「翻訳」の必然性を受け入れ、可能性を探り、拡げ、掘り下げていくべきであるということ

に結ばれている

翻訳＝諸々の言語・文化・宗教・慣習の
　複数性、違い、差異に細心の注意を払いながら
　自らの母語と他なる言語を
　関係させ、対話させ、競い合わせること

← そうだとすれば

翻訳＝諸々の言語・文化の差異を媒介し横断する営み

（では**ないだろうか**）

⓬ 「**ないだろうか**」（59行目）という反語による強調に着目しつつ、主題である「翻訳」に関する最終的な主張であることから、傍線部オが全体の結論となることを意識する。翻訳は、言語や文化等の複数性や差異に注意を払って言語を関係づけるので、異言語・異文化を媒介し横断する営みといえるのである。

設問解説

設問㈠
「もっぱら自分が抜き出し、読み取ったと信じる意味内容・概念の側面に注意を集中してしまうという態度を取ってはならない」（傍線部ア）とあるが、それはなぜか、説明せよ。

1 解答の方針を立てる

傍線部の一文には主語が書かれていないが、一文前の主語を確認すれば「（文学作品の）翻訳者」である。したがって解答の大枠は、「（文学作品の）翻訳者は〜すべきであるから」などとなる。

＊傍線部を「意味内容・概念ばかりに注意を集中する態度は（主）、不適切である（述）」という構造とみなして、「意味内容・概念ばかりに注意を集中する態度は、〜という欠点があるから」という構文で書いてもよい。だがこの構文は字数を多く要する。簡潔さの面からいえば、「翻訳者」を主語とする方が得策だと思われる。

第2段落の冒頭が「それゆえ」で始まっているように、第2段落の議論の前提となる内容は、第1段落に書かれている。第1段落の要旨が解答要素になると考える。

2 解答要素をそろえる

第1段落の要旨を確認する。特に「人々はよく〜。しかし……」という「譲歩→逆接」の後に主張の中心がある。

- 思想、考え、意見、感情などと思われているなにかは、それだけで切り離され、独立して自存していることはない
- 〈意味され、志向されている内容〉は、それを〈意味する仕方、志向する仕方〉の側面、表現形態の面、意味するかたちの側面と一体化して作用することによってしか存在しないし、コミュニケートされない

＝線の箇所は、このままでは長いので**端的な言い方を探す**しかない（表現のかたちまで尊重せよという筆者の主張からすると不本意であるが、「長くならないよう、短縮し、簡潔に省略するため」の便宜としては仕方ない）。傍線部アやその直後の「意味内容」という表現が最も端的であろう。……線の箇所は、「表現形態」という短い表現を用いるとよい。要するに、意味内容は独立自存せず、表現形態（語順や構文や語法など）と一体であることを翻訳者は自覚すべきであり、だからこそ意味内容だけに注意を向けてはならないのである。

第2〜3段落では、傍線部アも含め、翻訳者はこれこれしてはならないという禁止の表現が連続する。反対に、これこれす

べきだという肯定の表現はなく、結局傍線部アと同内容の言い換えしかない。したがって理由説明としては、第2〜3段落を要素にすることは難しく、第1段落の内容でほぼ完結する。

3 解答を作成する

「（文学作品の）翻訳者は〜すべきであるから」という形でまとめる。

解答例

文学作品の翻訳者は、テクストの意味内容が独立自存せず、常に表現形態の面と一体化して作用することを意識すべきであるから。

設問(二)

「はるかに翻訳者による日本語作品である」（傍線部イ）とはどういうことか、説明せよ。

1 解答の方針を立てる

具体例の中に傍線部が設定されており、そもそも何を述べるための例かを踏まえておく必要がある。「たとえば」の前に戻り、第4段落の抽象論を参照しつつ解答する。

傍線部は「少し極端に言えば」と断ったうえで、名目上は翻訳として提示されたものが、あたかも「翻訳者による日本語作品」同然であるという内容である。本当に翻訳者自らがオリジナルの作品を書いたということではなく、まるで翻訳者による作品のようだ、翻訳者が自分で作ったようなものだ（それくらいかけ離れている）という比喩的な表現である。こうした内容を、比喩を用いずに適切に解答化する必要がある。

2 解答要素をそろえる

抽象論である第4段落の内容を確認することで、傍線部がどのような場合についていわれているのかをおさえる。「大きな危うさ」を伴うような場合である。

- 自分が抜き出し、読み取った中身・内容を、自らの母語によって適切に言い換える（と傍線部のようになる）
- 原文のテクストがその独特な語り口、言い方、表現の仕方によって、きわめて微妙なやり方で告げようとしているなにかを十分に気づかうことから眼をそらせてしまう（＝表現形態を尊重していない）（と傍線部のようになる）

「翻訳者による日本語作品」のようなものであるという比喩的表現を、適切に換言する。翻訳者自身が創作したかのような全く別の作品であるということであり、（翻訳者自身は「翻訳」だと主張していても）もとの作品とは全く異なる、もはや筆者の考える翻訳ではない、原文テクストとはかけ離れているということを指摘すればよい。

3 解答を作成する

「翻訳者の創作のようなものだ（同然だ）」では実質的に比喩のままであり、不十分である。また「拙い翻訳だ」のように、そもそも「翻訳」であることを認めてしまっては、本設問失格であろう。

解答例

原文の表現形態を尊重せず、翻訳者が読み取った内容を母語で言い換えると、翻訳とは呼べない全く異なる作品になるということ。

設問㈢ 「原語と母語とを対話させる」（傍線部ウ）とはどういうことか、説明せよ。

1 解答の方針を立てる

「対話」という比喩的表現の適切な内容説明が求められている。「対話」の語義を踏まえ、**相互作用のような意味を解答化する必要がある。**

傍線部の直前にある「こうして」という指示語の内容をまとめるだけに見えて、思いのほか解きにくい問題である。「こうして」は、直前ま**で**を広く要約する指示語である。直前だけを適当に書いても解答にならない。たとえば「対話」とは直前文にある「自国語（自らの母語）の枠組みや規範を破り、変える」ことか。もちろんそれは「対話」の意味に合わず、違う。では「ハーモニーを生み出そうとする」＝「和合させ、調和させようと努める」ことか。それは「対話」の到達目標を述べているのであって、「対話」自体の置換説明としては不完全である。このように、解答の焦点（着地点）を定めることが意外に難しい。

2 解答要素をそろえる

「こうして」は、直前までの広い要約を表す。第8段落から傍線部に至る流れを確認する。

翻訳者　相容れない両立不可能な二つの要請を負う
1　原文の意味内容をよく読み取り、こなれた、達意の日本語にする
2　原文の表現形態をあたう限り尊重する
←応えるために

原文＝原語と母語の関わり方を徹底的に考える（＝対話）

原文の表現形態の面、志向する仕方の面を
自国語の文脈のなかに取り込もうとする
⟷しかし
両言語で志向する仕方は一致しない
むしろ食い違い、齟齬をきたし、摩擦を起こす
←それゆえ
食い違う志向する仕方を和合、調和させようと努める
←
自国語の枠組みや規範を破り、変えるところまで進む

――こうして
原語と母語を対話させる

「対話」は、端的にいえば原語と母語とを関わらせることである。これを解答の述部に置くこと。その対話の目的などを具体的に説明した箇所が……線の枠内である。対話は、原文の表現形態を自国語の文脈の中に取り込もうとして行われるが、両言語の志向する仕方（表現形態）が一致しないため、それらを和合・調和させることが目指されるのである。

3 解答を作成する

本来であれば最初に「二つの要請」の内容を書き、それに応えるために、などと解答を始めたいが、字数が多くなり、肝心の「対話」そのものの内容がおろそかになる。「二つの要請」の内容まではここでは書けないであろう。

解答例

翻訳者は、原文の表現形態を母語の文脈に取り込むべく、食い違う表現形態の和合・調和を目指し、両言語を関わらせるということ。

設問㈣　「翻訳という対話は、ある新しい言葉づかい、新しい文体や書き方へと開かれている」（傍線部エ）とあるが、なぜそういえるのか、説明せよ。

1 解答の方針を立てる

「翻訳（という対話）」が「新しい言葉づかい」「新しい文体や書き方」につながるといえる理由を答える。解答の大枠は「翻訳（という対話）は〜となるから」であり、**「翻訳という対話」の説明の中から解答要素を探ればよい。**

傍線部の二文後の「新しい言葉の在りようへとつながってい る」は、ほぼ傍線部と同じことを繰り返しているだけであり、理由にはならない。その後の第11段落では「もっと大きなパースペクティブ」へと論が展開してしまうので、解答内容は傍線部の後にはなく、これより前から探すことになる。

2 解答要素をそろえる

① 主語である「翻訳という対話」の説明は、設問㈢でも答えた第8段落か、傍線部直前の第9段落である。この中から、新しい言葉づかい、文体、書き方につながりそうな内容を探る。第8段落末尾に「自国語の枠組みや規範を破り、変える」とあり、だからこそ、母語の新しい言葉づかい、文体、書き方が生まれてくると考えられる。

＊たとえば、いわゆる「無生物主語」の文は従来の日本語ではあまり一般的ではなかったが、英文の翻訳を通してそうした新たな表現（欧文脈）が用いられていった例を想起すればよい。また、漢文の訓読を広義の翻訳とみなせるなら、漢文訓読体（漢文脈）も類例となろう。

② ①の内容だけでは要素が少なく、さらなる内容の充実が必要である（▼要素の補足については86ページ参照）。なぜ既存の母語の枠組みや規範の中で終わらず、それが変更されるほどの極端な段階にまで至るのかを、関連する本文の要点を踏まえて考察する。第9段落の要旨（設問㈢でまだ用いていない）である、**二つの言語の和合・調和は決して到達・実現されず、対話が無限であるということ**に着目したい。決して到達・実現されることがない状況で、必死になって和合させ調和させようと努めるからこそ、母語の枠組みや規範に変質を迫るほどの段階にまで至るのだと考えられる。

3 解答を作成する

解答の述部に①の内容を置くことが必須である。設問㈢と同じ「翻訳という対話」に関する設問でありながら、結果的に設

第4章　例題8　設問解説

問㈢とは要素が重複しない。無駄のない合理的な設問配置である。

解答例

原語と母語の食い違いの和合・調和は到達・実現されず、無限に続くため、翻訳は母語の枠組みや規範を破り、変えるに至るから。

設問㈤

「翻訳という営為は、諸々の言語・文化の差異のあいだを媒介し、可能なかぎり横断していく営みである」（傍線部オ）とあるが、なぜそういえるのか、本文全体の趣旨を踏まえた上で、一〇〇字以上一二〇字以内で説明せよ。

1 解答の方針を立てる

「本文全体の趣旨」以前に、通常の傍線部問題として解答を考える。「翻訳」が、言語・文化の差異を媒介し横断するといえる理由を答える。解答は「翻訳は〜であるから」となり、「横断」というやや比喩的な表現に注意して、**言語や文化を超えたつながり**が生まれるという点を解答の末尾に置きたい。

まずは傍線部直前の「そうだとすれば」という指示語の内容を正確に反映した解答案を発想すること。その上で、これまでの全体論旨を付加することになる。

2 解答要素をそろえる

① 傍線部直前の「そうだとすれば」は、文字通りに解せば傍線部に係る条件である。ただし、事実上は「そうであるので」という理由・帰結の関係に等しいともいえるので、直前の内容を解答の中心として、解答末尾に置くこともできる。言語・文化等の複数性や差異に注意しつつ、二つの言語を「関係させる、対話させる、競い合わせる」からこそ、異言語間・異文化間の「横断」といえるのである。

② ここで「対話」については、設問㈢でも答えた第8段落の内容に基づいて説明しておくこと。原語と母語の食い違う表現形態を和合・調和させようと、両言語を関わらせる（傍線部の直前の文を使えば「関係させる」）ことであった。

③ ①・②より、左記のような解答案を得る。

暫定解答案

翻訳は、言語・文化・宗教・慣習の複数性、違いや差異に注意を払い、表現形態の和合・調和を目指して母語と異言語を関わらせる営為であるから。（七〇字程度）

④「本文全体の趣旨を踏まえた上で」という条件に対応すべく、全体要旨を付加する。**これまでの設問で解答化していない要旨があれば特に留意しつつ、主題である「翻訳」の基本的な意味、内容、定義を確実に解答化したい。**第8段落で述べられたように、翻訳は、原文の意味を達意の母語（本設問では「日本語」に限定しないこと）にしつつ、原文の表現形態を尊重するという「二つの要請」を負うものであった。「そういう課題・任務に応えるために」（38・39行目）、異言語間の「対話」が行われるのである。

＊設問㈢では字数の都合上、この「二つの要請」を解答化できなかった。設問㈢で解答していないならば尚更、本設問で着眼し、解答に盛り込むべきである（もちろん、設問㈢で既に記述した場合も、主題である「翻訳」の内容であるから改めて記すこと）。

＊第8段落の「二つの要請」の内容を書けば、第7段落以前の要旨（翻訳者は原文の表現形態を気づかうべき）も自ずと含まれる。

3 解答を作成する

翻訳が負う「二つの要請」を解答第一文に置き、「それに応えるために」として、**2**で示した解答案を第二文に置くとよい。

解答例

翻訳は、原文の意味内容を達意の母語にし、原文の表現形態を尊重するという、矛盾する二つの要請を負う。それに応えるために、翻訳は言語・文化・宗教・慣習の複数性、違いや差異に注意を払い、表現形態の和合・調和を目指して母語と異言語を関わらせるから。（一二〇字）

設問㈥

傍線部a、b、c、d、eのカタカナに相当する漢字を楷書で書け。

a シュビ　b チクゴ　c マサツ　d ウナガ（し）
e シサ

解答

a 首尾　b 逐語　c 摩擦　d 促
e 示唆

例題9　一九七六年度　第五問（文科）　三木卓『言葉のする仕事』

問題：別冊34ページ

本文解説

《本文構造》

I　言葉で伝えるということ（第1～4段落）

自分が詩や小説を書いていて、翻訳することを考える
↓
→**絶望的**
たとえば詩
その言葉を使っていることが必然でなければならない

「外国語において
＋**ばかりではない**
日本語のなかでも（他の言葉に置きかえられない）

翻訳＝言葉によって何かを伝達するということの
――最も極端な裂け目を飛びこえる手段

翻訳の話題

《通読時の思考》

❶「**絶望的**」（1行目）という筆者の心情に着目し、何がどう「絶望的」なのかを考えて話題を捉える。文学作品の翻訳を話題にしている。作品は他の言葉に置き換えられるはずはない（つまり完全な翻訳は不可能である）からこそ「絶望的」なのである。翻訳の不可能性が主題のようにも読めるが、「外国語において**ばかりではない**」（4行目）という累加の表現に着目すれば、翻訳に限られない、もっと広い話題を扱いたいようである。

←ならば

翻訳という局面

＋ **だけではなく**

言葉による表現の伝達の問題（に話は拡大される）

[言葉]

＝ある時、ある場所で、ある人によって使われるもの

x ある文化圏のなかで使われ、共有されて成立し、発達してきたもの

＋ **同時に**

y 一人一人の個人が私有しているもの

辞典に記載されているような一応の概念がある

伝達の道具として使っている

↔ **けれども**

時代により場所により人により微妙に違う

[日常生活] 問題は起こらない

↔ **けれども**

❷「ことは翻訳という局面**だけではなく**」（5・6行目）という表現から、話題の拡大をつかむ。筆者が本当に論じたいのは「翻訳」ではなく、「言葉による表現の伝達」全般である。これが本文の主題であろう。

❸「言葉というものは……」（6行目）という表現から、「言葉」の定義をつかむ。主題が「言葉による伝達」なのだから、大前提となる「言葉」の定義は（本文論旨上）当然重要である。筆者は言葉を考えるうえで、時代、場所、人との関係を重視しているようである。「**が、同時に**」（7行目）という逆接・並列の表現にも着目することで、上記の**x**と**y**の二面性を捉えつつ、特に**y**（個人による違い）を強く主張したいのだと考える。

❹細かい点だが、「**けれども**」（9行目）は相対的に後ろが重要である。つまり筆者は、言葉の意味が共有されていることよりも、それは時代や場所や人によって異なるという違いの方を強調したいのである。

❺「**けれども**」（11行目）に着目。「日常生活」（煙草の例）と「微妙

微妙なことになると**むずかしい**ことが起こる

言葉　x　共同のものである
　　　y　私のものでもある

← 受けとる側も
個々人の文化圏の内部の言葉に翻訳して理解する

（例　話し合いや討論
　　相手が想像を絶するような反応をする
　　思わず黙りこんでしまう）

← ・個々人の内部における言葉の価値体系が相違する
・同じ言葉を所有しあっているのではない（**y**）

文学などにおける表現　**さらに**面倒

表現＝この面倒臭いもの（言葉）（**x**だが**y**）を使って
私をひとつの普遍にまで持っていく
⟷が
表現するものも、それを伝達されるものも、
← 全く私的な部分を言葉に対して持っている（**y**）

なこと」との対比であり、力点は後者にある。「**むずかしい**」（11行目）という筆者の考えにも着目し、何がどう「むずかしい」のかを要旨としておさえる。「私のもの」である言葉を用いて表現がなされ、受け手は自分の内部の言葉に直して理解するという。ここでも、言葉に関して個人による違い（**y**）が強調されており、違いがあるからこそ伝達は「むずかしい」問題を含むのである。

❻ 話し合いや討論の具体例は、何を述べるための具体例かを考える。「個々人の内部における言葉の価値体系が大きく相違している」「同じ言葉を所有しあっているのではない」ということを主張するための例である。やはり**y**の内容が連続している。

❼ 「**さらに**面倒」（16行目）という累加の表現に着目。❺で捉えた構造とあわせれば、「日常生活」→「微妙なこと」→「文学などにおける表現」という三段階になっていることを捉える。結局筆者が最も中心的に扱いたいのは、第三段階の「文学」をめぐる問題なのであろう（第1段落も文学作品の話であった）。何が「面倒」なのかを要旨としておさえる。言葉は個人によって違いのある「面倒臭いもの」であるが、それを使って「私」（個人的個別的内容）を「普

うまくいかない

現代詩の難解性の一因　**実は**ここにある（と**思う**）

↑

現在の詩による表現

× 言葉は尾頭つきの魚のような姿で現れる

○ 特定の属性だけが利用される

（尾だけ、内臓だけ、うろこだけ、置かれていた水跡だけ）

詩作品自体のコンテクストで、ここでは

言葉のどういう属性が必要とされているかは読者にわかる

↔ **だが**

- 作者が未熟でそれをなし得ていない
- その言葉の、そこにおける働き方に対応するものが
  読者自身の概念のなかに
  - 存在しない
  - 全くちがう質のものとして
  ある

＝ **いってみれば**

言葉の尖端から尖端へと張られた細い糸をたどる

遍」的一般的にわかるように表現する必要がある。これが困難なのである。

❽「**実は**」（18行目）という、ありがちな見方と差別化する表現や、「**思う**」（18行目）という意見表明の表現に着目。現代詩が難解である理由について、上に示したような関係をおさえる。現代詩の難しさは、言葉の特定の属性しか利用されないという点によるらしい。

❾「**だが**」（22行目）の後ろが相対的に大事である。「AまたBまたC」という三つの並列がどのような構造になっているのかを正確に捉えたい。上のような構造である。

❿「**いってみれば**（＝いわば・たとえば）」（24行目）という表現によって比喩表現が導かれている。「現代詩における伝達の仕方」を

第4章　例題9　本文解説

読者の内部にある言葉にその尖端がなかったら、
かれは詩からずり落ちてしまう
＋　しかも
言葉＝厳密に限定できない
　　感触までも決定してこう感じろとはできない
←
面白いが面倒も続く
⟷ **しかし**
伝えるということ
＝相手が何を考えているか、何を感じているかを
知りたいという欲求に**根ざす**
⟷ **けれども**　**同時に**
相手のいうことを聞く、伝えられるということ
＝自らの内部にその言葉が在ってそれを発見すること

説明する比喩である。具体例の場合に何の例かを確認する（特に具体例に入る直前を確認する）のと同様に、比喩の場合も何をたとえているのかを意識し、「いってみれば」の直前との対応をとる。上の〜〜線部どうしが対応している。言葉の特定の働き方が、読者の概念の中になかったり、合わなかったりすれば、伝達がうまくいかないことの比喩である。

⓫「**しかし**」（28行目）という逆接により、直前までの「面倒」だという要旨は転換され、より重要な内容が語り出されることを意識する。

⓬「〜に**根ざす**」（29行目）という、根本的・本質的なエッセンスを示す表現に着目する。伝えるということは、相手の内面を知りたいという欲求に根ざす。まずこれが要点だが、より重要なのは「**けれども、同時に**」（29行目）の後である。「（相手のいうことを）聞く、伝えられる、ということは」と、受け手側の話に転換していることを意識する。受け手は相手の言葉を聞くときに、自らの内部にその言葉を発見するという。これは既に❺で捉えた内容に近い（後で設問を解くときに気がつくのでもよい）。言葉の価値体系は人によって違うのであり、相手の言葉を理解するときには、自分の内部の言葉によるしかないのである。

× 相手の言葉そのもので理解する

○ 自分の言葉として理解する

‖ **つまり**

自分の内なる言葉の発見として理解する

⓭ 「〜でき**ない**」（31行目）という否定の表現に着目し、肯定される内容をおさえる。その際「**つまり**」（31行目）という要約表現にも着目し、後を中心に捉える。伝達される側は、自分の内部の言葉の発見としてしか理解できない。❺・⓬で捉えた内容と概ね同じである。これが、「言葉による伝達」という主題に対する結論であろう。

設問解説

設問㈠

「言葉によって何かを伝達する、ということの、最も極端な裂け目を飛びこえる手段を翻訳である、と考えるならば」（傍線部ア）とあるが、ここでいう「最も極端な裂け目」とはどういうことか、説明せよ。

1 解答の方針を立てる

① 「裂け目」という比喩の説明がポイントである。亀裂、断絶である。言葉による伝達の断絶であるから、**伝達が困難あるいは不可能**という意味であろう。

② 傍線部の一文の内容を正確に把握する。

> 最も極端な裂け目を飛びこえようとする＝翻訳
> ↑ 拡大
> （最も極端ではないが）裂け目を飛びこえようとする
> ＝言葉による表現の伝達（全般）　＊この説明が第2段落全体

傍線部の「最も極端な裂け目」は、伝達全般の問題に拡大される以前の、「翻訳」に限定された話である。したがって**外国語との間に横たわる「裂け目」**であることを明確化して解答する。

③ ①・②より、端的な解答は「**外国語との間の伝達は、きわめて困難である・不可能であるということ**」（◆）のようになる。これに要素を付加する。

④ 傍線部が長めに設定されているのは、「翻訳」の話題だということをわかりやすくするためであろう。「翻訳」について述べている第1段落を無視できない。他方で、第2段落も参照したい。**「最も極端」でない場合（言葉による伝達全般）を確認し、「最も極端」な場合（外国語間の伝達）と比較することで、説明の手掛かりが得られる**からである。

2 解答要素をそろえる

外国語との間ではなぜ伝達が困難なのか、あるいは不可能なのかを考える。以下の解説では便宜上、①で第2段落に触れ、②で第1段落に触れるが、どちらから発想してもよい。

① 第2段落には、（翻訳に限らない）言葉による伝達全般について、次の記述があった。

> ×
> ・言葉は、ある文化圏のなかで使われ、共有されて成立し、発達してきた
> ←→

第4章
例題9 設問解説

y
- 一人一人の個人が私有している
- 人により微妙に違う
- 個々人の内部における言葉の価値体系が大きく相違している

同一文化圏（同一言語間）の伝達であれば、**x**のように言葉は共有しているが、**y**のような個人差があるので伝達が難しい。しかし翻訳の場合は**y**のような個人差以前に、そもそも文化圏（言語圏）が異なるのであるから、**x**のような言葉の共有自体ができていない。そのため「最も極端」に伝達が難しいのである。……［A］

② さらに、外国語への翻訳に関する話は第［1］段落にあった。

> 文学作品（たとえば詩）の言葉は必然であり、
> 他の言葉に置き換えられない（＝置換不可能）
> 外国語
> ＋　ばかりではない
> 日本語

そもそも、文学作品（詩はその一例）の言葉は置換不可能なのである。右図では日本語の中での置換不可能性が主張の中心になっているが、傍線部は翻訳の話題であるから、当然ながら外国語にも置換不可能である（だからこそ伝達には「裂け目」がある）ということを記せばよい。……［B］

3 解答を作成する

1の◆で示した形に、その理由を付加する。外国語との間で伝達が難しい直接的な理由は［A］（言葉の非共有）であり、［B］（置換不可能性）は文学作品が常に抱えるそもそもの性質である。前提となる［B］から書き、［A］で締めるとよい。

解答例

文学作品の言葉は必然的で置換不可能であるうえ、個人差以前に言葉の共有を欠く外国語との間の伝達は、至難であるということ。

＊「文化圏」という語は、本文では、時代や場所による文化圏を指す場合（7行目）と、個々人の文化圏（価値体系）を指す場合（12行目）が混在しているので、解答例では使用を避けた。

設問㈡ 「私をひとつの普遍にまで持っていく」（傍線部イ）とあるが、どういうことか、説明せよ。

1 解答の方針を立てる

傍線部は「文学などにおける表現」の話題である。「文学など」とあるように「文学」は一例であろうが、少なくとも日常の話し言葉ではなく、書き言葉の話題である。

傍線部の直前にあるように「この、面倒臭いもの」を使うのだが、「この、面倒臭いもの」とは何を指し、どう「面倒臭い」のかを説明する必要がある。

傍線部の「私」とは個人を指し、「普遍」とはその語義からして、すべてに共通する一般的なありようを指す。したがって「私」と「普遍」は、「個別（固有のもの）」↔「一般（共通のもの）」で反対の意味である。**個別的なものを一般的なものにするという方向性の解答になるはずである。**

2 解答要素をそろえる

「この、面倒臭いもの」は「言葉」である。どう「面倒臭い」かといえば、「個々人の内部における言葉の価値体系が大きく相違して」おり、「決して同じ言葉を所有しあっているのではない」という意味で「面倒臭い」のである。このことを踏まえ、傍線部を含む一文は、次のように整理できる。

個々人によって価値体系の異なる言葉を用いる
↓
私（＝個別・固有）を普遍（＝一般・共通）にまで持っていく　＝表現
↕
表現する者も、伝達される者も、全く私的な部分を言葉に対して持っている
↓
うまくいかない

右図を踏まえて内容を考察する。傍線部は書き言葉による「表現」の話である。「表現」において、「私」（＝個別・固有）を「普遍」（＝一般・共通）にまで持っていくとは、**個人の伝えたいことを、一般的に、誰もが共通に理解できるように表す**ことだと考えられる。しかし言葉に対しては個人差があるので、誰もが共通の理解に至るのは難しいのである。

第4章

例題9　設問解説

3 ≫ 解答を作成する

まず「この、面倒臭いもの」を説明し、そのうえで傍線部自体の換言を述べる。「私（個別・固有）⟷普遍（一般・共通）」という対比を明確に解答化すること。

解答例

個人により価値体系の異なる言葉を用い、書き手個人の伝達したい内容を、読者の誰もが共通に理解できるように表すということ。

設問㈢

「尾頭つきの魚」（傍線部ウ）とあるが、どういうことか、説明せよ。

1 ≫ 解答の方針を立てる

「尾頭つきの魚」という比喩の意味を考えるために、傍線部を含む一文を確認する。「あらゆる属性を最大限に利用」＝すべてをフルに活用＝「尾頭つき（丸ごと一匹）の魚」と考えられるから、一文は次のような構造と見るのがよいであろう。文末の「わけではない」のカバーする範囲が広いと見られる。

> **現在の詩による表現は、**
> 言葉というものの持つあらゆる属性を最大限に利用しようとしている
> ＝
> たとえば（＝たとえていえば）
> ＝
> 言葉はいつでも尾頭つきの魚のような姿で現われる
> **わけではない。**

2 ≫ 解答要素をそろえる

解答の中心は、「言葉の持つ全属性が最大限に利用されているということ」となる。

＊内容上は次のように考えられる。

> 魚の属性　いろいろ
> 尾、内臓、うろこ、……
> ＝
> 言葉の属性　いろいろ
> 音声、意味内容、視覚的印象、……
>
> たとえば「炎」という言葉には、燃焼という意味内容、ホノオという音、「火」を二つ重ねた漢字の視覚的印象など、いろいろな属性がある。伝達にあたって、それらの全属性が意味をもつような状態が「尾頭つきの魚」であろう。

これだけでは解答として短い。傍線部を含む一文は、現代詩の言葉は「尾頭つきの魚」ではないという内容であった。**この段落の主要な話題（要点となる内容）は現代詩であるから、現代詩との違いを述べることで説明を膨らませるとよい。**

現代詩における伝達の仕方
- 尾だけ、内臓だけ、うろこだけ、水跡だけが必要
- 言葉の尖端から尖端への糸をたどっていくようなもの
- 読者の内部にその尖端がなかったら、読者は詩からずり落ちてしまう

つまり、現代詩の読者には特定の属性への反応だけが求められている。「尖端」とある以上、非常に繊細な感覚が求められていると考えられる。その繊細さを解答表現に反映し、たとえば「(現代詩では) 言葉の特定の属性に対してのみ鋭敏さが求められる」などとしたい。

3 解答を作成する

現代詩との対比の構文で書くとよい。

解答例

言葉の特定の属性に対してのみ鋭敏さを要求する現代詩とは異なり、言葉の持つ全属性が最大限に利用されているということ。

設問㈣ 言葉による伝達について、本文の筆者はどう考えているか、説明せよ。

1 解答の方針を立てる

「言葉による伝達」は本文全体の主題であるから、解答要素も本文全体にわたると思われる。これまでの設問と一部要素が重複してもかまわない。ただし、特に**これまでの設問で用いていない第4段落（本文の結論である）を逃さずに解答化すること。**

2 解答要素をそろえる

① 本文の結論である最終段落の内容は、必ず書きたい。

a 伝えるということは……相手が何を考えているか、何を感じているかを知りたいという欲求に根ざすものである

b 伝えられる、ということは、自らの内部にその言葉が……在って、それを発見することだ

＝

理解する時は……自分の内なる言葉の発見としてしか理解することはできない

aが伝える側、bが伝えられる側に関する記述である。伝達は、相手の内面を知りたいという欲求に根ざし（a）、受け手の内部にある言葉の発見によって完結する（b）。このように、漢語を用いて表現を圧縮する（▼87ページ参照）。

② これより前の本文内容も参照し、「伝達」について説明された要点箇所を振り返る。

c われわれは共同のものであると同時に私のものでもある言葉を使って表現するのであり、受けとる側もそういうことで受けとる（のであって、そこでは個々人の文化圏の内部の言葉に翻訳されて理解される）（第2段落）

＝

表現するものも、それを伝達されるものも……全く私的な部分を言葉に対して持っている（第3段落）

cの□部分は、bの□部分と同じなので、これまでに解答していないbを優先すればよい。解答には、共同物でありながら私的である言葉を用いるという内容をきちんと盛り込む。

3 解答を作成する

短くまとめる力が試される。要素はa～cの三点だが、cを長く書きすぎて、肝心なa・bが雑になることは避けたい。

解答例

（伝達は）相手の内面を知ることへの欲求に根ざし、共有物だが私的でもある言葉でなされ、受け手側に内在する言葉の発見で完結する。

例題10　二〇一四年度　第四問（文科）　蜂飼耳「馬の歯」

問題：別冊37ページ

本文解説

《本文構造》

I　未知との出会い（第1～5段落）

だれかとはじめて顔を合わせるときに
互いに話題を探す……**愉しい**

自己暗示を掛けているだけかもしれない（が）
← **いずれにしても**
初対面の人と向かい合う時間は
日常のなかに、ずぶりと差しこまれる

動植物に詳しい理系の人とのエピソード
←
だれと会うときでも

《通読時の思考》

❶「**愉しい**」（2行目）という筆者の心理に着目し、その対象を捉え、「はじめて顔を合わせる」人との間で「話題を探す」ことについて述べられているのだとおさえる。

❷「**いずれにしても**」（3行目）というまとめの表現に着目。「ずぶりと差しこまれる」という比喩的な表現は、物が突き入るさまを表す「ずぶり」という言い方から、衝撃や驚きを表すものとひとまず理解しておけばよい。初対面の人との会話から得られる驚きが、❶で見たような「愉しい」というポジティブな印象のもとで、述べられている。

❸ 動植物に詳しい理系の人は、「初対面の人」に対する具体例と考えられるが、随想はしばしば具体的な話題を主とするので、無理に具体例とみなさずに読み進めればよい。重要なのは具体的個別的な

相手がどんなことにどんなふうに
関心をもっているのかを知る……**面白い**

自分には思いもよらない事柄を
気に掛けて生きている人がいると知ること
≒ **似ている** 1
知らない本のページをめくること

＋

台風の後の植物園
≒ **似ている** 2
本（新たなページ、見知らぬ言葉）

植物園への道を幾度も通うその人のなかに**も**
未知の本がある
（こちらが耳を傾けることで開かれうる）

話題から導かれる抽象的一般的な内容を逃さないことである。「**だれと会うときでも**」（11行目）という表現は、もはや「理系の人」に限られないことを表し、抽象化一般化のサインである。さらに「**面白い**」（12行目）という筆者の心理・評価も伴っており、この文の内容は確実におさえておきたい。

❹「（AはBと）**似ている**」（12・13行目）という言い方は、比喩表現のサインである。ここでの話題の中心はA「自分には思いもよらない事柄を、気に掛けて生きている人がいると知ること」である。これが未知の本のページをめくることにたとえられている。

❺ 再び理系の人との具体的なエピソードである。注意すべき点は、「植物園**もまた**本に**似ている**」（21行目）の箇所である。やはり比喩であり、「もまた」とあるように、❹で見た比喩と並列されている。❹と同様に、未知のものとの新たな出会いが「本」のイメージで表されている。未知との出会いがここでのテーマであろう。

＊傍線部イの直後に「植物園への道を幾度も通うその人のなかに**も**、未知の本がある」とある。ここでも並列の「も」によって「未知の本」の比喩が出ている。この「本」は、こちらが「耳を傾ける」ことで開かれうるものであり、❹で見た比喩（初対面の人と話す中で知らない本のページが開かれる）に近い内容に戻っているようである。

Ⅱ　日常の中の気になる瞬間（第6〜10段落）

神奈川県の海岸で馬の歯を拾えるという話

←

とくに拾いたいわけではない、拾えなくてもいい

↔ **ただ**

その内容そのものが

はじめて教えられたことだけが帯びる

ぼんやりとした［明るさ］のなかにある……**心ひかれた**

馬かどうか、時間が経っても**気になる**

≒

吉原幸子の詩「虹」

「あれは　たしかにぶただったらうか」

←

あれはなんだったのだろうというふうに

首を傾げて脳裡の残像をなぞる瞬間は

日常の中に**いくつも**生まれる

❻ 引き続き理系の人とのエピソードであるが、無理に具体例とみなさず、どのような抽象的一般的内容が導かれるのかを意識して読み進める。「拾えなくてもいい。**ただ**……」（32行目）という譲歩→逆接の形や、「**心ひかれた**」（33行目）という筆者の心理に着目し、「はじめて教えられたこと」（「馬の歯」の話が抽象化されている）に特有の「ぼんやりとした明るさ」が話題になっていることをおさえる。

❼ 「**気になる**」（34行目）という筆者の心理をおさえておくことで、吉原幸子の詩への連想の飛躍にうまく対応できる。馬かどうか気になるという内容が、吉原の詩のぶただったか気になるという内容に対応する。このように、一見無関係な話題へと移った場合には、何らかの共通性が重要だと考えて読解する。ここでは、馬であれぶたであれ、わからない物事に対する気になる思いが重要なのである。

❽ 「日常のなかに**いくつも**生まれる」（50行目）という表現に注意。馬やぶたの話が、日常一般のレベルへと抽象化されている。このような箇所を逃さないこと。「あれは、なんだったのだろう」と気になる思いが、やはりここでのテーマなのである。

多くのことは曖昧なまま消えていく
足元を照らす明確さはいつでも仮のもの
← だから**こそ**
輪郭の曖昧な物事に輪郭を与えようと
一歩踏み出すことからは、光がこぼれる
その一歩は消えていく光だ

Ⅲ 問いは遠くへ届く光（第11～13段落）

「消えろ　虹」
わかることとわからないことのあいだで
途方に暮れるすがた、
鮮度の高い苛立ち……**どきり**とさせられる
←
馬の歯
いつ、だれに飼われていたものだろう
どんな毛の色だったか
人を乗せていただろうか
荷物を運んだのだろうか

❾ 「だから**こそ**」（51行目）という強意の表現に着目し、その前後の要点をおさえたいが、比喩表現が多用され内容の難度が高い。試験本番であればひとまず、「明確さ」などかりそめであるからこそ、「輪郭の曖昧な物事に輪郭を与えよう（＝明確化しよう）」とする試みはうまくいかない、とおさえればよい。「輪郭の曖昧な物事」とは、❽で見たように、「あれは、なんだったのだろう」と思うような曖昧な残像である。それを明確化しようとする試みからは、何かが「こぼれ」「消えていく」のである。詳細な考察は設問㈢で行う。なお、光のイメージは❻で見た「明るさ」から連続している。

❿ 「**どきり**」（60行目）という筆者の心理に着目し、その対象を捉える。「わからないこと」を前にして「途方に暮れる」あり方、その際の「苛立ち」が中心的な話題になっていることをおさえる。

⓫ 「～だろう」「～だったか」「～だろうか」「～だろうか」（62・63行目）という文末表現は、筆者が馬の歯に関してあれこれ思いを巡らせていることを示すとともに、「わかることはなにもない」（63行目）という抽象的内容に対する具体例の列挙である。やはり❿で見

← わかることはなにもない

↔ **ただひとつ**明らかなこと ……

これはなんだろう、という疑問形がそこにはある

問いだけは確かにある

問いによってあらゆるものに近づくことができる ……

← 問い**とは**……もっとも遠くへ届く 光

（松ぼっくり、馬の歯） ……

← 掌にのせて文字のない**そんな**詩を読む人もいる

たように、「わからないこと」がここでの重要な話題なのであろう。

⓬「**ただひとつ**明らかなこと」（63行目）という表現に着目し、唯一いえる重要な内容が直後に述べられることを意識する。「疑問形」「問い」の存在が重要であるようだ。

⓭「馬の歯」のような具体的話題を脱し、「問い」とはいかなるものかという抽象的な議論に移行していることを意識して読み進める。随想の主題に近づきつつあると予想される。「問い**とは**……」（65行目）という定義の表現も逃さないこと。「あらゆるものに近づくことができる」という意味で、「もっとも遠くへ届く光」にたとえられている（❻や❾から連続して「光」のイメージである）。

⓮「松ぼっくり」「馬の歯」が具体例であり、これをまとめの指示語で抽象化するのが「文字のない**そんな**詩」（67行目）という表現である。したがってここでの「詩」は、本当の詩に限らず、「松ぼっくり」「馬の歯」を含め、それぞれの人が心ひかれ疑問を喚起される事物全般を指している（⓬・⓭で見たようにここでのテーマは「疑問」「問い」である）。この箇所を本当の詩を読むものと誤読したら、設問㈣は失格となるであろう。

設問解説

設問㈠ 「日常のなかに、ずぶりと差しこまれる」（傍線部ア）とはどういうことか、説明せよ。

1 解答の方針を立てる

主語を確認する。「初対面の人と向かい合う時間」という内容を解答化すること。

傍線部の一文は「いずれにしても」から始まっており、これまでの内容を一旦まとめる形である。したがって第1段落の内容を可能な限り解答に取り込みたい。

さらに、**「ずぶりと差しこまれる」という比喩的な表現の意味を意識的に解答化する**。

解答要素を探るにあたっては、次の A・B 二通りの方針がありうる。どちらで発想しても、結果的に十分な水準の解答に達する。自分の考えやすい方を採ればよい。

A 傍線部の直後は、「初対面の人」全般の話ではなく「理系の人」の具体例であり、解答には使いにくい。しかし第3段落末では「だれと会うときでも〜」と抽象化され、「初対面の人」全般との出会いの話に戻っているので、ここは使用できる。

B 傍線部は、第2段落以降の「理系の人」に限った話ではなく、あくまで「初対面の人」全般に関する抽象論である。「理系の人」の具体例は傍線部イが用意されており、設問㈡で解答するので、本問では第1段落の抽象論のみを使って解答する。この場合は、そのまま使用できる本文表現が少ないので、「ずぶりと差しこまれる」という表現の意味を、自分で精確に考察し記述する力が必要になる。

以下の解説でも、A・B それぞれの考え方について、分けて示すことがある。

2 解答要素をそろえる

主語にあたる「初対面の人と向かい合う時間」については、第1段落の内容を取り込んで説明すれば、「初対面の人に会い話題を探す時間」である。

比喩的表現の説明に際して、「ずぶり」「差しこまれる」の語義を意識すること。

- ずぶり……とがった細長い物が、やわらかい物の中に勢いよく入り込むさま。
- 差しこむ……物の中やすきまなどに、他の物を刺したり挟んだりするように入れること。

「ずぶりと差しこまれる」は、初対面の人との時間が筆者の日常に勢いよく突き刺さるということであり、衝撃や驚きが生じることの比喩であろう。なお、第[1]段落の筆者の心情を参照すれば、その衝撃や驚きは筆者にとって「愉しい」ものである。

ではなぜ、衝撃や驚きを覚えるのか。**1**の [A]・[B] 二通りの方針に分けて示す。

[A] 第[3]段落後半の「面白い」という表現が、第[1]段落の「愉しい」に対応する。何が「面白い」のか、その前後を見れば、自分には思いもよらない事柄に相手が関心をもっているとわかるからである。**思いもよらないところに相手の関心があるからこそ、新鮮で、「ずぶり」という衝撃や驚きを覚える**と考えられる。

[B] 第[2]段落以降の表現を用いずに、あくまで第[1]段落の抽象論のみで考えるなら、次のようになる。「ずぶり」とは、とがったものがやわらかいものに入り込むさまであった。「とがった」「やわらかい」という属性が何を意味するのかを考察する。

とがったもの	やわらかいもの
初対面の人と向かいあう時間 **非日常**	**日常** 逆を考える
「とがった」のイメージ **意外性、新鮮さ**	「やわらかい」のイメージ **単調、淡々** 逆を考える

差しこまれる（揺るがす、影響を与える）

初対面の人と向かい合う時間が、淡々とした普通の生活を揺るがし、非日常的で新鮮な衝撃や驚きをもたらすという内容を解答化すればよい。また、「差しこまれる」という受動の意味を尊重するなら、自己の意志とは関係なく突然に、否応なく、といった内容を組み込むとよい。

3 解答を作成する

1の [A]・[B] 二通りの方針に即した解答例を示しておく。いずれにせよ、**「ずぶり」に相当する衝撃や驚きの類を解答化できるかが最大のポイント**である。

解答例Ａ

初対面の人に会い話題を探ると、自分には思いもよらない事柄に関心がある人の存在が知られ、新鮮な驚きを覚えるということ。

解答例Ｂ

初対面の人と話題を探る時間は、否応なく、淡々とした普段の生活を不意に揺るがし、非日常的で新鮮な驚きをもたらすということ。

設問㈡ 「風が荒々しい手つきでめくれば、新たなページが開かれて、見知らぬ言葉が落ちている」（傍線部イ）とはどういうことか、説明せよ。

1 解答の方針を立てる

傍線部の直前に「（台風の後の）植物園もまた本に似ている」とあることを踏まえれば、傍線部は、台風の後の植物園の様子をたとえたものである。ひとまず、「台風の後の植物園は～であるということ」という解答になりそうである。

傍線部の前文の「植物園**もまた**」という表現は、「本」の比喩がここだけではないことを示唆する（《通読時の思考》❺で示した読解を想起しよう）。

a_1 自分には思いもよらない事柄を気に掛けて生きている人がいると知ることは、知らない本のページをめくる瞬間と似ている（第3段落）
＋
a_2 植物園**もまた**本に似ている 風が荒々しい手つきでめくれば新たなページが開かれる ＝台風の後には普段と違う松ぼっくりが落ちている
← ［a_1・a_2から導かれる抽象的テーマ］
a_n 未知のものに接することで新たな発見がある

随想は、具体的なエピソードから抽象的なテーマを述べる文章である（▼122ページ参照）。特にこうした文学的文章では、「曇り空」が「憂鬱な心情」を示すように、**具体的なモノの描写によって抽象的なコトを暗示・象徴する**のが常である。

植物園の描写であるa_2は、結局a_nという抽象的内容を述べるためにある。言い換えれば、a_2はa_nの具体例の一つというような位置づけである。それゆえ、本の比喩から最終的に言いたいこととして、a_nをも解答化できるとベストであろう。

＊もしも傍線部イの直前「植物園もまた本に似ている」が傍線部であれば、「もまた」の説明が必要なので、解答は「初対面の人と出会うことが～である（a_1）のと同様に、台風の後の植物園も～であり（a_2）、どちらも……（a_n）であるということ」のようになる。しかし本問の傍線部は「もまた」を含まないので、a_1に直接的には関知せず、a_2の説明である。したがってa_1を記す必要はなく、a_2とその抽象であるa_nを答えればよい。また、傍線部の次の文「植物園への道を幾度も通うその人のなかにも～」という箇所は、傍線部に対して付加される別の内容であり、やはり傍線部そのものの説明ではないので、不要である。

2 解答要素をそろえる

植物園（a_2）に即していえば、「新たなページ」の「見知らぬ言葉」とは、普段は拾えないような大きな松ぼっくりをたとえている。したがって暫定的には、「台風の後の植物園に行くと、通常見られないものが見つけられるということ」のような解答になる。ここまでで、最低限の水準はクリアできるであろう。

さらに、**1**で考察したように、植物園の話（a_2）から述べたいことは、未知のものに接すると新たな発見があるということ（a_n）である。

a_1 未知なる人間との出会い → 新たな発見
a_2 植物園の未知なる状態との出会い → 新たな発見
←
a_n 未知の存在との出会い → 新たな発見

3 解答を作成する

2の内容を合成して、「台風の後の植物園に行くと～であるように（例示a_2）、……である（抽象a_n）ということ」という形が書きやすい。なお念のため、風がページをめくるのであって自分がめくるのではないことから、偶然性の意を解答化している。

解答例

台風の後の植物園に行くと普段見られないものがあるように、未知の存在に接することで、偶然新たな発見が得られるということ。

設問㈢ 「その一歩は消えていく光だ」（傍線部ウ）とはどういうことか、説明せよ。

1 解答の方針を立てる

難問である。しかし最低限、「その一歩」の指示内容の解答化は確実に行うこと。

「光」が「消えていく」という比喩の意味を説明する。「光」「明るさ」は本文のあちこちに何度か登場しているが（第7・13段落など）、すべてが同じ文脈、同じ意味で用いられているとは限らない。語句だけにつられて遠くの箇所へ飛んで考えるのではなく、傍線部をめぐる文脈を丁寧におさえることを優先する。

2 解答要素をそろえる

① 「その一歩」の指示内容を具体化すべく、傍線部から順に前へ戻っていく。

> その一歩
> ＝
> 輪郭の曖昧な物事に輪郭を与えようと踏み出す一歩
> ＝ ← 比喩を一般的表現に直す
> 曖昧な物事を明確化する試み

> あれはなんだったのだろうと思うような脳裡の残像
> 日常の各瞬間に生じるもの
> （例：あれは　たしかにぶただったらうか）

右のような考察から、**「日常の各瞬間に生じる、曖昧で確かめがたい脳裡の残像を明確化すると、〜になるということ」**（◆）のような解答案が得られる。

② 「光がこぼれる」「消えていく光」の意味を考える。「こぼれる」「消えていく」とあるから、何かが失われてしまうことを指す。曖昧な脳裡の残像を明確化する試みによって、何が失われるのか、内容的な考察を行う必要がある。

> 1 ぶたを見る
> ←
> 2 曖昧な像（ぶた（?））が残る
> ＊ぶただったろうか、あれはなんだったのだろうと思うような残像である。
> ←
> 3 曖昧な像（ぶた（?））の明確化を行う
> ＊（ぶた（?））を［ぶた］と明確化する。
>
> 「その一歩」の指示内容

←

4 何かがこぼれ、消えていく

＊明確化したのだから、曖昧さは消えている。つまり、曖昧だった像そのものではなくなっている。（ぶた（?））が、明確な「ぶた」に変容している。つまり、もとの残像自体は失われるということである。

なお、無理に参照する必要はないが、第7段落末の「明るさ」（＝「光」）に着目しても、右の考察と整合する読解が可能である。「内容そのもの」が「ぼんやりとした明るさ」を帯びているのであり、光が消えていくとはまさに、ぼんやりと曖昧であった内容そのものが損なわれることである。

3 解答を作成する

先に示した◆に、2の②で図解した考察を反映する。

解答例

日常の各瞬間に生じる、曖昧で確かめがたい脳裡の残像を明確化すると、もとの残像の内容そのものは損なわれるということ。

＊本文は詩の話であるから、明確化とは言語化であり、脳裡の残像は言語化以前の心象のことであろう。言語化・分節化以前の曖昧な心象を言語によって表現しようとすると、言語化自体が心象の確定（曖昧さの排除）を伴う以上、当初の心象そのものを損なうという趣旨である。そのように記してもよいが、背景知識に依拠する部分が大きいため、解答例ではできるだけ本文のままの表現にとどめた。

設問（四）

「掌にのせて、文字のないそんな詩を読む人もいる」（傍線部エ）とはどういうことか、説明せよ。

1 解答の方針を立てる

初歩的であるが、指示語に注意する。「文字のないそんな詩」は「松ぼっくり」「馬の歯」などを指す。したがって、筆者のように本当の詩を読んでいる人でなくとも、「松ぼっくり」や「馬の歯」などを詩のように読む（何ごとかを読み取る）ことができるということである。つまり**ここでの「詩を読む」とは比喩であり、そのまま解答に記さないこと。**

「文字のないそんな詩を読む人もいる」の「も」に注意。本当の詩を読む者だけでなく、「松ぼっくり」や「馬の歯」などを詩のように読む人もいるという意であり、言い換えれば、**それぞれの人が様々な事物から何ごとかを読み取る**ということである。

ここでの「読む」とはどういうことを表しているのかを、特に設問㈢までで解答していない最終三段落を主要な手掛かりとして、説明する。

2 解答要素をそろえる

「そんな（＝そのような）」は抽象化を行う指示語であり、「松ぼっくり」「馬の歯」の**ような**事物（から何かを読み取る）ということである。それゆえ「松ぼっくり」「馬の歯」を抽象化した表現が必要になる。「松ぼっくり」は理系の人が好んで拾いに行くものであり、「馬の歯」はその人の話を聞いた筆者が「心ひかれた」ものである。**「それぞれの人が心ひかれる事物」**などとすればよい。

そうした事物を詩のように「読む」のであるが、それはいかなる営みか。最終部分の要旨を参照して考察する。

- （わかることはなにもないが）疑問形がそこにはある
- 問いだけは確かにある
- 問いとはもっとも遠くへ届く光（＝あらゆるものに近づくことができる）

以上より、心ひかれる事物によって、あらゆるものに近づきうる**疑問・問いが喚起される**ということが把握できればよい。

さらに傍線部直前で「蹄の音の化石が軽快に宙を駆けまわる」「遠くへ行かれそうな気がしてくる」という筆者の想像が述べられていることから、「馬の歯」のような事物に心ひかれることで**多様な想像が生み出される**とわかる。これも解答に含めておくと、「詩を読む」こととの共通性も明確になり、より盤石な解答となるであろう。

3 解答を作成する

ここまでの解説で……を付した主要な要素を合成する。心ひかれる事物をきっかけにして、様々な問い、想像が生じるということが書けていればよい。

解答例

それぞれの人が心ひかれる事物によって、わからないことへの疑問が確かに喚起され、多様な想像が生み出されるということ。

言葉は人間に個性を与へたが、同時に個性をうばつた。（中略）文化を得た代りに、真実は失つたかも知れない。

川端康成『新文章読本』

原理的な翻訳不可能性

芭蕉の句「古池や　蛙飛び込む　水の音」をどのように英訳するかという議論がある。次の二つの英訳を見比べてみよう。

① Old pond—
frogs jumped in—
sound of water.
小泉八雲（ラフカディオ・ハーン）（一八五〇～一九〇四）訳

② The old pond, aye!
And the sound of a frog
leaping into the water.
バジル・ホール・チェンバレン（一八五〇～一九三五）訳

しばしば問題になるのは「蛙」の数である。英語で表現するには単数か複数かを明示せざるをえない。①では複数形がとられ、賑やかな印象になる。②では単数形であり、一回きりの水音が際立つ。どちらがより適切かという議論が生じうる。

しかし、もとの芭蕉の句の「蛙」は、いわば単数でも複数でもないのである。「蛙」の数は、この句だけを純粋に鑑賞するのなら、読者の自由な想像に委ねられている。ところが英訳では、翻訳者の解釈で単複のいずれかを選ばざるをえず、自由な想像の余地は必然的に狭められる。そういう意味で、もはやもとの句ではない。これは翻訳者に非があるのではなく、言語の構造上、そうならざるをえないのである。たとえば英語から日本語への翻訳では、Iの訳として、「私」「ぼく」などの多様な一人称の中から一つを選択せざるをえない。選ばれた一人称によって、その人物の印象は必然的に変容する。要するに、完全に等価な翻訳というものは原理的に不可能である（例題8・9）。

原語と母語の対話

万葉集に「田子の浦ゆ　うち出でて見れば　真白にそ　富士の高嶺に　雪は降りける」（山部赤人）という歌がある。田子の浦から出てみると「真白にそ」富士山に雪が降り積もっているではないか。この歌の英訳を試みた日本文学者のリービ英雄（一九五〇〜）は、「真白にそ」の訳に悩んだ。white では「真」の発想がない。very very white でもつまらない。当時の人々に共有されていた富士山への畏敬の念や、雪の白さが目に入った瞬間の驚きを表現したい。そこで、white, pure white と訳した。純白さに加え、田子の浦から出てくる主体の動的な視点も反映されている。このように、翻訳者は絶えず原語と母語を対話させ、その際には富士山に関する文化的背景なども含めて、原作品の表現価値を細かい点まで尊重しようと努める。だからこそ翻訳は異文化理解につながるのである（例題8）。

翻訳が言語にもたらすもの

翻訳に際して、そもそも原語の概念自体が母語に存在しないこともある。その場合には、原語の概念を表すために新たな語を案出することも行われる。明治時代の学者である西周（一八二九〜一八九七）は、philosophy の訳語として「哲学」という語をつくった。「演繹」「帰納」なども西の発案である。このように明治時代には翻訳語が多く生み出され、日本語の語彙が増大した。また漢文訓読は、原文と同じ文字を共有するという点で特殊であるが、翻訳のバリエーションといえる。たとえば「愛する」「要する」などの動詞は、漢文訓読に際して、漢語をサ変動詞化して訓(よ)んだことに始まる。こうして漢文訓読が日本語の語彙を豊かにした。このように、翻訳は時に母語の変容をもたらす（例題8）。それは多彩で豊かな言語表現を生み出す契機ともなりうる。

「身分け」と「言分け」

完全に等価な翻訳は原理的に不可能であり、翻訳には限界があるからこそ、様々な工夫が試みられ、母語の変化にまで至りうることを見た。ここではさらに、翻訳の限界以前に、そもそも言語化という営為自体に限界があることを確認しておきたい。

人間は二重の仕方で世界を分節するといわれる。第一に、たとえば私たちは五感によって外界を捉える。より正確にいえば、私たちにとって世界は五感を介して現象する。これは言語以前の、身体レベルでの世界の分節化であるから「身分け」と呼ばれる。イルカであれミツバチであれ、どの動物もそれぞれの仕方で世界を「身分け」ている。第二に、私たちは言葉によって世界を分節する。これは「言分け」と呼ばれる。虹の例がよく知られている。虹は光の連続的スペクトルであり、色の境界線などないが、言葉を持つ私たちはそこに何色かの色を見て取る。いくつの色であるかは言語によって異なり、日本では七色だが、英米では六色だといわれる。こうした「言分け」は人間に固有の特徴と考えられている。

ここでは特に「言分け」に注目しよう。もやもやとした思いを「怒り」「憎悪」などの言葉で捉えた場合、言葉によって感情が明確化されるが、同時に、当初のもやもやとした感じそのものは失われてしまう。例題10の「その一歩は消えていく光だ」とはこれに関係する。言語化以前の曖昧なものを強いて言語化すると、曖昧さが失われるため、もとの状態とは異なるものになってしまう。ここに言語化という営為の限界がある。

東大現代文と詩

例題9・10は詩論であった。詩について理解を深めるために、東大現代文で一九七六年度に出題された詩を紹介しよう。

「弟の日」　　伊藤整

弟が死んでから一年目の日
きらきらと夕焼けがして　いい晩になった。
姉はものを言うようになった甥(おい)をつれて来て
皆でおとむらいのような御馳走(ちそう)を食べた。
小さな甥は家中を走って賑(にぎ)やかにした。
炉を囲んでの物語りがはずんだ。
末の弟はとうとう姉を言い負かし
妹は笑わぬようにして耳をすませ
父は聞いたり　見たりしていて幸福だった。
もうこのままで結構だった。
これ以上何も起きてはならなかった。
家の横を昔からの小川が淙々(そうそう)と流れ
ときどき帰りの遅い荷馬車が
橋を過ぎてゆく音がした。

「これ以上何も起きてはならなかった」という一節がポイントである。弟を亡くした悲しみ、喪失感を抱えながら、今は家族と幸福な時間を過ごしている。これ以上不幸が起きてはならないことは言うまでもなく、これ以上幸福すぎるのもいけない。今のままの状態であってこそ、危うい、微妙な均衡が保たれている。小川の流れや荷馬車の音を、作中主体はどのような思いで聞いたのか。詩はこのように、私たちを様々な想像へと誘う（例題10、設問㈣）。

《出典紹介》

■湯浅博雄「ランボーの詩の翻訳について」『文学』（岩波書店、二〇一二年七・八月号）所収

湯浅博雄（一九四七〜）はフランス思想・文学研究者。東京大学名誉教授。東京大学文学部卒業、同大学院修士課程を修了後、パリ大学に留学し博士号を取得。一九八六年から東京大学教養学部助教授、のちに教授。『バタイユ　消尽』『聖なるものと〈永遠回帰〉』『贈与の系譜学』など多くの著書があるほか、『ランボー全集』（共訳）やバタイユ、デリダの著書をはじめとした翻訳も多数行っている。「ランボーの詩の翻訳について」は、文学研究者に広く読まれる雑誌『文学』（特集　翻訳の創造力）に掲載された論考である。ランボーの詩「Éternité（永遠）」を例として、日本語を母語とする筆者がそれを理解するとはどういうことかを省みることで、翻訳の困難さ、さらにはその意義を考える論である。

■三木卓「伝えるということ」『言葉のする仕事』（筑摩書房、一九七五年）所収

三木卓（一九三五〜）は、詩人・小説家・翻訳家。早稲田大学第一文学部卒業。一九六七年に詩集『東京午前三時』でH氏賞、一九七一年には詩集『わがキディ・ランド』で高見順賞を、それぞれ受賞。一九七三年には小説「鶸」で芥川賞を受賞し、小説家としても活躍する。その後も一九八九年に小説『小噺集』で芸術選奨文部大臣賞、一九九七年に小説『路地』で谷崎潤一郎賞、二〇〇〇年に小説『裸足と貝殻』で読売文学賞、二〇〇五年に評伝『北原白秋』で藤村記念歴程賞・蓮如賞、翌年に同作品で毎日芸術賞、二〇一三年に「K」で伊藤整文学賞を、それぞれ受賞。『言葉のする仕事』は一九六三〜一九七五年の評論の集成であり、「伝えるということ」は一九七二年に『群像』に発表された評論である。

■蜂飼耳「馬の歯」『図書』（岩波書店、二〇一三年三月号）所収

蜂飼耳（一九七四〜）は、詩人・小説家。早稲田大学大学院文学研究科修士課程修了。立教大学文学部教授。二〇〇〇年、詩集『いまにもうるおっていく陣地』で中原中也賞受賞。二〇〇六年、詩集『食うものは食われる夜』で芸術選奨新人賞、神奈川文化賞未来賞受賞。二〇一六年、詩集『顔をあらう水』で鮎川信夫賞受賞。その他、小説『紅水晶』や、絵本『うきわねこ』などの著作もある。「馬の歯」は、雑誌『図書』に連載されたエッセイであり、のちに文集『おいしそうな草』に収録された。

《読書案内》

■多和田葉子『エクソフォニー　母語の外へ出る旅』（岩波現代文庫、二〇一二年）

ドイツ語と日本語で創作活動を行う著者のエッセイ。文学、さらには文化について、母語の外部に出ることで見えてくるものを語る。

■東京大学教養学部国文・漢文学部会編『古典日本語の世界　漢字がつくる日本』（東京大学出版会、二〇〇七年）

東大駒場で行われた一・二年生向けの連続講義を書籍化したもの。日本語と漢字・漢文の関係が説き明かされる。続編も刊行されている。

column 4

名詞句の傍線部について「どういうことか」と問われた場合

東大現代文では時に、名詞句に傍線部が設定され、「どういうことか」と問われる場合がある。このとき、どのような構文で解答すればよいかという質問をしばしば受ける。結論からいえば、**「主―述（ということ）」といった文の形式で解答すればよい。**

次の例を考えてみよう。

a　風が強い

b　強い風

aは「文」、bは「語」に相当するように思われる。しかし両者とも、「風が強い」という一つのことがらを表していることに変わりはない。aはそれを「主（風）―述（強い）」という形で述べ、bは反対に「述（強い）―主（風）」という形で述べているという違いがあるにすぎない。

「強い風」という連体修飾の形式は「逆述語」などと呼ばれ、外形的に見れば、「風が強い」という「主―述」が逆立ちして「述―主」となったものである。それは、「風が強い」ということがらを表現するのに、ストレートな主述構造をもつ「文」的な形式が選ばれず、主述が反転した「語」的な形式が選択されたという、形式上の異なりにすぎない。したがって、「強い風」とはどういうことを表しているかと問われて、「風が強い（ということ）」という「主―述」の形で答えることに、何ら問題はない。

要するに**「名詞」句であっても、「もの」ではなく「ことがら」を表しうるのであり、だからこそ東大も「どういうことか」と問うのである。解答は、「主―述（ということ）」という形で「ことがら」の説明として記せばよい。**

＊なお東大は、どうしても特定の名詞で解答を結ばせたい場合は、設問でそのように指示する。たとえば、二〇一六年度第一問の設問(四)では、「その力動的プロセス全体を活気づけ、駆動させる力」とは「どういう力のことか」と問うている。この場合は「〜という力」という解答になる。

第5章

厳密さが求められる難問に挑戦する

本章では、東大現代文第一問の中でも難度の高い二題を扱う。これまでの総復習という意味もあるが、厳密な論理的思考を要求する問題に取り組むことで、さらに思考力を磨くことも目的とする。

難問への心構え

以下に示すのは、これまでの学習内容の中で特に忘れずに意識したいこと、さらには、難問に取り組むにあたってぜひとも心得ておきたい内容である。

本文読解について

① 本文の主題［何について］・結論［最終的にどういいたいか］を意識して読み進める。通読中に主題がつかめたら、その意味、内容、定義を探る。結論については、設問解答時でもよいので、その理由、背景がつかめるとよい。以上が本文全体の要旨を構成する。

② 通読中に内容がわからなくなっても、そこで止まってしまうと余計にわからなくなることが多い。情報量が少なすぎてわからないのであって、先を読まなければ情報は増えない。特に結論の理由、背景を説明している部分では、最後の結論まで読んで初めて意味がわかるということもある。時間も限られているので、こだわりすぎずに読み進めること。

設問解答について

③ 傍線部に含まれる指示語、傍線部に関連する接続語などの手掛かりを見逃さず、最低限必要な内容を確実に解答化する。傍線部全体の意味が理解しがたい場合も、部分的にはわかる箇所があるはずである。

④ 傍線部の基本的な論理関係（とりわけ主述関係）に留意する。特に理由説明の場合は、傍線部を簡単な「AはBだ」「AならばBだ」という形に直して考え、「Aは～であるから」「Aならば～であるから」という形で解答を考える。どんなに難しい理由説明でも、まずはAを確定し、Aの内容説明が必要であると意識すればよい。

全般について

⑤　難問であればこそ、理解しがたい点に直面した際に**ひとまとめに思考しようとせず、分割して思考すること**が重要である。「傍線部の意味がわからない」と思っても、すべてがわからないことは実は少ない。「主・述だけはわかる」、「指示語の指示内容だけはわかる」、「前半の意味だけは予想がつく」など、部分的に理解できる内容を優先的に考え、解答化していく。そうした部分的理解を評価するために部分点という採点方法がとられると考えられるのであって、すべてがわからないと何も書けないのでは、「0か100か」の試験になってしまう。内容がわからなくなっても、「主題はわかった。主題の意味もひとまずわかった。結論はおそらくこれなのだが、なぜその結論になったかがわからない」などと分けて考える。

部分から全体へ、全体から部分へ

一般に、文章を読む際には、

i　一つ一つの語や文の意味がわかるから、文章全体の内容もある程度わかる

ii　文章全体の内容がわかるから、細かい語句や各文の意味も確定できる

という循環的な思考をしている。「読みやすい」と感じられる文章では、特に意識せずとも、iとiiの往復運動が成立する。しかし、文章が難解に感じられて理解が滞ってしまう場合には、そうした無意識の往復運動が機能しなくなっている。それならば、意識的に運動を導くしかない。本文通読中に、特定の部分ばかり見ていて混乱しているのなら、まずは全体を読むのがよい。そうすればiiの回路が開かれうる。また設問解答に際して、傍線部全体の意味がわからなければ、主・述や指示語などの部分的な手掛りから考えるとよい。そうすればiの回路が開かれうる。部分に固執しているのなら全体へ、全体に固執しているのなら部分へと思考を移すのである。以上の内容を踏まえて、例題11・12に挑戦しよう。

第5章

例題11　二〇二〇年度　第一問（文理共通）　小坂井敏晶「『神の亡霊』6　近代の原罪」

——問題：別冊42ページ

本文解説

《本文構造》

I　自由競争下での機会均等のパラドクス（第1～4段落）

学校教育を媒介に階層構造が再生産される

（……日本では**注目されてこなかった**）

教育機会を均等にすれば公平な社会になると**期待された**

↔ **しかし**

ここに大きな落とし穴があった

機会均等のパラドクスを示す

→ **ために**

二つの事例に単純化

《通読時の思考》

❶「**注目されてこなかった**」（1行目）という表現に着目する。学術論文はしばしば、従来ありがちな（通念的な）見方に異を唱えて展開する。これまで注目されてこなかったが、筆者は学校教育によって階層構造が再生産されると述べたいのであろう。

❷「～と**期待された**。**しかし**」（4行目）という表現に着目する。❶と同様に、従来は～と考えられてきた（期待されてきた）が、それは違うという内容だ。つまり「教育機会を均等にすれば……公平な社会になる」など誤りであると主張したいのである。

❸「XするためにYしよう」（5行目）は、論の展開を誘導する表現である。結局はXをしたいのであり、これを大きめのテーマと考えること。筆者は「機会均等のパラドクス」を論証したいのである。「機会均等のパラドクス」とは、❷で読み取った内容および「パラドクス」の語義から考えると、教育機会を均等にすると、かえって

A　庶民と金持ちが別々の学校に行く
B　一律の学校制度
結果はあまり変わらない
⟷ **だが**
生ずる心理は**異なる**

Aの場合
……出世の断念は当人のせいではない
不平等な社会は変えるべきだと批判が外に向く
対して
Bの場合（自由競争）
……成功しなかったのは自分に能力がないから
社会の変革運動に関心を示さない

集団間の不平等（例　人種・性別など）が是正されれば、各人の才能と能力次第で社会上昇が可能と信じられている
← だから**こそ**
弱肉強食のルールが正当化される

米国で社会主義政党が育たなかった一因

社会は均等（平等）にはならないという意味だと予想される。

❹「**だが**、生ずる心理は**異なる**」（7・8行目）、「**対して**自由競争の下では**違う**……」（9行目）といった対比の表現に着目する。「Aに対してB」という対比は、Aを比較対象としてBの内容を際立たせる。Bにあたる「自由競争の下」でのあり方が重要と考えること。成功しないのは自分の能力のせいであり、だとすると社会の変革に関心が向かないという内容を要点として捉える。

❺「だから**こそ**」（12行目）という強意の表現に着目する。集団間の不平等さえ正せばあとは各人次第となるので、弱肉強食が正当化される、というように端的に要点を理解する。

能力別に人間を格付けし差異化することに潜む矛盾
能力主義（メリトクラシー）の罠

＝

平等な社会を実現するための方策
社会を開くはずのメカニズム
⟷ **かえって・逆に**
既存の階層構造を正当化し永続させる
社会構造を固定し閉じる

× → 歴史の皮肉や偶然のせい
○ 近代の人間像 が必然的に導く袋小路

❻ 学校制度の「矛盾」、能力主義の「罠」について、「**かえって**」（17行目）、「**逆に**」（17・18行目）という表現に着目して上記のように読解する。ここでの内容が、❸で見た「機会均等のパラドクス」であろう。階層に縛られず平等な社会を実現するための機会均等が、かえって階層構造を固定化してしまうのである。

❼ 「**～ではない**」（18行目）という表現に着目。❻で見たような矛盾は、「近代の人間像」による必然的帰結であるという。ここからは読みの目的意識が「近代の人間像」の内容を把握することへと移行する。同時に本文全体の主題は教育なのか近代なのか判然としなくなる。両方の可能性を考慮しておく。しばらくは「近代の人間像」とは何かを意識し、第6段落で「自由意志に導かれる主体」をおさえることができればよい。

II 近代の人間像と民主主義社会（第5〜11段落）

←

〈個人〉という未曾有の表象
自由意志に導かれる主体
才能や人格という〈内部〉を根拠に自己責任を問う

↔ **だが**

これ（＝才能や人格という〈内部〉）は虚構
我々は**結局**外来要素の沈殿物
確かに偶然にも左右される
↔ **しかし**
偶然も外因

← したがって
自己責任の根拠は出てこない

封建制度やカースト制度（近代より前）
……共同体の〈外部〉（例　神や自然など）が根拠
平等は異常

↔ **対して**

❽ 「**だが**、これは虚構だ」（26行目）という、通念的な理解に逆接で異を唱える表現に着目する。次の二文を読むと、「才能」「人格」も外来要素だという話をしているので（「**結局**」（27行目）という要約の表現にも着目）、「これは虚構だ」の「これ」とは「才能や人格という〈内部〉」であろう。さらに「**確かに**〜。**しかし**……」（27行目）という形式で偶然も外因であることが強調される。要するに人間のすべては外因によるのであり、「才能や人格という〈内部〉」などありえず、「虚構」にすぎないと主張したいのである。

❾ 「封建制度やカースト制度などでは〜」（34行目）、「**対して**、自由な個人が共存する民主主義社会では……」（37行目）という対比の表現に着目。後にくる内容を中心的な要点として読解する。このあたりで、近代（民主主義社会）が本文の主題ではないかという意識

自由な個人が共存する民主主義社会（近代）

……平等が建前

⟷ **しかし**

現実にはヒエラルキー・貧富の差が生じる

← 理屈を見つけて格差を弁明しなければならない

⟷ **だが**

貧富の差が正しい保証はない

下層の者は既存秩序に不満を抱き変革を求め続ける

〈外部〉に支えられる身分制（近代より前）

⟷ **と異なり**

人間が主体性を勝ち取った社会（近代）

……原理的に不安定なシステム

支配は社会・人間の同義語

（例　子と親　弟子と師　国民と国家元首）

支配のないユートピアは実現できない

がおぼろげにでも持てればよい。

⑩ 第10段落は、「**しかし**」（38行目）、「**だが**」（39行目）という逆接語を手掛かりにして展開をおさえていく。近代は平等が建前だ。**しかし**実際は貧富の差が現れるため理屈で弁明しなければならない。**だが**貧富の基準が正しい保証はないので不満はやまない。このように端的に理解していく。

⑪ 「～と**異なり**」（40行目）という対比の表現に着目。後ろを重視する。「人間が主体性を勝ち取った社会」（＝自由意志に導かれる主体を前提とする近代社会）が「不安定」であることが主張の中心である。やはり論の主題は近代であると考えられ、その意味、内容、定義として、人間の主体性を前提としたために不安定さを抱えた社会だということがわかればよい。

⑫ 親子などの具体例（42行目）は何の例かを重視する。「支配は社会および人間の同義語」であること、つまり、人間社会には必然的に支配の関係が発生することをおさえる。

（例　マックス・ヴェーバーが説いたように）
支配関係に対する被支配者の合意がなければ
ヒエラルキーは長続きしない
＝
支配が理想的な状態で保たれる時
支配は真の姿を隠し自然の摂理のごとく作用する

→（あてはまる）
先に挙げたメリトクラシーの詭弁（◆）

Ⅲ 近代に内在する瑕疵（第12～14段落）

近代に内在する瑕疵を理解する
→ **ために**
正義が実現した社会を想像する

貧困　×　差別・社会制度の欠陥
　　　○　自分の資質や能力が劣るから

近代　不平等が緩和された
↔ にもかかわらず

⑬ マックス・ヴェーバーの例（43・44行目）から筆者が述べたいことを重視する。支配が保たれるには「支配関係に対する被支配者の合意」が必要であることを捉える。傍線部ウの「先に挙げたメリトクラシーの詭弁」は、❻で読解した内容を指す（上記◆が対応している）。能力主義（メリトクラシー）も、「支配関係に対する被支配者の合意」を得て機能していると言いたいのであろう。ひとまず初読時には、ここが第4段落と関連していることを意識できれば十分であり、詳細な考察は設問㈢で行う。

⑭ 「Xする**ために**Yしよう」（47行目）という表現に着目する。❸と同様に、Xを大きめのテーマと考える。筆者は「近代に内在する瑕疵（＝きず、欠点）」を訴えたいのである。本文の終わりも近づいてきており、このあたりで、本文の主題が近代であることにほぼ確信が得られるであろう。

⑮ 「……**何故か**」（51行目）という疑問形式の表現に着目して要点を捉える。身分制が打倒された近代でなお平等化の必要が叫ばれるのは何故か。人間に差異がないとされるからこそ小さな格差に悩み、

さらなる平等化の必要が叫ばれる……**何故か**
民主主義社会では人間に本質的な差異はないとされる
←だから**こそ**
お互いに比べあい、小さな格差に悩む
自らの劣等性を否認するために社会の不公平を糾弾する

×

自由に選択した人生である
［＝人間は自由な主体である］ **x**
←だから
自己責任が問われる **y**

↔**逆だ**

○

格差を正当化する必要がある
［＝〈外部〉を根拠としないとすれば
自己責任にする必要がある］ **y**
←だから
人間は自由だと社会が宣言する
［＝人間が自由な主体とされる］ **x**

←

社会が不公平なのだと糾弾する。これは個人の〈内部〉に責任を負わせることからくる必然的帰結であるという。

⑯「**逆だ**」（55行目）という、通念的な理解に異を唱える表現に着目する。特に「逆だ」の後ろが主張の中心であることを意識しつつ、上記のようにしてどこが逆なのかをおさえる。人間が自由（**x**）だから自己責任を負う（**y**）という順序ではない。近代より前のように神や自然などの〈外部〉によらずに格差を正当化するには、個人の〈内部〉を根拠として自己責任を負わせる必要がある（**y**）。だから人間を自由な存在だとみなす（**x**）という順序である。

近代

×　人間に自由と平等をもたらした

○　不平等を隠蔽し、正当化する論理が変わった

⓱「**〜ではない**」（56行目）という表現に着目し、通念的な理解を否定したうえでの筆者の主張をおさえる。「不平等を隠蔽し、正当化する論理」が、近代では自由な主体としての個人に求められるようになっただけであり、結局は不平等のままであるということである。主題である「近代」に対する筆者の結論である。

設問解説

設問㈠

「不平等が顕著な米国で、社会主義政党が育たなかった一因はそこにある」（傍線部ア）とあるが、なぜそういえるのか、説明せよ。

1 解答の方針を立てる

厳密な思考を要する。**米国で社会主義政党が育たなかったのはなぜか、ではない。**米国で社会主義政党が育たなかった一因が「そこ」だと言い切れるのはなぜか、と問われている。

一般に理由（判断根拠）の説明では、**常に傍線部を簡単な「AはBだ」「AならばBだ」「AによりBだ」などに直して発想すること。解答は、「Aは〜であるから」「Aならば〜となるから」「Aにより〜となるから」となる。**

本設問の傍線部は、

「そこ」（A）によって、米国では社会主義政党が育たなかった（B）

と言い換えられる。字数を気にせず「そこ」の指示内容を代入すると、傍線部は、

「集団間の不平等さえ是正されればあとは各人の才能と努力次第で社会上昇が可能だと信じられ、弱肉強食のルールが正当化されること」（A）によって、米国では社会主義政党が育たなかった（B）

となる。このように言えるのはなぜか。解答は、

「集団間の不平等さえ是正されればあとは各人の才能と努力次第で社会上昇が可能だと信じられ、弱肉強食のルールが正当化されること」（A）によって、〜となるから。（◆）

である。まとめると左図のようになる。

解答

集団間の不平等が是正される
←あとは各人の才能と能力次第で社会上昇が可能だと信じられる
←弱肉強食が正当化される
……A「そこ」
←〜となる（理由部分）……解答の末尾
←社会主義政党が育たない ……B

このように考えれば、本文に「米国」に関する記述がほとんどないからといって心配する必要はないとわかる。米国の状況を説明するというよりも、**各人の才能と努力次第で成功可能だとされる社会の状況を説明すればよい**のである。

2 解答要素をそろえる

各人次第で成功可能だとされる社会の状況を、本文から抽出する。第2段落後半に「成功しなかったのは自分に能力がないからだ」とあり、まさに自分次第という内容であるから、その前後をヒントにすればよいとわかる。

- 自由競争の下（にある）
- （社会が悪いとはならないので）変革運動に関心を示さない

自由競争の下ではすべてが各人次第（自己責任）ということになり、社会を変革することは目指されない。だからこそ、社会主義政党も育たないのである。

ここで得た内容を◆の大枠に付加・代入すると、次のような解答案になる。

暫定解答案

集団間の不平等さえ是正されれば、自由競争下で各人の才能と努力次第で社会上昇が可能だと信じられ、弱肉強食のルールが正当化されることによって、社会変革への関心は生まれないから。（八〇字程度）

---

3 解答を作成する

要素を減らさずに字数の削減を図る。「そこ」の指示内容を短く記す必要がある。

解答例

集団間の不平等を正せば、自由競争下で結果は各人次第とされ、弱肉強食が正当化されて、社会変革への関心は生まれないから。

第5章 例題11 設問解説

設問㈡

「自己責任の根拠は出てこない」（傍線部イ）とあるが、なぜそういえるのか、説明せよ。

1 解答の方針を立てる

「したがって」とある以上、その前が理由であるが、直前の一文だけを受けるのではない。直前の「外因をいくつ掛け合わせても、内因には変身しない」とは、結局この段落の要旨である「我々は結局、外来要素の沈殿物だ」という内容を指す。それゆえ解答ではまず、人間はすべて外因によるというこの段落の要旨を端的にまとめて示す必要がある（「沈殿物」という比喩をそのまま用いないこと）。

「自己責任の根拠は出てこない」といえる理由として「**自己責任の根拠は、～であるから**」と答える。本文に戻って「自己責任の根拠」に関する内容を確認する必要がある。

2 解答要素をそろえる

① 「したがって」が受ける第7段落の要旨は、「沈殿物」という比喩を避けて、「人間はすべて外因に由来する」などとまとめる。才能、人格、偶然、心理（意志、意識）などはどれも外因の具体例のような位置づけになっており、このうちのどれかだけをとりたてて解答に記すのはおかしい。「すべて」などとまとめること。

② 主語である「自己責任の根拠」については、第6段落末に説明がある。「自己責任の根拠」とは「才能や人格という〈内部〉」のことであり、これは第7段落冒頭にあるように「虚構」である（すべて外因による）。山括弧を避けたいので「〈内部〉」は「内因」という表現を用いるとよい。

③ ①・②で得た要素を合成して、左記のような解答案を得る。

暫定解答案

人間はすべて外因に由来し、自己責任の根拠である内因は、虚構であるから。（三五字）

④ 字数にゆとりがあるので、関連する要旨をもれなく踏まえたい。第6段落は、第4段落末尾で示された「近代の人間像」を説明する段落である（▼《通読時の思考》7参照）。「〈個人〉」「自由意志に導かれる主体」という人間像である。傍線部の「自己責任」とはこうした個人主体の自己責任であることを解答に反映しておく。

3 解答を作成する

暫定解答案に、④で考察した要素を追加する。

解答例

人間はすべて外因に由来し、近代の人間像である自由意志に導かれる主体に自己責任を問う根拠としての内因は、虚構であるから。

設問㈢

「先に挙げたメリトクラシーの詭弁（きべん）がそうだ」（傍線部ウ）とはどういうことか、説明せよ。

1 解答の方針を立てる

「メリトクラシー」については、本文を遡ると第4段落に記述がある。「詭弁」は、道理に合わない弁論、虚偽であるにもかかわらず正しいと思わせる議論を指す。第4段落で述べられていた「矛盾」「罠」と対応するものと考えられる。

さらに、傍線部の「そうだ」の指示内容を組み込む必要がある。「そうだ」は直前の表現を用いるなら、支配が「自然の摂理のごとく作用」していることである。これが、能力主義（メリトクラシー）においてもあてはまっているということである。

以上より、解答は「**能力主義（メリトクラシー）は、〜という詭弁であり、そこでは支配が自然の摂理のごとく作用している**」というような内容となる。なお、暫定的に「自然の摂理のごとく」を用いたがこれは比喩であり、別の表現を採用したい。

2 解答要素をそろえる

第4段落に基づいて、能力主義（メリトクラシー）に関する「矛盾」「罠」の内容を改めて整理する。

平等な社会を実現するための方策
社会を開くはずのメカニズム
⟷ かえって・逆に
既存の階層構造を正当化し永続させる
社会構造を固定し閉じる

右では支配が「自然の摂理のごとく作用」しているという。比喩を避けて、傍線部を含む段落から別の表現を探れば、「被支配者の合意」が得られ、支配が「正しい状態として感知される」ということである。設問㈠で解答したように、能力主義の下では、自分が成功できないのは自身の能力のせいであるということになる。このように、人々が自己責任だと納得して受け入れてしまう状態が、「被支配者の合意」にあたると考えられる。

3 解答を作成する

能力主義（メリトクラシー）の「詭弁」（矛盾・罠）の内容を明示しつつ、そこに「被支配者の合意」がとれているという内容を組み込んで解答とする。なお、難しいが「詭弁」の意味として、本当は虚偽であることを正しいと思わせるという内容を明確化できるとなおよい。平等な社会を実現すると標榜しつつ（うたいつつ）、階層構造を再生産しているのである。

解答例

能力主義は、平等な社会を実現すると標榜して被支配者の合意を得て、逆に既存の階層構造を正当化し永続させるということ。

設問㈣

「近代は人間に自由と平等をもたらしたのではない。不平等を隠蔽し、正当化する論理が変わっただけだ」（傍線部エ）とはどういうことか、本文全体の趣旨を踏まえて一〇〇字以上一二〇字以内で説明せよ（句読点も一字と数える）。

1 解答の方針を立てる

本文全体の趣旨を踏まえる以前に、通常の傍線部問題として解答案を考えること。「不平等を隠蔽し、正当化する論理が変わった」という変化を説明するのであるから、「（不平等を隠蔽・正当化する論理は）**近代より前は〜であり、近代は……である**」という対比的な内容を書けるかどうかが大きなポイントである。

一方で「〜が変わっただけだ」とあるため、**根本的には変わっていない**ということを説明する必要もある。これは、傍線部前半の「近代は人間に自由と平等をもたらしたのではない」を言い換えることと実質的に同じであり、**現実には相変わらず不平等**だということを述べる必要がある。

解答全体を通して、これまで十分に解答に用いていない要点箇所をうまく利用したい。

2 解答要素をそろえる

近代より前と近代を対比して論じている箇所を踏まえなければならない。すなわち第9～10段落（これまでの設問で解答に用いていない）を参照する必要があり、ここを書けるかが最大のポイントである。以下ではa～cがそれぞれ対応する。

近代より前 ↔ 近代

近代より前

a 貧富や身分を区別する根拠は共同体の〈外部〉に投影される（第9段落）

b 社会秩序は安定する（第9段落）

c 不平等は当然、平等は異常（第9段落）

近代

a 自由な個人が共存する、人間が主体性を勝ち取った社会（第10段落）

↓自由意志に導かれる主体の〈内部〉が根拠となる（第6段落）

だがそれは虚構である（第7段落）

b 既存秩序への不満、不安定なシステム（第10段落）

c 平等が建前

↓現実の格差を弁明（＝正当化）しなければならない（第10段落）

以上より、左記のような解答案を得る。

暫定解答案1

近代より前は

a 貧富や身分を区別する根拠が共同体外に投影され、

c 不平等は当然であり

b 社会秩序は安定していた。

近代では

c 平等が建前であり、

b 秩序の安定のために

a 格差を弁明すべく、自由意志に導かれる主体という虚構の人間像を生み出したということ。

右の解答内容に加えて「論理が変わっただけだ」＝不平等・階層構造自体は変わっていないという説明を付加する必要がある。先に見た第10段落の「平等が建前だ」＝「実現不可能」という表現を用いて表現してもよい。

暫定解答案2

近代より前は、貧富や身分を区別する根拠が共同体外に投影され、不平等は当然であり社会秩序は安定していた。近代でも平等は建前であり実現不可能であって、秩序の安定のために格差を弁明すべく、自由意志に導かれる主体という虚構の人間像を生み出したにすぎないということ。

3 解答を作成する

右の傍線部は本文の結論にあたる内容であり、その説明に際して主題である「近代」の意味、内容、定義も網羅したので、「本文全体の趣旨を踏まえて」という条件に対してもこれで十分であろう。暫定解答案2の表現や字数を調整して解答とする。

解答例

近代より前は格差の根拠が共同体外に投影され、不平等は当然であり社会秩序は安定していた。近代でも平等は建前であり実現不可能であって、秩序の安定のために格差を弁明すべく、自由意志に導かれる主体という虚構の人間像を生み出したにすぎないということ。（一二〇字）

設問(五) 傍線部a・b・cのカタカナに相当する漢字を楷書で書け。

a ツチカう　b タンジョウ　c ケッカン

解答

a 培　b 誕生　c 欠陥

例題12　二〇〇四年度　第一問（文理共通）伊藤徹『柳宗悦　手としての人間』

——問題：別冊47ページ

本文解説

《本文構造》

I　環境問題における個の没落（第1段落）

[個の没落]
生命倫理

＋　だけではない

[判断の基盤としての個人が乗り越えられてしまう]
というのは環境問題（の方がイメージしやすい）

たとえば

1　後の世代との共同性を判断の足場とする
2　「地球という……システム」を行為規範の基盤とする

《通読時の思考》

❶「Sは A**だけ**……**ではない**。SはBの方がイメージしやすい」（1・2行目）とある。Aは読者にとって自明な（既知の）旧情報、Bはこれから述べたい新情報である（A「生命倫理」は、原典ではこれより前に述べられていたのであろう）。B「環境問題」の話をしたいのだとつかむ。同時に、「第一文のS」＝「第二文のS」であろうから、「[個の没落]」＝「[判断の基盤としての個人が～乗り越えられてしまう]」と考える。詳しいイメージはまだ持てない。「個の没落」に関する具体的情報を求めて読み進める。

❷「**たとえば**」（2行目）に着目。直前に述べられた「環境問題」における「個の没落」の例であることを意識して読み進める。次ページ上段の[　]枠内のような読解ができるとよい。

要するに環境問題では、個人よりも、後の世代との共同性や地球というシステム（後で「生態系」とわかる）を尊重するのである。

論　環境問題では、判断の基盤としての個人が乗り越えられる

例1　未来世代の権利侵害の可能性に直面したとき、後の世代との共同性を判断の足場とする

例2　人間以外の生物、山、川に価値を見出そうとするとき、個人・人類を超えて「地球という……システム」を行為規範の基盤とする

Ⅱ　現代に広く見られる個の没落（第2～3段落）

このようないわゆる「問題」

＋　**だけではない**

日頃の生活のなかでも

個が希薄化し匿名のなにものかに解消されていく

という事態が見られる

なるほど

個性的でありたいという欲望が広く行き渡っている

→平均性を嫌い個性的であろうとする意志を示している

❶ではよくわからなかった「個の没落」の内容が少しずつ明らかになってきた。

＊「果物は甘い。たとえば林檎は甘い」のように、抽象論と具体例の述部の一致をつかむとわかりやすい。

❸「**だけではない**」（8行目）という累加表現に着目。「**このような**、いわゆる『問題』」が旧情報になっている。環境問題の話は前で終わるのであり、環境問題は本文全体の主題ではないのだという意識を持つこと。では前段落から引き継がれている話題は何か。「個が希薄化し～解消されていく」すなわち「個の没落」である。これが本文全体の主題でないかと考える。それができれば、❶～❸で、その主題の意味、内容、定義も、把握できていることになる。

❹「**なるほど**～**けれども**……」（9～14行目）という、ありがちな見方に譲歩してから逆接で自説を述べる表現に着目する。譲歩部分が長いので注意。逆接の後が要点である。個性を志向する時代ではあ

その結果欲望は大量かつ多様に吐き出される
さまざまなものが生み出される

けれども

そうした欲望の多様化は画一化と矛盾せず進行している

個性＝（**実は**）大量のパターンのヴェールに隠された
画一的なもの

欲望の産地・欲望の源泉
×（デザイナーなどの）個人
○（**むしろ**）相互に絡み合って生成消滅している情報

個人は情報が行き交う交差点でしかない
例「責任」の所在やその概念の曖昧化
自己存在が情報の網目に解体されていくことを**示唆する**

るが、同時に「画一化」も生じていることが重要であると読み取る。宣伝コピーの例も付され、理解しやすい（あなただけの個性を、などとして売られているポロシャツが、実際には八色の選択肢しかない大量生産の商品であったりする）。

❺「『個性』**とは**」（16行目）という定義に着目。「**実は**」ともあり、通念と差別化された筆者の説であることが明示されている。個性とは画一的なものにすぎないという。

❻「欲望の産地をAに求めても虚しい」「**むしろ**欲望の源泉はBである」（18〜20行目）という表現に着目。上段のように読解する。「個人はその情報が行き交う交差点」ともあるが、これだけでは意味を理解しがたい。だからこそ直後に「責任」概念に関する具体例が付される。

❼この話はすぐには具体例とわからないかもしれない。ではどこでわかるか。「『責任』概念の曖昧化は、〜を**示唆する**」（23・24行目）という表現からわかる。「（具体例＝証拠となる事実）は（抽象論＝筆者の主張）を示す・示唆する」という構造である。抽象論にあたる「自己存在が情報の網目へと解体されていく」を重視する。コンピュータの登場で「責任」が曖昧になっているという事例から、「個の没落」の意味が少しずつイメージしやすくなる。

← **いずれにせよ** ……
自己が情報によって組織化される傾向は一層促進される

このように ……
個の解体 が現代も続く同じ一つの流れ

← だとすると
集団からの個の救済というシナリオ
私はリアリティを**感じない**

個は他のなにものにも拠らず存在することはできない
個は集団のなかで作られていく作りもの
集団への個の解体は ……
個のそうしたフィクショナルな存在性格の露呈
（だと**私は考える**）

❽「**いずれにせよ**」（24行目）に着目。具体例に即した直前の議論をまとめて要点を提示するのである。具体例前後の関係を上記のように把握することができる。網掛け部分が同義である。

❾「**このように**」（27行目）とあり、「個の解体」（＝個の没落）が広く見られるという❸以来の要旨がまとめられる。「だとすると」から新たな内容へ進む。「**私は……感じない**」という筆者の主観を示す表現にも着目し、個が救済される可能性は感じられないことをおさえる。

❿「**私は考える**」（30行目）という自説であることを示す表現に着目する。個の解体は、個の「フィクショナルな（『作りもの』という）性格」の現れだという。それをおさえれば最低限の理解は可能だが、この箇所を内容まで正確に把握するには、「虚構」をめぐる基礎的な背景知識が要る（▼49・50・202〜205ページ）。個は決して「他のなにものにも拠らず存在している」のではない。集団の中で作られた「虚構」としての性格を有するのである。

Ⅲ 集団も実体とはいえない（第4段落）

さらに重要なこと ……

……個に代わって集団が新たな「実体」であることを

承認しようというわけでは**断じてない**

「社会」捉えどころのないもの

→想像がつく

「合意」作りもの

Ⅳ 再び環境問題（第5段落）

環境問題 ……

1 世代間の距離を乗り越えていこうとする（努力）

未来世代との「道徳的共同体」

↓虚構的性格をもつ

あるいは

2 人間を「自然との共感と相互性」のなかにもち込もうとする（努力）

生態系にまで認められるとされる「価値」

↓作りもの特有の人間臭さがある

⓫ 「**さらに重要**」「**断じて（ない）**」（31・32行目）という、筆者による重視・強調の表現に着目。個のフィクショナルな性格は⓾で既に確認されたが、集団も実体とはいえないという。当然、この記述だけでは具体的な理解が難しいので、筆者は「合意」が作りものであるという説明によって、「合意」する「社会」という集団が実体ではないことを論証している。

⓬ 話題が環境問題に戻っている。環境問題の話はこれまで第1段落のみであったから（❸で確認した）、第1・5段落が内容上対応するらしい。あとは「**あるいは**」（43行目）を手掛かりに、その前後で二つの「努力」が述べられていることを意識できればよい。第一に「未来世代との『道徳的共同体』」（39行目）を構築する努力であり、第二に「人間を『自然との共感と相互性』のなかにもち込もうとする」（43行目）努力である（実はこれらが、❷で見た例1と例2に対応しているのだが、初読でそれに気づく必要はない。設問㈠から順に解いていって、設問㈤を解くに至ってようやく気づくのでも十分だろう）。そしてその二つの努力について、未来世代との共同性も、生態系の価値も、どちらも「虚構的性格」「作りもの」と

個が溶解していく情報の網の目も非実体的

← そうだとすれば

集団性のなかへ解体しても、個は、
大海に幻のように現れる浮き島に
ひとときの宿りをしているにすぎない

述べられる。

⓭　受験生がこの問題で最も戸惑うのは、本文を最後まで読んでも結論らしい結論を捉えがたいという点であろう。本文末に述べられるのは、個は非実体で、解体先の集団も非実体にすぎないという内容だけであり、だからどうすべきだなどとは述べられていない。したがって本文要旨としては、主題「個（の没落）」とその意味、内容、定義、そして⓫で確認した集団の非実体性を理解できていれば十分なのであり、それを再確認するだけの終わり方である。そもそも人文系の学問は、必ずしも「～すべき」という「べき論」を提示するものでもないので、今日の状況を記述・説明することのみを主とする文章もありうる。筆者の考えを無理に忖度して「べき論」風に読もうとしないこと（ただし、本文から結論らしいものを最低限は推定せよという意味で、設問㈤は「どういうことか」ではなく「どのようなことを言おうとしているのか」なのである）。

設問解説

設問(一) 「『地球という同一の生命維持システム』を行為規範の基盤として考える」（傍線部ア）とあるが、どういうことか、説明せよ。

1 解答の方針を立てる

「そこでは～を行為規範の基盤として考える」とある。「そこ」=「人間以外の生物はもちろん、山や川などにさえ、尊重される価値を見出そうとする（傾向）」である。

傍線部が具体例の中にあることを理解しているかが最大のポイントである。第1段落は「環境問題」について論じている。「たとえば」（2行目）の後、環境問題でよく見られる傾向が例示されている。次のような構造である。

> 環境問題（における個の没落）
> 例1　後の世代との共同性を構築しようとしていく（傾向）
> 例2　人間以外の生物、山、川などに価値を見出そうとする（傾向）……傍線部ア

「環境問題」は第5段落で再び話題になっていた。無理に第5段落を書こうとする必要はないが、解答表現に迷った際に、第5段落から適当な表現が得られる（「地球という同一の生命維持システム」の換言として、「生態系」（ecosystem）が第5段落に見つかる）。

2 解答要素をそろえる

① 「そこでは」の内容は短くする。「山、川など」という具体例をそのまま用いず、「人間以外の自然に価値を見出す傾向の中では」などとする。

② 傍線部が具体例であることを意識して、論と例の対応関係を把握する。本文解説でも示した左記の関係を捉える。

> 論　環境問題では、判断の基盤としての個人が乗り越えられる
> 例1　未来世代の権利侵害の可能性に直面したとき、後の世代との共同性を判断の足場とする
> 例2　人間以外の生物、山、川に価値を見出そうとするとき、個人・人類を超えて「地球という……システム」を行為規範の基盤とする

ここから二つのことがわかる。

- 傍線部は、**「環境問題」**での**「個の没落」（=個人が判断の**

基盤でなくなる）の例である。これを踏まえて解答する。

● 傍線部の「行為規範の基盤（とする）」とは、行為の是非の**判断の足場（前提・立脚点）として、地球という一つのシステムを想定する**ということである。これを解答化する。

③ 「地球という同一の生命維持システム」の換言は自分で考えてもよいが、第5段落には「生態系」という語が見つかる。第1段落と第5段落の表現は次のように対応している。

> **【第1段落】** 例1　後の世代との共同性
> 　例2　地球という同一の生命維持システム
>
> ≒
>
> **【第5段落】** 例1　未来世代との「道徳的共同体」
> **あるいは**
> 　例2　生態系

3 ≫ 解答を作成する

ポイントは①～③の三点であり、「そこでは」の指示内容、抽象論の内容（環境問題において個が判断基盤でなくなる）、そして傍線部自体の表現の換言である。

解答例

環境問題では人間以外の自然に価値を見出す傾向の中で、個人でも人類でもなく生態系を前提として判断がなされるということ。

＊たとえば化石燃料の使用の是非を判断する際に、生態系のことを考える。つまり、生態系という一つのシステム（そこには価値が認められるとされる）を判断の前提に置いている。これは第4段落で筆者が否認する集団の実体視にほかならないのだが、そこまでわからなくても解答に支障はない。

設問㈡

「欲望の多様化は、奇妙なことに画一化と矛盾せず進行している」（傍線部イ）とあるが、なぜそのようにいえるのか、説明せよ。

1 ≫ 解答の方針を立てる

理由（根拠）の説明の基本形であり、解答は「**そうした欲望の多様化は、～であるから**」となる。解答の大前提として、「そうした欲望の多様化」の指示内容をおさえておく。

傍線部の直前は「けれども」という逆接であり、前には「画一化」とは逆の内容が書かれている。したがって、「画一化」が進行しているといえる理由は、傍線部の前にはない。中心的な解答要素は、傍線部よりも後から探る。

傍線部の後から解答要素を抽出する際には、**具体例を避けること**。「『あなただけの……』と囁く宣伝コピー」はもちろん具体例であり、「デザイナー」やコンピュータの登場に伴う「『責任』概念の曖昧化」も例示である（▼《通読時の思考》❼参照）。それらを避ければ、確認すべき箇所はある程度絞られる。

2 解答要素をそろえる

「そうした欲望の多様化」は、「平均性を嫌い個性的であろうとする意志」による「欲望の多様化」である（「さまざまなものが生み出されること」は、「欲望の多様化」の結果・帰結であり、解答には不要である）。

傍線部の後から具体例を避けて要点を抽出し、「画一化」が生じている理由を考察する。

i　ここでいう「個性」（＝志向される個性）とは、実は大量のパターンのヴェールに隠された画一的なもの（16・17行目）

→　志向される対象が画一的なので、欲望の多様化は画一的だといえる

ii　欲望の源泉は、相互に絡み合って生成消滅している情報であり（20行目）

→　根本が自分自身ではなく、外部の情報に由来するので、欲望の多様化は画一的だといえる

3 解答を作成する

「そうした欲望の多様化」の内容を主語とし、右記のi・iiを述部に置く。iiを捉えるのが難しい。iは逃さずに書きたい。

解答例

個性的であろうとする意志による欲望の多様化は、情報に由来しており、大量のパターンに隠された画一的な個性を志向するから。

設問㈢　「個そのものが集団のなかで作られていく作りものにすぎない」（傍線部ウ）とあるが、なぜそのようにいえるのか、説明せよ。

1 解答の方針を立てる

方針段階で可否が決まる。解答の必須内容は「**個は（現に）解体しているから**」「**フィクショナルな存在性格を露呈しているから**」である。これさえわかれば、あとは「個の解体」「フ

ィクショナルな存在性格」の内容を付加するだけの問題となる。

右の説明のみで納得できない場合、たとえば次のような例を考えてみよう。「Kが友人を大切にしているといえる（判断できる）のはなぜか」という問いがあるとする。それは②の関係を問うものである。

Kは友人を大切にしている（x）

①物事の道理の順番（xだからyである）
Kは友人を大切にしている**から**、いつも友人の相談に乗るのである

②我々の判断の順番（yからxであるとわかる）
Kはいつも友人の相談に乗っている**から（それを根拠に）**、Kは友人を大切にしているのだと判断できる

Kはいつも友人の相談に乗っている（y）

同様に、本設問では、個が作りものにすぎないと判断できる理由（根拠）を問われている。傍線部の一文の内容を図示すると、左図のようになる。②の関係を問われている。

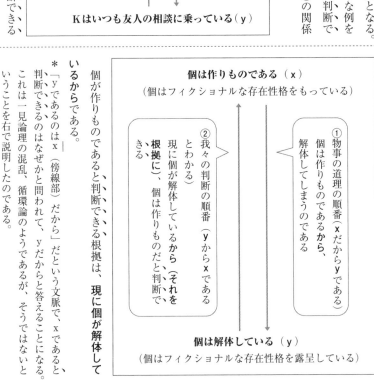

個は作りものである（x）
（個はフィクショナルな存在性格をもっている）

①物事の道理の順番（xだからyである）
個は作りものである**から**、解体してしまうのである

②我々の判断の順番（yからxであるとわかる）
現に個が解体している**から（それを根拠に）**、個は作りものだと判断できる

個は解体している（y）
（個はフィクショナルな存在性格を露呈している）

個が作りものであると判断できる根拠は、**現に個が解体しているから**である。

＊「yであるのはx（傍線部）だから」だという文脈で、xであると判断できるのはなぜかと問われて、yだからと答えることになる。これは一見論理の混乱、循環論のようであるが、そうではないということを右で説明したのである。

2 解答要素をそろえる

1より、次のような解答案になる。

暫定解答案

個は、現に集団に解体しており、フィクショナルな存在性格を露呈しているから。

右の解答案の論理を崩さぬよう、要素を付加していく。まず、「そうしたフィクショナルな存在性格」の内容を具体化する。傍線部の直前をとれば、他のなにものかに拠らずには存在しえないという存在性格である。

＊語句の知識のある受験生は「他のなにものにも拠らず存在する」＝「実体」であるとわかるだろう。個は実体ではなく、非実体の虚構だということである。

また、第2段落の最後の要旨を設問(二)で使っておらず、可能であれば付加しておくとよい。「個の解体」とは、「情報によって組織化される」ことなのである。

3 解答を作成する

論理を誤ると本設問は失格となりうるから、暫定解答案のように正しい論理で書けるだけでも、十分な点数に達すると思われる。暫定解答案の論理を維持したまま、2で見た要素を付加すると、次のようになる。

解答例

個は、現に情報によって組織化され、集団へと解体しており、他に拠らずには存在しえない存在性格の虚構性を露呈しているから。

設問(四)

「『合意した』という事実だけが、それを合意として機能させているにすぎない」（傍線部エ）とあるが、どういうことか、説明せよ。

1 解答の方針を立てる

傍線部を簡単に言い換えれば、「**合意は、『合意した』という事実によってのみ機能する**」（◆）という主述関係になる。このように簡略な形に直した方が書きやすい。

合意がいかにして機能するのか説明すればよい。**合意について述べられているのは、傍線部の一文と、それを受けた次の文のみである**。そのため解答要素を集める範囲はかなり狭いのだが、それを傍線部の内容に合うように整理するのが難しい。

第4段落の要旨が、集団の非実体性の指摘であったことに注意しておく。集団の合意もおそらく、実体的なものではないという方向で説明されるであろう。こうした考察においてはやはり、実体概念・関係概念を理解していること（▼202ページ参照）が重要な前提となろう。

2 ≫ 解答要素をそろえる

① 傍線部の次の文は「そういう意味でいえば」と始まっており、明らかに傍線部の一文と関係がある。これを意識して、この二文の内容的なつながりを確かめる。

② 傍線部の一文にあるように、**現実には「一致へとは到りがたい多様な意見・価値観」がある**。そのなかで「『合意した』という事実」ができあがる。実際には合意へは到りがたいのであるから、合意したとみなしているだけである。したがって、傍線部の直後の文にあるように、**合意は「形成されたもの」「作りもの（＝虚構）」**なのである。

③ 傍線部の「（『合意した』という）事実」は、次の文で「作る作用に支えられた事実」と言い換えられている。**合意は、合意を形成する作用があってこそ存在する**のであり、合意というものがあらかじめ存在するわけではないのである。

＊第4段落の要旨は、集団の非実体性であった。集団での「合意」も同様に、それ自体独立に存在するもの（実体概念）ではなく、人々の間で意見や価値観が一致したとみなされることで機能、作用する（関係概念・機能概念・作用概念）にすぎないということである。

3 ≫ 解答を作成する

1で示した◆の大枠に、**2**に**太字**で示した要素を組み入れて解答とする。

解答例

合意は、多様な意見・価値観が存在する中で、それらが一致したという虚構を形成する作用によってのみ存在しうるということ。

設問(五)

「非人間中心主義であるはずのものからは、作りもの特有の人間臭さが漂ってくる」（傍線部オ）とあるが、ここで筆者はどのようなことを言おうとしているのか、一〇〇字以上一二〇字以内で説明せよ。（句読点も一字として数える。なお、採点においては、表記についても考慮する。）

1 ≫ 解答の方針を立てる

ポイントは、「どのようなことを言おうとしているのか」という問い方である。単に傍線部はどういうことか言い換えよというのではない。傍線部の換言から一歩進んで、結局何が言いたいのかまで記せということである。解答は二段構成で、

i　傍線部自体の換言説明（解答前半）

ii　iを通して結局筆者が主張したいこと（解答後半）

とするとよい。iiは想像して書くのではない。**iiも本文要旨から解答可能であるからこそ、あえて問うのである。**したがって、「本文全体の論旨を踏まえて」とは書かれていないが、iiを考えるにあたって、自ずと本文全体の論旨を参照する必要が生じるであろう（だからこそ、いちいち「本文全体の論旨を踏まえて」という指示は付していないともいえる）。

2 解答要素をそろえる

① 傍線部自体の換言説明（i）から考える。傍線部を含む一文は「**あるいは**……**努力も**」と始まっており、次のような関係が想定できる。

1　〜という努力においては、〇〇だ。

あるいは

2　人間を「自然との共感と相互性」のなかにもち込む努力においても、傍線部だ。

傍線部以前に、第一の「努力」があるはずである。そして、第一の努力がどうであったのかがわかれば、第二の努力**も**同様であることになるから、傍線部の意味がわかる。

② 第一の「努力」を探る。「世代間の距離を乗り越えていこうとする」という表現に着目。これが第一の「努力」であるとすれば、次のように整理できる。

環境問題

1　世代間の距離を乗り越えていこうとする努力において、
未来世代との「道徳的共同体」は、
虚構的性格をもつ。

あるいは

2　人間を「自然との共感と相互性」のなかにもち込もうとする努力において、
生態系にまで認められるとされる「価値」は、
作りもの特有の人間臭さがある。

このあたりで、設問(一)で見た第1段落の内容（例1・例2）と対応があることに気がつくとよい。

③　①・②より、まずはⅰについて次のような解答案を得る。

暫定解答案1

環境問題において、未来世代との共同体や生態系にまで認められる価値は、虚構的性格をもつ（ということ）。

④　傍線部を通して結局筆者が主張したいことは何かを考える（ⅱ）。傍線部の後に続く、本文最終部分の内容を確認しておく（当然、最終部分は前設問までで解答しておらず、この最終設問で拾っておきたい）。

個が溶解していく情報の網の目も非実体的である ←　そうだとすれば 集団性のなかへ解体しても、個は、大海に幻のように現われる浮き島にひとときの宿りをしているにすぎない

未来世代との共同性を構築することや、生態系に価値を認めることは、設問㈠で見たように個の没落、個の解体であった。そのように個が集団へと解体しても、集団も「幻」のような「浮き島」にすぎないということを言いたいのだと考えられる。

⑤　**集団も「浮き島」であるということを、比喩ではない表現で記したい。**本文から適した表現を探すと第④段落冒頭に、「集団が〜『実体』として登場したということを、承認しようというわけでは断じてない」とあった。本文の最後ではこのことを再確認して終わっており、結局本文の結論はこれなのであろうと推定できる。判断の基盤として実体視される未来世代との共同性や生態系も、実体とは認められないということである。

⑥　暫定解答案に、④・⑤で見た内容を加えれば、次のような解答案になる。

暫定解答案2

環境問題において、未来世代との共同体や生態系にまで認められる価値は、虚構的性格をもつ。このように、個が集団性へと解体しても、代わりに集団を新たな実体とみなすことは認められないということ。（九〇字程度）

3 ≫ 解答を作成する

基本的な要素は右の解答案で十分であろう。本文全体の論旨という観点から、できれば主題である「個（の没落・解体）」の意味、内容、定義を付加しておくとよい。

解答例

環境問題において、未来世代との共同体や生態系にまで認められる価値は、虚構的性格をもつ。このように、個が判断の基盤とされなくなり、集団性へと解体して虚構的な存在性格を露呈させても、代わりに集団を新たな実体とみなすことは認められないということ。

（一二〇字）

設問㈥

傍線部a・b・c・d・eのカタカナに相当する漢字を楷書で書け。

a　シンガイ　b　トクメイ　c　コウソウ　d　ゲンセン
e　ソクシン

解答

a　侵害　b　匿名　c　抗争　d　源泉
e　促進

感じ　思っているのが誰なのか
自分とはたんに　感覚や思念の
場にすぎないのだ

フェルナンド・ペソア『不穏の書、断章』澤田直訳

近代的な発想の問い直し

例題11・12は、近代的な発想を問い直す文章である。近代とは、主に市民革命・産業革命以後、現在の社会の基礎が築かれた時代を指す。大雑把にいえば、国民国家が整備され、民主化が進み、機械化・合理化が進み、都市化とともに古い共同体が解体され、個人が自由に生きられるようになった時代である。近代化は豊かな生活をもたらすと同時に、様々な問題をも生じさせている。国家や民族の対立、環境問題、人権問題などが代表的である。

近代と関係の深い発想に、物事を二項対立で捉える考え方がある。たとえば「人間／自然」「文明／未開」のような対立構造に基づいて、人間による自然の支配・管理がなされ、環境破壊が生じる。「西洋／東洋」という対立も、前者が後者に対して支配的な位置にあるという考えと結びつきやすい。あるいは「精神／身体」という対立も広く知られており、物質（身体）に対する心（精神）の優位が説かれることもある。このように、二項対立はしばしば、一方が他方を支配する、抑圧するといった構造を形成してしまう点に問題がある。

そのため、たとえば次のような問い直しがなされる。そもそも人間は自然の一部であるから、「人間／自然」という区分は恣意的ではないか。また、「西洋」と「東洋」それぞれの中にも実は多様性があり、現実の多様性を無視して単純な二項対立の図式にはめ込むことは乱暴ではないか。さらに、心と身体はつながっており、両者を別個の二実体として捉えるのではなく、相互の関係を重視すべきではないか。このように、「A／B」という図式の「／」を自明視せず、人間によって作られた区分であると捉え、AとBを異なる**実体**としてではなく、互いの**関係・交渉**において考え直すことが主張されるのである。

近代を支える虚構――集団

右に述べた「A／B」という図式について、「A」と「B」を隣国どうし、「／」を国境線に置き換えてみよう。アフリカの直線的な国境線が有名であるが、それに限らずすべての国境

線は、国民国家の成立に際して人為的に設定されたものであろう。日本列島にあたる島々そのものは自然に形成されたとしても、「日本」という一つのまとまりや、「日本人」という捉え方は、決して自明のものではない。国境や国名は作られたもの、虚構であると考えられる（ここでいう「虚構」とは、事実と異なる作り話という意味ではなく、人為的な構成物だということである。▼49・50ページ参照）。

虚構であるという指摘自体には、非難の意味はない。国家があるからこそ生活が守られるというように、虚構に依拠することで私たちの生活は豊かになりうる。しかし、本来虚構であるものを強いて自明視し、たとえば国境線を自然で絶対的な境界のように考えると、問題が生じる。排外的なナショナリズムや、国家・民族間の対立に結びつく。例題12で「個に代わって集団が、時代を画す新たな『実体』として登場したということを、承認しようというわけでは断じてない」と強い口調で述べられていたことを想起しよう。たとえば「日本人」という集団は決して、はじめから何か本質的な要素を共有する同質的なまとまりなのではない。「日本人」という区分自体が仮構されたものであることに注意が必要である。

近代を支える虚構――個

例題11で述べられていたように、近代には自己責任を負う個人という概念が生み出された。自己という意識が生じる過程については、一九九三年度第一問で関連する内容が出題されている。以下にその要約を示す。

■一九九三年度出題　三浦雅士『疑問の網状組織へ』（一九八八年刊行）

近代より前の人間は、自分は何者かなどと問う必要はなく、父母の名を告げさえすればよかった。父母、祖父母、さらには遠い祖先にまで自己を一体化させており、彼らの意を体する（＝理解し従う）ことこそが、自己の存在理由であった。こうした自己理解は、自分は何者かなどと問う自己意識が発現しないようにするための社会的装置であった。しかし近代になると個性や独自性が要求され、自己の成立根拠としての父母、祖父母、祖先との関係は忘れられ、他者と異なる自分というものに自己の存在理由を求めるしかなくなった。

このように、自分を一人の独立した個人として捉える意識は、決して昔から自明であったわけではなく、近代になって形成されたものと考えられる。

これに関連して例題11・12では、個というものの虚構的性格が指摘されている。近年、特に「自由な個人」という主体の自明性が疑われるようになりつつある。その背景の一つには、認知科学の発達がある。人間の心はコンピュータと同様に、計算メカニズムとして捉えられる。外部環境からの情報（知覚）と、内部状態の情報（欲求や信念など）を掛け合わせることで、行為が出力されるというモデルである。このモデルによれば、まさに例題12でいわれていたように、自己は情報の網目であり、情報によって組織化されている。外部環境は、自分ではどうにもできない。また内部状態も、例題11にあったように遺伝や社会環境に依拠して形成されるとすれば、当人の自由な選択が入る余地はなくなる。すなわち、原理的に自由意志は存在せず、したがって責任など持ちようがない。自己責任を負う「自由な個人」とは、近代社会が仮構したものにすぎないという結論が導かれる。

自由意志を否定する説にはなお反論もあるが、右のような議論が近年きわめて盛んになっていることは確かである。近代の立役者であったはずの科学が、近代を支える「自由な個人」の虚構性を暴き、自由や平等を掲げる近代が「大きな幻想の物語」にすぎなかったことを突きつける。例題11でなされていたのは、実はこのような逆説的な議論であった。

希望はどこにあるか

例題11・12とも、個あるいは集団の虚構性の指摘で本文が閉じられ、これから私たちはいかに生きるのかといった内容は、出題範囲に含まれていない（だからこそ読解が難しい）。自由な主体など存在せず、すべてが外因によるとしたら、希望はどこにあるのか。私たちは何をしても無意味で、運命に従うほかないのか。この問いへの応答は、私たち自身がそれぞれ真剣に考え抜くべき課題であろうが、ここでは一つの手掛かりとして、例題11の本文の著者である小坂井敏晶の考えを見ておこう。

小坂井が外因とするのは、主に遺伝・環境・偶然である。このうち偶然が、予期せぬ未来を可能にすることがある。偶然出会った人、偶然手にした本が契機となって、人は時に全く異なる人生を歩み出す。偶然に翻弄されるといった受動的な印象とは裏腹に、偶然は既存の枠組みに変革をもたらす積極的側面を持つ。ほんの少しの揺らぎが、未来を大きく変える（いわゆるバタフライ効果が想起される）。そして偶然による予期せぬ変革は、世界が多様であればあるほど生じやすいであろう。多様性が重要とされる理由の一つはここにある。小坂井の言葉を引用しておこう(『格差という虚構』)。

偶然出会った異邦人のまなざしがシステムを壊し、変化させる。多様性が偶然の出会いを生み、異端者や少数派が既存の思考回路と別の世界に連れていってくれる。そして偶然は必ずやってくる。誰にも、必ずやってくる。

《出典紹介》

■小坂井敏晶「『神の亡霊』6　近代の原罪」『UP』(東京大学出版会、二〇一五年四月号)所収

小坂井敏晶(一九五六〜)は社会心理学者。フランス国立社会科学高等研究院を修了し、フランス国立リール第三大学准教授を経て、パリ第8大学心理学部准教授。渡仏以前に、ユーラシア大陸を放浪したり、通訳としてアルジェリアに滞在した経験がある。著書には『民族という虚構』『責任という虚構』『人が人を裁くということ』『社会心理学講義』『格差という虚構』などがある。「神の亡霊」は、東京大学出版会のPR誌に連載された論考であり、のちに詳しい注を付して『神の亡霊　近代という物語』として刊行された。

■伊藤徹『柳宗悦　手としての人間』(平凡社選書、二〇〇三年)

伊藤徹については▼50ページ参照。『柳宗悦　手としての人間』は、民藝運動で知られる柳宗悦(一八八九〜一九六一)の言説を検証し、柳の創作理念が持つ現代的な可能性を探る書である。

《読書案内》

■船木亨『現代思想史入門』(ちくま新書、二〇一六年)

近代を問い直すポストモダン思想の論点を解説している。全体を通読せずとも、関心のあるキーワードについて事典のように読むこともできる。

■戸田山和久『哲学入門』(ちくま新書、二〇一四年)

平易な語り口で主要テーマを幅広く網羅する。とりわけ第6章「自由」は、自由意志を論じる際には頻繁に参照されており、この章を読むことで主要な論点を概ね理解できる。

設問解答で犯しやすいミス

次の二つのサンプルを通して、東大現代文の解答で犯しやすいミスを理解しておこう。

サンプル1：指示語の指すもの

芸術作品は、その美しさゆえに人の心を動かすのだと信じられている。音楽でいえば、美しい旋律、あるいは多彩な楽器が織りなす美しいハーモニーが、聴衆の感動を誘う。このような考えが、芸術を語る多くの人々に染みついているように思われる。

傍線部はどのような考えかと問われた場合、直前の音楽の話をそのまま書いて「旋律やハーモニーの美しさが聴衆を感動させるという考え」と述べるのは不適当である。傍線部を含む一文からわかるように、「このような考え」とは「芸術を語る」人々が持つ考えである。音楽は、芸術の一例にすぎない。「このような」という、例示を表す語が用いられていることもヒントになる。解答では、音楽に限定されない、芸術全般に関する内容を記す必要がある。「芸術作品は、その美しさゆえに人の心を動かすのだという考え」である。

指示語はその直前を指すに決まっていると漫然と考えるのではなく、指示語を含む一文を最後までよく読んで、一文の内容と整合性のとれる指示内容を探しにいくこと。特にここで見たような、具体と抽象の関係に絡めた設問は、頻出である。

サンプル2：「どういうことか」の内容

人間は言語によってしか思考しえない。そのため、言語は単なる思考の道具ではなく、人間の思考を規定してしまう面を持つ。

傍線部について「どういうことか」と問われた場合に、その次の文の内容を用いて「人間は言語によって思考を規定されるということ」と答えるのは不適当である。傍線部とその次の文は「理由→帰結」の関係であって、同内容の言い換えではないからである。より簡単な例を出そう。

長時間一つの問題ばかりを考えていると、思考が硬直しやすい。そのため、適度な気分転換が重要である。

傍線部について「どういうことか」と問われて、「適度な気分転換が重要だということ」では明白に不可であろう。それは、「思考が硬直しやすい」から、どうなのかということの説明であって、「思考が硬直しやすい」とはどういう意味かの説明になっていない。正しい解答はたとえば、「長時間一つの問題ばかりを考えていると、偏った考えにとらわれ、自由な発想が妨げられるおそれがあるということ」などである。

このように、**傍線部自体の意味内容と、傍線部から導かれる帰結とを混同しないこと。**さらにいえば、**傍線部の周囲にある内容を何もかも漫然と書くのではなく、論理的に問題がないかどうかの判断が必要になる。**東大は、決して広くない二行の解答欄からもわかるように、「手当たり次第何でも書く」という姿勢を拒んでいる。傍線部の意味説明を求めている設問で、誤って傍線部の帰結まで記してしまえば、大きな減点あるいは設問失格となるおそれがある。

補章

文科第四問で高得点を目指す

本章は、文科受験生にのみ課される第四問で高得点をねらうための練習である。

文科専用問題は、文理共通の第一問とはやや異なる意図で出題されている。たとえば二〇二二年度の第四問について、東大が公表した出題意図を見よう。

第四問は、文科のみを対象とした、文学的内容をもつ文章についての問題です。今回は作曲家・武満徹の文章を題材としました。言語化しがたい宇宙との交感をあえて言葉で表現しようとするレトリックを読み解き、それを簡潔に表現できるかどうかを問いました。

第四問には「文学的内容をもつ文章」が選ばれ、著名な作家・芸術家による含蓄のある文章が出題されることが多い。各設問も、比喩解釈を求める問題、心情の機微を説明させる問題など、文学的性格が顕著である。こうした問題が文科の全受験生に、すなわち法・経済系を志望する受験生にも課されていることは注目される。社会科学系の学問を志す場合にも、基礎的な素養として、文学的な文章を十分に読み解く力を身につけてほしいという東大からのメッセージであろう。

以上のことからもうかがえるように、第四問には難問が多く、近年の過去問題のみでは演習量に不安が残るかもしれない。そこで補題1・2には、現在の過去問題集にはほとんど載っていない一九七〇年代の問題の中から、現行の第四問対策となりうるものを選んだ。文章内容、設問内容ともに、第四問で出題されやすい文学的な性格のものである。高得点を目指すうえで格好の練習材料となるだろう。

なお、基本的な読解・解答の方法はこれまでと同じであり、新たに別の方法論が必要というわけではない。そのため解説は煩雑になるのを避け、これまでの復習を兼ねつつ、ポイントを絞った説明としている。

補題1　一九七四年度　第四問（文科）　小川国夫『一房の葡萄』

問題：別冊51ページ

解答・解説

設問㈠　傍線部アの「過程における暫定的な決断のかたちに過ぎない」とは、どういう意味と考えられるか。わかりやすく説明せよ。

解答例

小説は、あくまで修練の途上の一時点において、不完全でも精一杯の作品を書くという小説家の覚悟の表れであるということ。

＊傍線部の主語は「小説」であり、「小説」とはどのようなものであるのかを説明する。

＊まずは次文（「つまり〜」）の解答化が必須である。完全な作品は書けないという前提のもとで、精一杯の作品を書こうとしたものが、小説である。

＊「〜と考えられるか」「わかりやすく」という設問条件は、本文の抜き出しだけでは解答として不十分であり、一部、自分で表現を案出する必要があることを示している（▼220ページ参照）。**「過程」「暫定的」「決断」を適切に置換できるかが、最大のポイントである。**途上の一時点において、精一杯の作品を書こうという覚悟により小説が書かれるのである。

＊何の途上であるかという点が難しい。第1段落の内容からすれば、惰性的方法を不断に排除していく営為の途上であり（「不断」であるから終わりはなく、常に途上である）、第6段落まで読むと、文体を磨く「冒険」の途上であるともいえる。解答では端的に「修練の途上」としたが、以上のような内容が書かれていれば広く可であろう。

＊「〜に過ぎない」＝「あくまで〜（でしかない）」。「（決断の）かたち」＝「（決断の）具現化・現実化・表れ」。

設問㈡　傍線部イの「夢を共通の広場の光の中に引き出す」とは、どのようなことをさしていると考えられるか。

解答例

無秩序な夢を文章で秩序化するに際し、現実と関連づけて合理的に捉え、特殊性を失わせ、一般的に理解しやすくするということ。

＊**第4段落**　一般にありがちな普通の行き方（「……が普通だろう」）

↕

第5段落　別の行き方

夢を夢として過不足なく表現しようとする

夢を特殊の一隅にとじこめる

傍線部は第5段落にあり、「（第5段落で述べた行き方に反する）別の行き方」の説明として書かれているので、傍線部で解答すべきなのは、第4段落で述べられた内容である。

＊第4段落の「夢の意味を攫もうとして書く」「夢の背後にそれと対応する現実を想定している」「自己の所業のむくいを悪夢の中でうける」「夢の中に未来を見る」「より合理的に分析して、人間性に照明を当てようとする」（フロイト）はすべて、夢に対するありがちな態度の具体例である。「〜もあるだろう」「〜もある」といった文末表現が、例示であることを明確に示している。解答ではこれらすべてを含められるように、自分でまとめる必要がある。夢を夢自体としてではなく、現実との関連で合理的に捉えているのである。

＊設問㈠に続き、「〜と考えられるか」という問いである。傍線部の「共通（の広場）」の意味を、直後の「特殊」との対義関係を意識して、自分で表現する。

＊**そもそも「夢を書く」話は、「無秩序な対象を、文章という秩序の中へ引き出す」ことの例である。**これを忘れないこと。

設問㈢

傍線部ウの「自分の文体を陥穽の縁まで追いやって、それを試みる」とはどういうことか、説明せよ。

解答例

小説家は、それぞれが自ら探索した困難な課題を自分の文体に課すことで、文体の鋭さやニュアンスを増そうとするということ。

＊傍線部の主語である「小説家」の営為について述べる。

＊「陥穽（かんせい）」＝落とし穴である。したがって「陥穽の縁まで追いやる」＝「危険（な作業）にさらす」＝「冒険」である。困難な課題をあえて課すのである。また傍線部の第6段落は、「陥穽」は小説家がそれぞれ自由に探索するという要旨であり、これも逃さずに解答化したい。

＊「それ」の指示内容がとりにくいが、「陥穽の縁まで追いやる」＝「危険（な作業）にさらす」がわかれば、次のような対応を考えられる。

文体というものは、危険な作業にさらすことによって、**鋭さとニュアンスを増す**

小説家は、自分の文体を陥穽の縁まで追いやって、**それ**を試みる

「それ」＝「文体の鋭さとニュアンスを増すこと」である。

設問㈣　右の文章の筆者は「小説家の文体」をどのようなものと考えているか。要点をまとめてしるせ。

解答例

自らの意志で体得された小説家の本質的要素であり、無秩序な対象の秩序化を試み、自ら探索した困難を課す中で、錬磨される（もの）。

＊**冒頭二段落の主題提示**で述べられた、「意志の所産」「意志して体得したもの」「小説家の命」という内容を解答化する。

＊夢については具体例であるからそのまま記さず、その前後の抽象論を解答化する。

＊文体を危険にさらして「鋭さとニュアンスを増す」という内容については、字数に余裕がないので、端的に表現できるとよいであろう。解答例では「錬磨」としている。

《著者紹介》

小川国夫（一九二七～二〇〇八）は静岡県生まれの小説家である。古井由吉、日野啓三、黒井千次、高井有一、阿部昭らとともに、「内向の世代」の小説家と呼ばれる。生来病弱で、学校に満足に通えず、文学や絵画に親しんでいた。一九五〇年東京大学国文科に入学したが、一九五三年にフランスに私費留学し、パリ大学、グルノーブル大学で学ぶ。その間、オートバイでスペイン、北アフリカ、イタリア、ギリシアを旅行した。一九五六年に帰国。小説は高校の頃から書き始めていたが、一九五七年に同人誌「青銅時代」を創刊し、ヨーロッパ経験を素材にした『アポロンの島』を自費出版した。この作品が一九六五年に島尾敏雄に認められ、作家活動を軌道に乗せる。一九八六年「逸民」で川端康成文学賞、一九九四年『悲しみの港』で伊藤整文学賞、一九九九年『ハシッシ・ギャング』で読売文学賞をそれぞれ受賞。この頃、大阪芸術大学文芸学科教授も務めた。聖書の世界に取材した小説（『或る聖書』『王歌』など）のほかに、私小説的な作品として『彼の故郷』『逸民』などがある。

補題2　一九七七年度　第二問（文科）　黒井千次『小説家の時計』

——問題：別冊54ページ

解答・解説

設問(一)

傍線部ア「『長い』という感覚が自分の中に蹲っている」とはどういうことか説明せよ。

解答例

長篇小説を書き、短篇との本質的な違いに加え、作品を書き進めても小説内の時間が進みにくい感じにとらわれているということ。

＊「『長い』という感覚」については、「ひとつは」（第3段落）、「もう一つの理由は」（第4段落〜）の二点を説明する。

＊第一点については、短篇と「質的に違うなにか」に言及すればよい。「それなしには〜長篇小説とは呼び得ない、そんな特性」なのだから、長篇小説の本質に関わる違いである。

＊第二点については、「なかなか（小説内の）時間が捗らない」（第4段落）、「書かれる時間の進行が〜停滞しがち」（第5段落）、「書いても書いても作品の中でなかなか時間が経ってくれない感じ（＝感覚）」（第6段落）を短く記す。

＊「蹲っている」という比喩的な表現についても、（「長い」という感覚が）その場から動かないという語義を意識して、「（〜感じに）とらわれている」などと適切に置換する。

＊なお、傍線部の直前に「どうも解消し難い」とあるように、本問では漠然とした段階の「感覚」を説明する。第7段落以降は、その漠然とした感覚を契機として、長篇小説に関して分析的な思考を進めていく段階であり、ここでは不要である。

設問(二)

傍線部イ「叙述の網の目から人間的内容が洩れてしまう」とはどういうことか、説明せよ。

解答例

大きくゆったりとした動的印象を生む時の叙述では、人物の存在にリアリティーを与える細密な内実を描写し尽くせないということ。

＊前提となる本文読解としては、第9〜11段落（特に第10段落がわかりやすい）に述べられた、「大波を支える叙述↕小波を支える描写」という対比関係が把握できていればよい。

＊「網の目から」「洩れてしまう」という比喩の説明がポイントの一つである。**「〜な叙述では、……が欠落する（……を表し尽くせない）」**のような解答になる。

＊傍線部の「叙述」とは、直前にある「大股の叙述」であり、まずその内容を説明する。「大きな叙述」＝「時の叙述」（第⑩段落）であり、それは「大きな『うねり』」「ゆったりとした『うねり』」を生む叙述である。

＊「人間的内容が洩れてしまう」とはどういうことなのかを考察する。傍線部に直接関わる直前の二文が参考になる。

> **a** 小さく区切られた時間の内部での描写（→小波）
> ↓一人の人物の存在を支えうる（リアリティーが出る）
>
> **b** 大股の叙述（→大波）
> ↓一人の人物の存在を支えるのは難しい（リアリティーが出ない）

＊右の整理より、**b**で**欠落する「人間的内容」**とは、**一人の人物の存在を支えるような内容、人物の存在にリアリティーを与えるような内容**だと考えられる。それは、**a**の「小さく区切られた時間の内部での描写」＝「細部に関しての描写」（第⑩段落）では表しうるのであるから、**人間の細部に関わる内容**だと判断できる。つまり、長いスパンの[叙述]では細部の[描写]ができず、その細部に宿るリアリティーが生じないということであろう。

設問㈢

傍線部ウ「時間が重ね合わされたり折り畳まれたりする」とはどういうことか、説明せよ。

解答例

長篇小説の時間進行が単線的でなく、出来事が同時併行で描かれる場合や、時間を遡って描き直される場合があるということ。

＊傍線部の比喩的な表現を自分で説明することに主眼がある。

＊傍線部の一文は、時間を「線」として考えている。数直線のように時間を捉えると、まず「時間が重ね合わされ」るとは、線を重ねて、

t
t

のように、同じ時間に生じた出来事が（別々の場や視点から）併行的に描かれる場合である。一方、時間が「折り畳ま

補章
補題2

れ」るとは、線を折り畳んで、

のように、一度時間を遡って描き直されることである。

＊傍線部は「xたり、yたりする」というように、例示を列挙する表現である。何の例かといえば、「単一の線に沿って長く伸びない」こと、つまり小説の中の時間が単線的には進まないことの例である。これも忘れずに解答化する。

＊「時間の短小化」は解答に含めない。「時間の短小化につながっている」とあるように、「時間の短小化」は傍線部から生じる結果であって、傍線部の内容そのものではない。

設問㈣

傍線部エ「長篇小説の変形したものと考える」とあるが、それはなぜか、説明せよ。

解答例

時の経過が各篇に影響する連作小説は、細部の描写に依存しつつも、時の叙述に相当する空白で各篇が接続され完結しているから。

＊何が、長篇小説の変形したものであるのか（意味上の主語）を最初に確定する。「時の経過が作品内部に影を落としているような連作（が）」である。

＊問われているのは「長篇小説の変形」と考えられる理由（根拠）であり、長篇小説が変形した理由（原因）ではないので注意。

＊**長篇小説の「変形」であることを論証するには、長篇小説と異なっているが似ているということを指摘すればよい。つまり、長篇小説との相違点・共通点の両者を解答する。**解答例では、「本来の長篇小説と異なる点を持ちつつも、長篇小説の特性をそなえている」という枠組みで記している。

＊相違点は、長大な「うねり」が失われたこと（＝「細部の描写により多く依存する傾向」）であり、共通点は「時の叙述」にあたるものを有することである。連作小説の場合、「連作各篇の間にあるいわば沈黙の継ぎ目（＝空白の接続部）」が「時の叙述」の役割を果たしている。書かれていないけれども確かにある「時の叙述」によって、一つの完結した作品となっているのである。

《著者紹介》
黒井千次（一九三二〜）は東京都生まれの小説家である。古井由吉、日野啓三、小川国夫、高井有一、阿部昭らとともに「内向の世代」を代表する小説家である。東京大学経済学部を卒業後、サラリーマンとして勤務しながら執筆活動を行う。一九五八年に『青い工場』を発表して注目を浴び、一九六八年に『聖産業週間』で芥川賞候補となった。一九七〇年に『時間』で芸術選奨新人賞を受賞し、同年に退社、執筆活動に専念する。一九八四年に『群棲』で谷崎潤一郎賞、一九九五年に『カーテンコール』で読売文学賞（小説部門）、二〇〇一年に『羽根と翼』で毎日芸術賞、二〇〇六年に『一日　夢の柵』で野間文芸賞をそれぞれ受賞。一九八七年から二〇一二年まで、芥川賞の選考委員を務めた。大学入試では、二〇二二年度の共通テストで「庭の男」が出題されている。

参考　※以下は出題時の設問と解答である（設問文は簡略化している）。

ホ　傍線ホの「時間軸にそって作品が容易に展開しにくい」（21行目）とはどういうことか。
1　どんなに時間をかけても小説が容易に進行しない。
2　小説のなかで時間がともすれば逆行し易い。
3　古典的な「うねり」を支える時の叙述がむつかしい。
4　細部の描写がとかく書かれる時間の進行をさまたげる。
5　小説の展開がともすれば時間軸からはなれがちになる。
6　小説のなかで時間がともすれば途切れ途切れになる。
ヘ　次の1〜5のうち、「叙述」（41行目）とおなじ内容を表わす文中の言葉として不適当なものはどれか。
1　何千年の時の流れ
2　流れ行くものについての大きな叙述
3　大波の生理
4　ナントカの一生といったふうの大股の叙述
5　大まかな輪郭

ト　「時間が重ね合わされ」（44行目）るとはどういうことか。
1　過去と現在が併行して書かれる。
2　同時に起った事件が併行して書かれる。
3　現在の事件に過去の回想を重ねて書く。
4　多くの登場人物のさまざまな過去を書きわける。

チ　筆者が長篇小説の絶対不可欠の条件と考えているものは何か。
1　古典的な「うねり」
2　ある「長さ」の感覚
3　人間の生きる時間についての暗黙の了解
4　時の叙述
5　作品の中での時の経過

（解　答）
ホ―4　ヘ―1　ト―2　チ―5

参考問題

一九六二年度　第二問（文科）　岸田劉生『美の本体』

——問題：別冊58ページ

解答・解説

設問(一)

解答例

昨年の二科会の審査員には自分の作品の価値を見抜く者がいたが、今年はいなかったことから、昨年が例外的な幸運だったのであり、審査員は天才を見抜く能力のない、世俗的でつまらない人物である方が普通なのだと思い直したから。

＊一般に、「柳の下にいつも鰌はいない」ということわざは、「一度うまくいったからといって、いつも同じようにうまくいくわけではない」という意である。ここでは、昨年の審査員に審美眼を持つ者がいたからといって、今年もいるとは限らないものだ（現にいなかった）ということである。

＊審査員に審美眼がないのは「当然だ」という判断は、確かな根拠に基づく実証的な判断ではない（審査員を選ぶ基準が不適切であるから、などではない）。あくまで筆者自身の心情としては、「まあ当たり前か（仕方ないか）」と思えたということである。そういう**諦めのような心情になった理由**を問われている。

＊単に「自分の作品を認められなかったから」だけでは、「鰌はいなかった」と判断した理由にすぎず、「いないのは当然だ（仕方ないか）」と諦めた理由にはならない。**昨年がむしろ珍しかったのだ、めったにない幸運だったのだと思い直すことで、諦めがついた**（二科会を見限った）のである。

設問(二)

解答例

イ　天才的な芸術家やその作品。

ロ　天才的な芸術家やその作品の価値を理解し、見抜く者。

＊「真珠」は、第3段落では岸田の絵を指すように思われるが、その後の寓話に入ると「真珠は腹を立てた」などと擬人化され、岸田自身、さらには岸田のような芸術家を指すようにな

っている。したがって解答では、芸術家とその作品の両方に言及すべきであろう。

設問㈢

解答例

天才的な芸術家や優れた芸術作品は、審美眼を持たない者には認められずとも、最終的にはその価値を見抜く者によって正当に評価されるということを、具体的なイメージとストーリーによってわかりやすく、風刺的に伝える意図。

＊ことわざ「豚に真珠」が前提にある。価値のわからない者には、貴重なもの（ここでは芸術家や芸術作品）も意味がないという意。一方で、人間が真珠を拾い上げることは、審美眼を持つ者が、優れた芸術家や作品の価値を見抜いて認めることのたとえである。

＊右記の内容だけを記すのであれば、設問㈡と解答内容が完全に重複してしまう。この設問では、寓話の「意図」（＝主張したい内容をそのまま述べずに、たとえ話という形にしているのは、どのような表現効果をねらってのことか）まで解答する必要がある。たとえを述べることの意図は、抽象的な内容を、具体的なイメージによってわかりやすく伝えるためである。センター試験・共通テストの「表現の説明」でも出題されている表現の知識であり、これを自分で説明する必要がある。

＊さらに、ここでは単なる比喩ではなく、ストーリーのある寓話である。ウサギとカメの物語が、生き方に関する教訓になっているように、寓話は一つのストーリーを通じて教訓を伝える、世の中を風刺するといった意図がある。ここまで触れられるとなおよいであろう。

column 6

東大現代文の特殊な設問条件

●わかりやすく説明せよ

本文中の表現のみでは十分な解答にならず、自分で言い換えたり、語句を補ったりする必要があることを示している。つまり、「わかりやすく」と指示する場合は、本文中の表現を用いた通常の解答では「わかりにくい」ものとみなされ、十分な答案として認められない。たとえば、「傍線部。つまりA」とあり、「傍線部はどういうことか」という問いに対して、「Aだということ」という解答ではあまりに単純すぎる。もちろん、Aの他にも本文中に解答要素があれば、それらを組み合わせる必要があるので、十分な難度の設問として成立する。しかし、Aしか解答要素がない場合には、「わかりやすく説明せよ」と指示することでAを自分で言い換えさせ、東大入試にふさわしい難度を確保すると考えられる。

●どのようなことを言おうとしているのか

単なる「どういうことか」とは異なる問いである。**傍線部を通して結局何が言いたいのかを推論せよ**という問いである。多くの場合、「傍線部の（通常の）換言説明＋傍線部を通じて結局筆者が主張したいこと」という二段階で解答を構成するとよい。東大はこのように、一歩踏み込んだ解答を書かせたい場合は特別な指示をするのであり、**逆にいえば、通常の「どういうことか」という設問では、筆者の主張をあれこれと推し量るのではなく、傍線部そのものの意味を主に本文中の表現に依拠して説明すればよい**ということである。

●（二行設問で）本文の趣旨（筆者の論旨）に従って説明せよ

二〇一二年度第一問の設問(一)では「物心二元論」という傍線部で、「本文の趣旨に従って説明せよ」とある。「物心二元論」は、一般常識としても有名な概念であるが、**常識的な理解で説明するのではなく（仮に知っていても知識で答えるのではなく）、あくまで本文の記述に基づいて解答せよ**という意味で、「本文の趣旨に従って」という指示があるのである。

執筆にあたっての参考文献

第1章

文章全体を四要素で捉えることは、時枝誠記『文章研究序説』（山田書院、一九六〇年）を参照。ただし、時枝は「起承転結」という言い方をするが、本書では「主題」「結論」などの語を用いている。

第2章

例題3・例題4の出典である著書（83ページ）のほかに、ダントー『物語としての歴史』（河本英夫訳、国文社、一九八九年）、野家啓一『物語の哲学』（岩波現代文庫、二〇〇五年）。

第3章

井上忠司『「世間体」の構造　社会心理史への試み』（講談社学術文庫、二〇〇七年）、河野哲也『意識は実在しない　心・知覚・自由』（121ページ読書案内にて詳述。「心的作用と社会との関係」の項で挙げた具体例は、この書に依拠する）。

第4章

丸山圭三郎『文化のフェティシズム』（勁草書房、一九八四年）、リービ英雄『英語でよむ万葉集』（岩波新書、二〇〇四年）、同『バイリンガル・エキサイトメント』（岩波書店、二〇一九年）。

コラム4

イェスペルセン『文法の原理』（安藤貞雄訳、岩波文庫、二〇〇六年）、川端善明「喚体と述体　係助詞と助動詞とその層」（『女子大文学　国文篇』一五、一九六三年）、川端善明「喚体と述体の交渉　希望表現における述語の層について」（『国語学』六三、一九六五年）。

第5章

小坂井敏晶『格差という虚構』（ちくま新書、二〇二一年）、戸田山和久『哲学入門』（特に自由意志に関して参照。205ページ読書案内にて詳述）。

あとがきにかえて

二〇二三年五月、本書の校正を終えて、編著者二人でメッセージのやりとりをした。

古川：あらためて本書全体を振り返ってみると、科学論（第1章）と近代論（第5章）は深く関連していますね。科学の進歩によって、描いた夢が実現すると期待されたのだけれど、夢だと思っていたものが本当に実現するとなると、不気味さが生まれ、さらには近代の基礎前提が揺るがされることにもなった。そんな流れがあるように見えます。

松本：現在語られる科学論は、近代科学の成立があっての議論で、あるところで近代という時代の分析でもありますね。もちろん近代論もそうで、時の流れに沿った思惟という感じがします。それに比べると、歴史論や言語論（第2章や第4章）は、私たちの文化そのものに関わる議論で、大きく変化するものではない。歴史は実証性の質が微妙に変わりつつありますが、誰かが語るものでしかない状況であれば、常に古い問題です。生成系ＡＩがビッグデータをもとに歴史を語り始める（語るのではなく、映像を編集して歴史をつくる）と、次の段階に入るのだろうかとも思います。

古川：歴史論や言語論は、時代を追いながら論じるというよりも、言語をもつ人間に対する、原理的な省察という面が大きいですね。高校時代に、ちょうど松本先生の授業を受けていた頃ですが、丸山圭三郎を少しだけ読んで、言語を論じることは結局、言語で思考するほかない人間存在そのものを論じることに等しい（というか、そうならざるをえない）ことが印象的でした。人間が人間を語ること、言語を言語で語ることは、もちろん限界があるのですが、身体論や演劇論（第3章）と比べれば、歴史論や言語論は「論じる」という営為との相性がよいと思います。

松本：はい、身体は難しいですね。例題6にもあったように、身体は言語を否定し、言語を疎外するので、それを言語で語ること自体が難題です。今回あらためて読み直してみて、現代文の問題としても例題6は難しいですが、それは演劇を論理で語ることの根本的な難しさに関わるのだと思いました。

古川：文科第四問は、とてもすてきな文章の出題が続いています。二〇二三年度の長田弘の随想も、ほれぼれしながら読みました。執筆時期に間にあわず、本書には入れられませんでしたが……。

松本：本当にいいですね。その前の出題を見ると、夏目漱石（二〇二一年度）も武満徹（二〇二二年度）も、教養の感じられる、品格のある文章です。設問はとても難しいですが。

古川：はい、文学的な表現を説明する設問が多いですね。対策としてはやはり、本書の補章のような設問の練習が大事だと思います。内容面では、近年の第四問はとくに、こういうものを読んでほしいという受験生への強い思いを感じます。

松本：二〇二三年度の長田弘の文章もそうですが、入試問題であったとしても、受験生がこうした文章に触れる機会があって、読む機会があって、いいなと思います。こういうすてきな文章を彼らが読んでくれて、いいなってね。

＊　＊　＊

松本：いずれにしても、古川君とこの参考書が出せてうれしいです。私はずっと東大現代文の参考書を書きたいと思っていて、それが「古川先生」という同僚を得て実現したという気持ちです。

古川：私も予備校講師として現代文を教えてきて、その成果というか、証というか、それを『東大現代文プレミアム』という形で残せたことをうれしく思います。松本先生との最後の仕事になりました。これからは研究者としてがんばります。

松本：なかなか生意気で、信頼できるいい同僚でした。よい研究者になってください。

……古川・松本による最初で最後の共編著ですが、よい参考書ができたと思います。受験生の、そして、現代文指導に関わる方々のお役に立つことができれば幸いです。

編著者しるす

＊本書の内容の大部分は、古川が予備校講師として在職している間に執筆された。

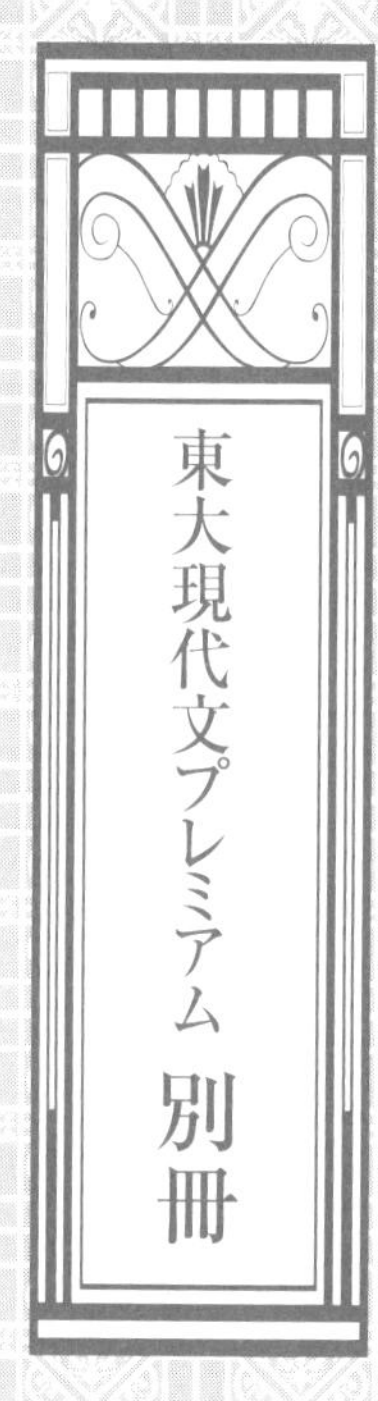

教学社

目次

別冊問題編

第1章 東大現代文の典型を知る

例題1 二〇一七年度 第一問（文理共通） 2

例題2 一九八六年度 第一問（文理共通） 7

第2章 設問の意図を理解する

例題3 二〇〇八年度 第一問（文理共通） 10

例題4 二〇一八年度 第一問（文理共通） 14

第3章 端的で明快な記述を追求する

例題5 一九八三年度 第一問（文理共通） 19

例題6 一九八八年度 第一問（文理共通） 22

例題7 二〇〇八年度 第四問（文科） 25

第4章 比喩説明の解法を修得する

例題8 二〇一三年度 第一問（文理共通） 29

例題9 一九七六年度 第五問（文科） 34

例題10 二〇一四年度 第四問（文科） 37

第5章 厳密さが求められる難問に挑戦する

例題11 二〇二〇年度 第一問（文理共通） 42

例題12 二〇〇四年度 第一問（文理共通） 47

補　章 文科第四問で高得点を目指す

補題1 一九七四年度 第四問（文科） 51

補題2 一九七七年度 第二問（文科） 54

参考問題 一九六二年度 第二問（文科） 58

解答欄サンプル／出典一覧（30年間） 60

第1章　東大現代文の典型を知る

例題1　二〇一七年度　第一問（文理共通）

解説：本冊24ページ

次の文章を読んで、後の設問に答えよ。

1　与えられた困難を人間の力で解決しようとして営まれるテクノロジーには、問題を自ら作り出し、それをまた新たな技術の開発によって解決しようとするというかたちで自己展開していく傾向が、本質的に宿っているように私には思われる。科学技術によって産み落とされた環境破壊が、それを取り戻すために、新たな技術を要請するといった事例は、およそ枚挙にいとまないし、感染防止のためのワクチンに対してウィルスが[a]タイセイを備えるようになり、新たな開発を強いられるといったことは、毎冬のように耳にする話である。東日本大震災の直後稼働を停止した浜岡原発に対して、中部電力が海抜二二メートルの防波堤を築くことによって、「安全審査」を受けようとしているというニュースに接したときも、同じ思いがリフレインするとともに、こうした展開にはたして終わりがあるのだろうかという気がした。技術開発の展開が無限に続くとは、たしかにいい切れない。次のステージになにが起こるのか、当の専門家自身が予測不可能なのだから、先のことは誰にも見えないというべきだろう。[ア]けれども科学技術の展開には、人間の営みでありながら、有無をいわせず人間をどこまでも牽引（けんいん）していく不気味なところがある。いったいそれはなんであり、世界と人間とのどういった関係に由来するのだろうか。

2　医療技術の発展は、たとえば不妊という状態を、技術的克服の課題とみなし、人工受精という技術を開発してきた。その一つ体外授精の場合、受精卵着床の確率を上げるために、排卵誘発剤を用い複数の卵子を採取し受精させたうえで子宮内に戻す、といったことが行なわれてきたが、これによって多胎妊娠の可能性も高くなった。多胎妊娠は、母胎へのフィジカルな影響や出産後の経済的なことなど、さまざまな負担を患者に強いるため、現在は子宮内に戻す受精卵の数を制限するようになっている。だが、この制限によっても多胎の「リスク」は、自然妊娠の二倍と、なお完全にコントロールできたわけではないし、複数の受精卵からの選択、また選択されなかった「もの」の「処理」などの問題は、依然として残る。

3 いずれにせよ、こうした問題に関わる是非の判断は、技術そのものによって解決できる次元には属していない。体外授精に比してより身近に起こっている延命措置の問題。たとえば胃瘻（いろう）などは、マスコミもとりあげ関心を惹（ひ）くようになったが、もはや自ら食事をとれなくなった老人に対して、胃に穴をあけるまでしなくても、鼻からチューブを通して直接栄養を胃に流し込むことは、かなり普通に行なわれている。このような措置が、ほんのその一部でしかない延命に関する技術の進展は、以前なら死んでいたはずの人間の生命を（b）キュウサイし、多数の療養型医療施設を生み出すに到っている。

4 しかしながら老齢の人間の生命をできるだけ長く引き伸ばすということは、可能性としては現代の医療技術から出てくるが、現実化すべきかどうかとなると、その判断は別なカテゴリーに属す。「できる」ということが、そのまま「すべき」にならないのは、核爆弾の技術をもつことが、その使用を是認することにならないのと一般である。テクネー（τέχνη）である技術は、ドイツ語 Kunst の語源が示す通り、「できること（können）」の世界に属すものであって、「すべきこと（sollen）」とは区別されねばならない。

5 テクノロジーは、本質的に「一定の条件が与えられたときに、それに応じた結果が生ずる」という知識の集合体である。すなわち、「どうすればできるのか」についての知識、ハウ・トゥーの知識だといってよい。それは、結果として出てくるものが望ましいかどうかに関する知識、それを統御する目的に関する知識ではないし、またそれとは無縁でなければならない。その限りのところでは、テクノロジーは、ニュートラルな道具だと、いえなくもない。ところが、こうして「すべきこと」から離れているところに、（イ）それが単なる道具としてニュートラルなものに留まりえない理由もある。

6 テクノロジーは、実行の可能性を示すところまで人間を導くだけで、そこに行為者としての人間を放擲（ほうてき）するのであり、放擲された人間は、かつてはなしえなかったがゆえに、問われることもなかった問題に、しかも決断せざるをえない行為者として直面する。

7 妊婦の血液検査によって胎児の染色体異常を発見する技術には、そのまま妊娠を続けるべきか、中絶すべきかという判断の是非を決めることはできないが、その技術と出会い行使した妊婦は、いずれかを選び取らざるをえない。いわゆる「新型出生前診断」が二〇一三年四月に導入されて以来一年の間に、追加の羊水検査で異常が認められた妊婦の九七%が中絶を選んだという。

8 療養型医療施設における胃瘻や経管栄養が前提としている生命の可能な限りの延長は、否定しがたいものだし、それを入所条件として掲げる施設があることも、私自身経験して知っている。だが、飢えて死んでいく子供たちが世界に数えきれないほど存在している現実を前にするならば、自ら食事をとることができなくなった老人の生命を、公的資金の投入まで行なって維持していくことが、社会的正義にかなうかどうか、少なくとも私自身は躊躇(ちゅうちょ)なく判断することができない。

9 ここで判断の是非を問題にしようというのでは、もちろんないし、選択的妊娠中絶の問題一つをとってみても、最終的な決定基準があるなどとは思えない。むしろ肯定・否定を問わず、いかなる論理をもってきても、それを基礎づけるものが欠けていること、そういう意味でウ実践的判断が虚構的なものでしかないことは明らかだと、私は考えている。

10 たとえば現世代の化石燃料の消費を将来世代への責任(レスポンシビリティー)によって制限しようとする論理は、物語としては理解できるが、現在存在しないものに対する責任など、応答(レスポンス)の相手がいないという点で、想像力の産物でしかないといわざるをえない。同じ想像力を別方向に向ければ、そもそも人類の存続などといったことが、この生物種に宿る尊大な欲望でしかなく、人類が、他の生物種から天然痘や梅毒のように根絶を祈願されたとしても、かかる人類殲滅(せんめつ)の野望は、人間がこれら己(おの)れの敵に対してもっている憎悪と、本質的には寸分の違いもないといいうるだろう。その他倫理的基準なるものを支えているとされる概念、たとえば「個人の意思」や「社会的コンセンサス」などが、その美名にもかかわらず、虚構性をもっていることは、少しく考えてみれば明らかである。主体となる「個人」など、確固としたものであるはずがなく、その判断が、時と場合によって、いかに動揺し変化するかは、誰しもが経験することであり、そもそも「個人の意思」を書面で残して「意思表明」とするということ自体、かかる「意思」なるものの可変性をまざまざと表わしている。また「コンセンサス」づくりの「公聴会」なるものが権力関係の追認でしかないことは、私たち自身、いやというほど繰り返し経験していることではなかろうか。

11 だが、行為を導くものの虚構性の指摘が、それに従っている人間の愚かさの摘発に留まるならば、それはほとんど意味もないことだろう。虚構とは、むしろ人間の行為、いや生全体に不可避的に関わるものである。人間は、虚構とともに生きる、あるいは虚構を紡ぎ出すことによって己れを支えているといってもよい。問題は、テクノロジーの発展において、虚構のあり方が大きく変わったところにある。テクノロジーは、それまでできなかったことを可能にすることによって、人間が従来それに即して自らを律してきた虚構、しかもその虚構性が気づかれなかった虚構、すなわち神話を無効にさせ、もしくは変質をヨギなくさせた。それは、不可能であるがゆえにまったく判断の必要がなかった事態、「自然」に任すことができた状況を人為の範囲に落とし込み、これに呼応する新たな虚構の産出を強いるようになったのである。そういう意味でテクノロジーは、人間的生のあり方を、その根本のところから変えてしまう。

（伊藤徹『芸術家たちの精神史』一部省略）

注

○排卵誘発剤 ―― 卵巣からの排卵を促進する薬。
○多胎妊娠 ―― 二人以上の子供を同時に妊娠すること。
○胃瘻 ―― 腹壁を切開して胃内に管を通し、食物や水、薬などを流入させる処置。

設問

㈠ 「科学技術の展開には、人間の営みでありながら、有無をいわせず人間をどこまでも牽引していく不気味なところがある」（傍線部ア）とはどういうことか、説明せよ。

解答欄：縦一三・五㎝×横〇・九㎝×二行

(二) 「単なる道具としてニュートラルなものに留まりえない理由」（傍線部イ）とはどういうことか、説明せよ。

解答欄：縦一三・五㎝×横〇・九㎝×二行

(三) 「実践的判断が虚構的なものでしかないことは明らかだ」（傍線部ウ）とあるが、なぜそういえるのか、説明せよ。

解答欄：縦一三・五㎝×横〇・九㎝×二行

(四) 「テクノロジーは、人間的生のあり方を、その根本のところから変えてしまう」（傍線部エ）とはどういうことか、本文全体の論旨を踏まえた上で、一〇〇字以上一二〇字以内で説明せよ（句読点も一字と数える）。

(五) 傍線部a・b・cのカタカナに相当する漢字を楷書で書け。

a タイセイ　b キュウサイ　c ヨギ

例題2　一九八六年度　第一問（文理共通）

解説：本冊36ページ

次の文章を読んで、後の設問に答えよ。

1 異常で例外的な事態が不安をひきおこすのは、安らかに正常性の地位に君臨しているはずの規則性と合理性とが、この例外的事態を十分に自己の支配下におさめえないような場合が生じたときである。つまりその例外が、合理性とは原理的に相容れない、合理化への道がアプリオリに閉ざされた非合理の姿で現われる場合である。このような原理的・本質的な、アプリオリな非合理が——つまり、ア合理化の未完成ではなくて合理化が絶対的に不可能であるような非合理が——いやしくも存在するということは、その合理性が完全な意味での合理性ではなく、それ自体合理性に反するような欠陥を含んでいるということを意味する。この致命的な欠陥が私たちを不安にするのである。

2 そこで、現代という時代が科学の名のもとに絶対的な信仰を捧げている合理性が、はたしてそのような欠陥を含まぬ完全な合理性でありうるのかということが、あらためて問いなおされなくてはならないことになろう。科学とは、私たち人間が自然を支配しようとする意志から生まれてきたものである。それはいわば、自分自身もとをたどれば自然の一部にすぎなかったはずの私たちが、みずからを自然からひき離し、自然の頭上に舞い上がってこれをはるか上方から支配し、aソウサしようとする傲慢な意志の産物であった。そして、この支配を合法化し、これに絶対的な権限を与えるために、私たちの頭脳が作り上げた非常大権ともいうべき律法が、ほかならぬ合理性なのである。

3 ここで、自然そのものには、すくなくともそれが人間の野心によって征服される以前においては、イいわゆる「合理性」のひとかけらすら備わっていなかったのだということを、いくら強調しても強調しすぎることはないだろう。自然が今のように合理的・法則的な外観を呈しているのは、それが人間の支配のもとに屈服しているかぎりでのことなのである。合理性という名の律法による圧政のもとにおかれた自然は、それ自身合理的にふるまうよりほかなかったのである。

4 その際に人間の頭脳のとった巧妙な支配技術は特筆するに値する。人間はまず、自然それ自身が外見上示している周期性に眼をつけた。太陽はほぼ一定の周期をもって運行するし、動物も植物も、そして人間自身も、この周期とかなり一致した関係を保ちながらきまった状態を反復する。自然をさらに<u>ビサイ</u>[b]に観察しても、やはり同じような周期性と反復性がすみずみまで行きわたっているように思われる。これらの周期性と反復性を一定の体系の枠の中に拾い集めて編み出したもの、それが「合理性」といわれる組織にほかならない。自然は、みずからの姿にあわせて人間が仕立ててくれたこの<u>囚衣</u>[ウ]をこばむはずがなかった。自然は人間の巧妙な檻穽（わな）にかかったのである。この身にぴったりと合う囚衣を着せられて、自然は無邪気に満足し、この合理性の着衣を誇りにすら思うようになった。自然は人間に対して忠誠を誓い、人間に対して喜々としてその合理性の姿を示し、ついには人間も自然もともどもに、自然とは合理性の別名であるかのような錯覚におちいってしまった。

5 ところが、自然自身すらとうの昔に忘れ去ってしまったかに見える自然の本性は、実は合理性とはなんのかかわりもないもの、むしろ非合理そのものなのだった。第一、自然が存在するということ自体が非合理以外のなにものでもない。自然は、あるいはこの宇宙は、存在する必要もなしに存在しているにすぎない。太陽の運行は確かに規則的である。しかし、太陽が存在するということ、それが運行しているということ、さらには人間を支えているこの地球が存在し、太陽との規則的関係において運行しているということ、地球上にそもそも生命なるものが存在するということ、これらはすべていっさいの規則性を<u>チョウエツ</u>[c]した大いなる偶然である。そして、それは偶然である限りにおいて、合理性とは真正面から対立するものである。

6 この大いなる偶然性・非合理性こそは自然の真相であり、その本性である。それが人間の眼に見せている規則性や合理性は単なる表面的な仮構にすぎない。真の自然とはどこまでも奥深いものである。自然の真の秘密は私たちの頭脳でははかり知ることができない。そのような自然を人間は科学の手によって支配しようと企てたのである。そして、自然の上に合理性の網の目をはりめぐらせて、一応の安心感を抱いて、その上に<u>文明という虚構を築きあげたのである。</u>[エ]

（木村敏『異常の構造』）

設問

㈠ 「合理化の未完成ではなくて合理化が絶対的に不可能であるような非合理」（傍線部ア）とあるが、筆者の言う「合理化の未完成」は「非合理」とどう違うか、説明せよ。

解答欄：縦一三・五㎝×横〇・九㎝×二行

㈡ 「いわゆる『合理性』のひとかけらすら備わっていなかったのだ」（傍線部イ）とあるが、このように言えるのはなぜか、理由を説明せよ。

解答欄：縦一三・五㎝×横〇・九㎝×二行

㈢ 「囚衣」（傍線部ウ）とあるが、それはどういうことか、説明せよ。

解答欄：縦一三・五㎝×横〇・九㎝×二行

㈣ 「文明という虚構を築きあげたのである」（傍線部エ）とあるが、なぜ「虚構」と言えるのか。本文全体の論旨を踏まえた上で、一〇〇字以上一二〇字以内で説明せよ。

㈤ 傍線部a・b・cのカタカナに相当する漢字を楷書で記せ。

a ソウサ　b ビサイ　c チョウエツ

設問㈢・㈣は、現行の出題形式に合わせて問い方を改めた（傍線部自体は元問題のまま）。

第2章 設問の意図を理解する

例題3 二〇〇八年度 第一問（文理共通）

解説：本冊57ページ

次の文章を読んで、後の設問に答えよ。

1 いまここであらためて、歴史とは何か、という問いをたてることにする。大きすぎる問いなので、問いを限定しなくてはならない。中島敦が「文字禍」で登場人物に問わせたように、歴史とはあったことをいうのか、それとも書かれたことをいうのか、ともう一度問うてみよう。この問いに博士は、「書かれなかった事は、無かった事じゃ」と断定的に答える。すると博士の頭上に、歴史を刻んだ粘土板の山が崩れおちてきて命を奪ってしまうのだった。あたかも、そう断定した博士の誤りをただすかのように。こういう物語を書いた中島敦自身の答は、宙づりのままである。

2 たしかに、書かれなくても、言い伝えられ、記憶されていることがある。書かれたとしても、サンイツ[a]し、無に帰してしまうことがある。たとえば私が生涯に生きたことの多くは、仮に私自身が「自分史」などを試みたとしても、書かれずに終わる。そんなものは歴史の中の微粒子のような一要素にすぎないが、それがナポレオンの一生ならば、もちろんそれは歴史の一要素であるどころか、歴史そのものということになる。ナポレオンについて書かれた無数の文書があり、これからもまだ推定され、確定され、新たに書かれる事柄があるだろう。だから「書かれなかった事は、無かった事じゃ」と断定することはできない。もちろん「書かれた事は、有った事じゃ」ということもできないのだ。

3 さしあたって歴史は、書かれたこと、書かれなかったこと、あったこと、ありえたこと、なかったことの間にまたがっており、画定することのできないあいまいな霧のような領域を果てしなく広げている、というしかない。歴史学が、そのようなあいまいな領域をどんなに排除しようとしても、ア歴史学の存在そのものが、この巨大な領域に支えられ、養われている。この巨大な領域のわずかな情報を与えてきたのは、長い間、神話であり、詩であり、劇であり、無数の伝承、物語、フィクションであった。

4 歴史の問題が「記憶」の問題として思考される、という傾向が顕著になったのはそれほど昔のことではない。歴史とはただ遺跡や史料の集積と解読ではなく、それらを含めた記憶の行為であることに注意がむけられるようになった。史料とは、記憶されたことの記録であるから、記憶の記憶である。歴史とは個人と集団の記憶とその操作であり、記憶するという行為をみちびく主体性と主観性なしにはありえない。つまり出来事を記憶する人間の欲望、感情、身体、経験をbチョウエツしてはありえないのだ。

5 歴史を、記憶の一形態とみなそうとしたのは、おそらく歴史の過大な求心力から離脱しようとする別の歴史的思考の要請であった。歴史は、ある国、ある社会の代表的な価値観によって中心化され、その国あるいは社会の成員の自己像（アイデンティティ）を構成するような役割をになってきたからである。歴史とは、そのような自己像をめぐる戦い、言葉とイメージの闘争の歴史でもあった。歴史における勝者がある以前に、イ歴史そのものが、他の無数の言葉とイメージの間にあって、相対的に勝ちをおさめてきた言葉でありイメージなのだ。

6 あるいは情報技術における記憶装置（メモリー）の役割さえも、歴史を記憶としてとらえるために一役買ったかもしれない。熱力学的な差異としての物質の記憶、遺伝子という記憶、これらの記憶形態の延長上にある記憶として人間の歴史を見つめることも、やはり歴史をめぐる抗争の間に、別の微粒子を見出し、別の運動を発見するcキカイになりえたのだ。量的に歴史をはるかに上回る記憶のひろがりの中にあって、歴史は局限され、一定の中心にむけて等質化された記憶の束にすぎない。歴史は人間だけのものだが、ウ記憶の方は、人間の歴史をはるかに上回るひろがりと深さをもっている。

7 エ歴史という概念そのものに、何か強迫的な性質が含まれている。歴史は、さまざまな形で個人の生を決定してきた。個人から集団を貫通する記憶の集積として、いま現存する言語、制度、慣習、法、技術、経済、建築、設備、道具などのすべてを形成し、保存し、破壊し、改造し、再生し、新たに作りだしてきた数えきれない成果、そのような成果すべての集積として、歴史は私を決定する。私の身体、思考、私の感情、欲望さえも、歴史に決定されている。人間であること、この場所、この瞬間に生まれ、存在することと、あるいは死ぬことが、ことごとく歴史の限定（[d]シンコウをもつ人々はそれを神の決定とみなすことであろう）であり、歴史の効果、作用であるといえる。

8 にもかかわらず、そのようなすべての決定から、私は自由になろうとする。死ぬことは、歴史の決定であると同時に、自然の決定にしたがって歴史から解放されることである。いや死ぬ前にも、私は、いつでも歴史から自由であることができた。私の自由な選択や行動や抵抗がなければ、そのような自由の集積や混沌（こんとん）がなければ、そもそも歴史そのものが存在しえなかった。

9 たとえばいま、私はこの文章を書くことも書かないこともできる、という最小の自由をもっているではないか。生活苦を覚悟の上で、私は会社をやめることもやめないこともできるというような自由をもち、自由にもとづく選択をしうる。そのような自由は、実に乏しい自由であるともいえるし、見方によっては大きな自由であるともいえる。そのような大小の自由が、歴史の中には、歴史の強制力や決定力と何ら[e]ムジュンすることなく含まれている。歴史を作ってきたのは、怜悧（れいり）な選択であると同時に、多くの気まぐれな、盲目の選択や偶然でもあった。

10 歴史は偶然であるのか、必然であるのか、そういう問いを私はたてようとしているのではない。歴史に対して、私の自由はあるのかどうか、と問うているのだ。そう問うことにはたして意味があるのかどうか、さらに問うてみるのだ。けれども、決して私は歴史からの完全な自由を欲しているのではないし、歴史をまったく無にしたいと思っているのでもない。歴史とは、無数の他者の行為、力、声、思考、夢想の痕跡にほかならない。[オ]それらとともにあることの喜びであり、苦しみであり、重さなのである。

（宇野邦一『反歴史論』）

注 ○「文字禍」——中島敦（一九〇九～一九四二）の短編小説。

設問

(一)「歴史学の存在そのものが、この巨大な領域に支えられ、養われている」(傍線部ア)とあるが、どういうことか、説明せよ。

解答欄:縦一三・五㎝×横〇・九㎝×二行

(二)「歴史そのものが、他の無数の言葉とイメージの間にあって、相対的に勝ちをおさめてきた言葉でありイメージなのだ」(傍線部イ)とあるが、どういうことか、説明せよ。

解答欄:縦一三・五㎝×横〇・九㎝×二行

(三)「記憶の方は、人間の歴史をはるかに上回るひろがりと深さをもっている」(傍線部ウ)とあるが、それはなぜか、説明せよ。

解答欄:縦一三・五㎝×横〇・九㎝×二行

(四)「歴史という概念そのものに、何か強迫的な性質が含まれている」(傍線部エ)とあるが、どういうことか、説明せよ。

解答欄:縦一三・五㎝×横〇・九㎝×二行

(五)筆者は「それらとともにあることの喜びであり、苦しみであり、重さなのである」(傍線部オ)と歴史についてのべているが、どういうことか、一〇〇字以上一二〇字以内で説明せよ。(句読点も一字として数える。なお採点においては、表記についても考慮する。)

(六)傍線部a、b、c、d、eのカタカナに相当する漢字を楷書で書け。

a サンイツ　b チョウエツ　c キカイ　d シンコウ　e ムジュン

例題4　二〇一八年度　第一問（文理共通）

次の文章を読んで、後の設問に答えよ。

1　余りに単純で身もフタもない[a]話ですが、過去は知覚的に見ることも、聞くことも、触ることもできず、ただ想起することができるだけです。その体験的過去における「想起」に当たるものが、歴史的過去においては「物語り行為」であるというのが僕の主張にほかなりません。つまり、過去は知覚できないがゆえに、その「実在」を確証するためには、想起や物語り行為をもとにした「探究」の手続き、すなわち発掘や史料批判といった作業が不可欠なのです。

2　そこで、過去と同様に知覚できないにも拘らず、われわれがその「実在」を確信して疑わないものを取り上げましょう。それはミクロ物理学の対象、すなわち素粒子です。電子や陽子や中性子を見たり、触ったりすることはどんなに優秀な物理学者にもできません。素粒子には質量やエネルギーやスピンはありますが、色も形も味も匂いもないからです。われわれが見ることができるのは、霧箱や泡箱によって捉えられた素粒子の飛跡にすぎません。それらは荷電粒子が通過してできた水滴や泡、すなわちミクロな粒子の運動のマクロな「痕跡」です。[ア]その痕跡が素粒子の「実在」を示す証拠であることを保証しているのは、量子力学を基盤とする現代の物理学理論にほかなりません。その意味では、素粒子の「実在」の意味は直接的な観察によってではなく、間接的証拠を支えている物理学理論によって与えられていると言うことができます。逆に、物理学理論の支えと実験的証拠の裏づけなしに物理学者が「雷子」なる新粒子の存在を主張したとしても、それが実在するとは誰も考えませんし、だいいち根拠が明示されなければ検証や反証のしようがありません。ですから、素粒子が「実在」することは背景となる物理学理論のネットワークと不即不離なのであり、それらから独立に存在主張を行うことは意味をなしません。

3　科学哲学では、このように直接的に観察できない対象のことを[イ]「理論的存在（theoretical entity）」ないしは「理論的構成体（theoretical construct）」と呼んでいます。むろん理論的存在と言っても「理論的虚構」という意味はまったく含まれていないことに注意してください。それは知覚的に観察できないというだけで、れっきとした「存在」であり、少なくとも現在のところ素粒子のような理論的存在の実在性を疑う人はおりません。しかし、その「実在」を確かめるためには、サイクロトロンを始めとする巨大な実験装置と一連の理論的手続きが要求されます。ですから、見聞臭触によって知覚的に観察可能なものだけが「実在」するという狭隘（きょうあい）な実証主義は捨て去らねばなりませんが、他方でその「実在」の意味は理論的「探究」の手続きと表裏一体のものであることにも留意せねばなりません。

4 以上の話から、物理学に見られるような理論的「探究」の手続きが、「物理的事実」のみならず「歴史的事実」を確定するためにも不可欠であることにお気づきになったと思います。そもそも「歴史（history）」の原義が「探究」であったことを思い出してください。歴史的事実は過去のものであり、もはや知覚的に見たり聞いたりすることはできませんので、その「実在」を主張するためには、直接間接の証拠が必要とされます。また、歴史学においては史料批判や年代測定など一連の理論的手続きが要求されることもご存じのとおりです。その意味で、歴史的事実を一種の「理論的存在」として特徴づけることは、抵抗感はあるでしょうが、それほど乱暴な議論ではありません。

5 実際ポパーは、『歴史主義の貧困』の中で「社会科学の大部分の対象は、すべてではないにせよ、抽象的対象であり、それらは理論的構成体なのである（ある人々には奇妙に聞こえようが、「戦争」や「軍隊」ですら抽象的概念である。具体的なものは、殺される多くの人々であり、あるいは制服を着た男女等々である）」と述べています。同じことは、当然ながら歴史学にも当てはまります。歴史記述の対象は「もの」ではなく「こと」、すなわち個々の「事物」ではなく、関係の糸で結ばれた「事件」や「出来事」だからです。「戦争」や「軍隊」と同様に、ウ「フランス革命」や「明治維新」が抽象的概念であり、それらが「知覚」ではなく、「思考」の対象であることは、さほど抵抗なく納得していただけるのではないかと思います。

6 「理論的存在」と言っても、ミクロ物理学と歴史学とでは分野が少々かけ離れすぎておりますので、もっと身近なところ、歴史学のbリンセツ分野である地理学から例をとりましょう。われわれは富士山や地中海をもちろん目で見ることができますが、同じ地球上に存在するものでも、「赤道」や「日付変更線」を見ることはできません。確かに地図の上には赤い線が引いてありますが、太平洋を航行する船の上からも赤道を知覚的に捉えることは不可能です。しかし、船や飛行機で赤道や日付変更線を「通過」することは可能ですから、その意味ではそれらは確かに地球上に「実在」しています。その「通過」を、われわれは目ではなく六分儀などの「計器」によって確認します。計器による計測を支えているのは、地理学や天文学の「理論」にほかなりません。ですから赤道や日付変更線は、直接に知覚することはできませんが、地理学の理論によってその「実在」を保証された「理論的存在」と言うことができます。この「理論」を「物語り」と呼び換えるならば、われわれは歴史的出来事の存在論へと一歩足を踏み入れることになります。

7　具体的な例を挙げましょう。仙台から平泉へ向かう国道四号線の近くに「衣川の古戦場」があります。ご承知のように、前九年の役や後三年の役の戦場となった場所です。僕も行ったことがありますが、現在目に見えるのは草や樹木の生い茂った何もないただの野原にすぎません。しかし、この場所で行われた安倍貞任と源義家の戦いがかつて「実在」したことをわれわれは疑いません。その確信は、言うまでもなく『陸奥話記』や『古今著聞集』をはじめとする文書史料の記述や『前九年合戦絵巻』などの絵画資料、あるいは武具や人骨などの発掘物に関する調査など、すなわち「物語り」のネットワークに支えられています。このネットワークから独立に「前九年の役」を同定することはできません。それは物語りを超越した理想的年代記作者、すなわち「神の視点」を要請することにほかならないからです。だいいち「前九年の役」というコショウそのものが、すでに一定の「物語り」のコンテクストを前提としています。つまり「前九年の役」という歴史的出来事はいわば「物語り負荷的」な存在なのであり、その存在性格は認識論的に見れば、素粒子や赤道などの「理論的存在」と異なるところはありません。言い換えれば、歴史的出来事の存在は「理論内在的」あるいは「物語り内在的」なのであり、フィクションといった誤解をあらかじめ防止しておくならば、それを「物語り的存在」と呼ぶこともできます。

（野家啓一『歴史を哲学する——七日間の集中講義』）

注

○霧箱――水やアルコールの蒸気で過飽和の気体の中を荷電粒子が通過するとき、進路に沿って発生する霧滴によって、粒子の飛跡を観測する装置。
○泡箱――沸点以上に加熱された液体の中を荷電粒子が通過するとき、進路に沿って発生する微小な気泡によって、粒子の飛跡を観測する装置。
○サイクロトロン――荷電粒子を加速する円形の装置。原子核の人工破壊や放射性同位体の製造に利用する。
○ポパー――Karl Raimund Popper（一九〇二～一九九四）。イギリスの哲学者。
○六分儀――天体などの目標物の高度や角度を計測する器具。外洋を航行するとき現在地を知るためなどに用いる。
○安倍貞任――平安時代中期の武将（?～一〇六二）。
○『陸奥話記』――平安時代後期に書かれた軍記。

設問

(一) 「その痕跡が素粒子の『実在』を示す証拠であることを保証しているのは、量子力学を基盤とする現代の物理学理論にほかなりません」（傍線部ア）とはどういうことか、説明せよ。

解答欄：縦一三・五㎝×横〇・九㎝×二行

(二) 「『理論的虚構』という意味はまったく含まれていない」（傍線部イ）とはどういうことか、説明せよ。

解答欄：縦一三・五㎝×横〇・九㎝×二行

(三) 「『フランス革命』や『明治維新』が抽象的概念であり、それらが『知覚』ではなく、『思考』の対象であること」（傍線部ウ）

とはどういうことか、説明せよ。

解答欄：縦一三・五㎝×横〇・九㎝×二行

㈣「歴史的出来事の存在は『理論内在的』あるいは『物語り内在的』なのであり、フィクションといった誤解をあらかじめ防止しておくならば、それを『物語り的存在』と呼ぶこともできます」（傍線部エ）とあるが、「歴史的出来事の存在」はなぜ「物語り的存在」といえるのか、本文全体の論旨を踏まえた上で、一〇〇字以上一二〇字以内で説明せよ（句読点も一字と数える）。

㈤　傍線a・b・cのカタカナに相当する漢字を楷書で書け。

a　フタ　　b　リンセツ　　c　コショウ

第3章 端的で明快な記述を追求する

例題5　一九八三年度　第一問（文理共通）

解説：本冊88ページ

次の文章を読んで、後の設問に答えよ。

1　恥に不可欠な要素として羞恥が含まれていることを認めるなら、恥による行動の規制は外がわの世間から行われるだけではなく、自我の内がわからも行われるといわなければならない。罪に関しても同じことがいえる。罪による制裁はいつも内面的な良心の苛責だけであるとは限らない。人間の社会が存在するところではどこでも、人は刑事上の罰や世論の非難を恐れて行動を抑制する。さらに、われわれが罪の観念をはじめて学ぶのは、親の言いつけに背くと罰を受けることを知る段階においてであって、通常この命令は論理的な根拠なしに与えられる。ある行為は悪い行為だからそれを行ってはならないと教えられるのであり、なぜ悪いかを理解できるようになるのは、このタブーを習慣的に身に着けた後の段階においてである。したがって、恥＝外面的制裁、罪＝内面的制裁というベネディクトの図式にはかなりの無理がある。善悪基準に立つ罪の観念が最初は外面的制裁を通じて学ばれるように、優劣基準に立つ恥の観念も外界からの判定にかかわりなく個人の行動を規制しうる。それでは、善悪、優劣という二つの基準は、その本性において相互にどう異なるのか、これらの基準は共同生活のどういう側面にそれぞれの起原をもつのか。この二つの問いに答えることももちろん重要であるが、ここでは両基準の区別を認めたうえで、恥の観念が個人や社会に及ぼす効果（起原ではなく機能）を尋ねることでとどめておこう。

2　罪の観念はある行動を禁止するだけであるのに反し、恥の観念は理想我にみずからを近づける行動をショウレイするから生産的である、という議論がある。それからまた、とくに日本の社会に関しては、外国人に笑われまいとする心がけが、攘夷から開国への政策転換にもかかわらず、日本人に一貫しており、近代化の動因の一つとなったという議論もある。これらの議論は恥の文化に対する罪の文化の優越性を暗黙のうちに前提とするキリスト教中心的な考え方への挑戦である。したがってそれは有意味な異論ではあるけれども、能動的な活動に高い価値を与える達成（アチーブメント）の原理に立って、罪と同じように恥もまた、あるいはむしろ罪よりも恥のほうが有効だということを指摘するにとどまっている。そのかぎりにおいて、これらの議論は[イ]西欧的ヒューマニズムの枠を越えてはいない。

3 次に、別の観点から恥の観念のもつ社会的機能を取上げてみよう。恥はアチーブメントの動機づけを強化するが、他方では達成の原理に伴う競争のスピリットを抑制する作用をもつ。この点において恥の内向化の側面としての羞恥が重要な役割を演ずる。競争の過程においては当然自己があらわとなってくるが、この自己顕示は羞恥によって限界を画されるからである。この限界から突き出た自己の部分は、本人にとってだけではなく、他者にとっても羞恥の対象となる。こうした羞恥の共同体が、個人の創意や自発性の表現を押さえつけるというマイナスの効果は、もはや議論の余地がないほど明らかにされてきた。だがそれにもかかわらず、羞恥の共同体は、達成本位によって結びついた[b]トトウがもちやすい集団的エゴイズムに対決するところの、一つの拠点となってきたことも忘れてはならない。エリートたちの激しい身振りの前で沈黙している大衆というわれわれに親しいイメージと重なるのは、このような羞恥の共同体である。

4 じっさい、恥には二つの社会的機能があることを認めなければならない。それは公恥としては達成や自己主張の動機を強化する力をもっているが、その恥じらいの側面は人を孤独な内面生活に引き込む。しかし羞恥は、自己主張を助け合う[b]トトウよりも、もっと広汎（こうはん）な連帯を可能にする作用をもつともいえる。自己の内部の劣等な部分が八方から透視されている人間、集団という甲羅（こうら）の一切が剝奪（はくだつ）され、有としての自己を主張しうる根拠を失った人間、そういう人間同志の連帯は、集団の砦（とりで）を越えた連帯だからである。疑いもなくそれは、現在の時点では生産的・創造的な機能をもつことはできない。だがこの連帯は、生産力の高まりによって競争の価値が低下し、有機的な構成が階級・階層の壁を徹底的にこわすまで進んだ未来の社会において、結合の重要な一形式となることは確かだ。はにかみがちな日本人は[c]ジダイ主義や権威主義に対して、無為の立場から消極的に抵抗してきた。その伝統は未来につながるものとして再評価に値するだろう。

（作田啓一『恥の文化再考』）

注　○ベネディクト――Ruth Benedict（一八八七～一九四八）アメリカの文化人類学者。著書に日本文化を「恥の文化」と規定した『菊と刀』などがある。

設問

㈠「かなりの無理がある」（傍線部ア）とあるが、それはなぜか、説明せよ。

解答欄：縦一三・五㎝×横〇・九㎝×二行

㈡「西欧的ヒューマニズムの枠を越えてはいない」（傍線部イ）とあるが、それはなぜか、説明せよ。

解答欄：縦一三・五㎝×横〇・九㎝×二行

㈢「羞恥」に関する筆者の二つの評価を記せ。

解答欄：縦一三・五㎝×横〇・九㎝×二行

㈣傍線部a・b・cのカタカナに相当する漢字を楷書で記せ。

a　ショウレイ　　b　トトウ　　c　ジダイ

解答欄の大きさは、近年の出題に合わせた。

第3章 例題5

例題6　一九八八年度　第一問（文理共通）

解説：本冊98ページ

次の文章を読んで、後の設問に答えよ。

1

演技について、ひとかどのことを語る人はたくさんいるだろう。だが、演技について語ることが、人間存在の本質を発見する絶えざる行為として自覚化されている人は少ないように思う。演技とは、語られることを拒否するように成立している。それは、語るものではなく、生きるものだ。不用意な精神が、すぐさま可視的に想い浮かべるように、演技とはある形とか、意味伝達の道具として空虚な空間のうちを浮遊しているものではない。いわんや、空間のうちに分散し、非人格化され、断片的にギョウコした心でもない。動きとのあいだに充分に規定された関係をもっている空間のなかで、ある個人が、彼自身と出会うための不可避なる営為として行なわれるものである。俳優にとって、そのように生きる場、それを彼自身は世界と名づけてもさしつかえないだろう。そういう性質をもった演技を語って、自己を貫いて遠く人間の真実をあやまたず射抜くとは、未知の世界への投企にちがいない。演技とは、感覚的なプレロジカルな領域として、透明な全体性の相貌のもとにあるものである。そういう前言語的領域を透視して、何ごとか語らなければならない必然性を内部に所有するとは、やはり語る主体が、既成の言語体験の拘束を逃れて、新しい言語領域のなかを生きたいという希求をもつということに等しい。そういう緊張を言葉が獲得したとき、語ることを拒否するひとつの世界が、発見として我々の面前に初めてケンゲンする。わたしの知識はごく貧しいものだが、今まで目にした演技に対する見解のなかで、プレロジカルな領域と、ロジカルな領域とのはざまを旋回しながら、あやういキンコウの上に、演技についての言語世界を形成しているように思えたのは、世阿弥の『花鏡』の一節であった。

舞に「目前心後」といふことあり。目を前に見て、心を後に置けとなり。これは、以前申しつる舞智風体の用心なり。見所より見るところの風姿は、わが離見なり。しかれば、わが眼（まなこ）の見るところは、我見なり。離見の見にはあらず。離見の見にて見るところは、すなはち見所同心の見なり。そのときは、わが姿を見得するなり。わが姿を見得すれば、左右・前後を見るなり。

しかれども、目前・左右までをば見れども、後姿をば未だ知らぬか。後姿おぼえねば、姿の俗なる所を知らず。さるほどに、離見の見にて、見所同見となりて、不及目の身所まで見智して、五体相応の幽姿をなすべし。これすなはち、心を後に置くにてあらずや。

2 今から五百年も以前に、演技に対するこのような見解があったというのは、ただただ驚くばかりである。ここに選ばれ、定着されている言葉は、今でも新しい。私はこの一文を読むたびに、世阿弥が、人間は身体をもつだけで疎外されているということ、そういう他者による疎外のもとで、自分自身を不断に創造していく人間的行為が舞台空間のなかでのみ、純粋に結実していくという鋭い直観を所有していたと感ずるのである。舞台上の人間のある意識に、こういう言葉の与え方をしたということ自体が、私には、見たこともない世阿弥の俳優、演出家としての確かさを保証してあますところがないと思われる。能勢朝次氏によれば、〝離見〟という言葉は造語と考えてよいそうである。そして「世阿弥は離見の見を如何にして養うかには触れていないが、他より考えてみると、見所の批判を[d]ケンキョな心をもって受け入れ、師について批点の指摘を受けることであろう」と述べている。能勢氏のいうように、〝離見の見〟とは「如何にして養うか」という次元のものではあるまい。我見とか離見とかは、意識の機能の仕方のことであって、演技というものが絶対的独自性を主張するような自己意識によって行なわれるものではなく、[ウ]他人知覚を前提としつつ、自己に対する想像的意識に支えられていくという弁証法的なダイナミズムのなかでしか捉(とら)えられない、ということの世阿弥的表現であろう。彼の中心概念である〝花〟にしてもそうだが、彼の論がすぐれていると思えるゆえんは、演技を俳優の行為と、それに臨場する観客の行為と、ふたつの項をもちながらもたえずひとつの全体性としてしか働かない関係のなかで考えようとする一貫性にある。

（鈴木忠志『内角の和　鈴木忠志演劇論集』）

注
○舞智風体——舞い方の一種。
○見所——観客。

設問

(一) 「彼自身と出会うための不可避なる営為」（傍線部ア）とは、どういうことか、説明せよ。

解答欄：縦一三・五㎝×横〇・九㎝×二行

(二) 「そういう緊張を言葉が獲得したとき」（傍線部イ）とあるが、それは言葉のどのようなあり方をさしているか、説明せよ。

解答欄：縦一三・五㎝×横〇・九㎝×二行

(三) 「他人知覚を前提としつつ、自己に対する想像的意識に支えられていく」（傍線部ウ）とは、どういうことか、説明せよ。

解答欄：縦一三・五㎝×横〇・九㎝×二行

(四) 傍線部a、b、c、dのカタカナに相当する漢字を楷書で記せ。（各二字）

a ギョウコ　b ケンゲン　c キンコウ　d ケンキョ

現行の出題形式に合わせて設問文を一部簡略化した。

例題7　二〇〇八年度　第四問（文科）

解説：本冊108ページ

次の文章を読んで、後の設問に答えよ。

1　二流の役者がセリフに取り組むと、ほとんど必ず、まずそのセリフを主人公に吐かせている感情の状態を推測し、その感情を自分の中にかき立て、それに浸ろうと努力する。たとえば、チェーホフの『三人姉妹』の末娘イリーナの第一幕の長いセリフの中に「なんだってあたし、今日はこんなに嬉しいんでしょう?」（神西清訳）ということばがある。女優たちは、「どうもうまく『嬉しい』って気持ちになれないんです」といった言い方をする。もっといいかげんな演技者なら、なんでも「嬉しい」って時は、こんなふうな明るさの口調で、こんなふうにはずんで言うもんだ、というパターンを想定して、やたらと声を張り上げてみせる、ということになる。「嬉しい」とは、主人公が自分の状態を表現するために探し求めて、取りあえず選び出して来たことばである。その〈からだ〉のプロセス、選び出されてきた〈ことば〉の内実に身を置くよりも、まず「ウレシソウ」に振舞うというジェスチュアに跳びかかるわけである。

2　もっと通俗的なパターンで言うと、学校で教員たちがよく使う「もっと感情をこめて読みなさい」というきまり文句になる。「へえ、感情ってのは、こめたり外したりできる鉄砲のタマみたいなものかねえ」というのが私の皮肉であった。その場にいた全員が笑いころげたが、では、感情とはなにか、そのことばを言いたくなった事態にどう対応したらいいのか、については五里霧中なのである。

3　この逆の行為を取り上げて考えるともう少し問題がはっきりするかも知れない。女優さんに多い現象だが、舞台でほんとうに涙を流す人がある。私は芝居の世界に入ったばかりの頃初めてこれを見てひどく驚き、同時に役者ってのは凄いものだと感動した。映画『天井桟敷の人々』の中に、ジャン・ルイ・バロー演じるパントマイム役者に向かって、「役者はすばらしい」「毎晩同じ時刻に涙を流すとは奇蹟だ」と言う年寄りが出てくる。若い頃はナルホドと思ったものだが、この映画のセリフを書いている人も、これをしゃべっている役柄も役者も、一筋縄ではいかぬ連中であって、イ賛嘆と皮肉の虚実がどう重なりあっているのか知れたものではない。

4 数年演出助手として修業しているうちにどうも変だな、と思えてくる。実に見事に華々しく泣いて見せて、主演女優自身もいい気持ちで楽屋に帰ってくる――「よかったよ」とだれかれから誉(ほ)めことばが降ってくるのを期待して浮き浮きとはずんだ足取りで入ってくるのだが、共演している連中はシラーッとして自分の化粧台に向かっているばかり。シーンとした楽屋に場ちがいな女優の笑い声ばかりが空々しく響く、といった例は稀(まれ)ではないのだ。「なんでえ、ウ自分ひとりでいい気持ちになりやがって。芝居にもなんにもなりやしねえ」というのがワキ役の捨てゼリフである。

5 実のところ、ほんとに涙を流すということは、素人が考えるほど難しいことでもなんでもない。主人公が涙を流すような局面まで追いつめられてゆくまでには、当然いくつもの行為のもつれと発展があり、それを役者が「からだ」全体で行動し通過してくるわけだから、リズムも呼吸も昂(たかぶ)っている。その頂点で役者がふっと主人公の状況から自分を切り離して、自分自身がかつて経験した「悲しかった」事件を思いおこし、その回想なり連想に身を浸して、「ああ、なんて私は哀(かな)しい身の上なんだろう」とわれとわが身をいとおしんでしまえば、ほろほろと涙は湧(わ)いてくるのだ。つまりその瞬間には役者は主人公の行動の展開とは無縁の位置に立って、わが身あわれさに浸っているわけである。このすりかえは舞台で向かいあっている相手には瞬間に響く。「自分ひとりでいい気になりやがって」となる所以(ゆえん)である。

6 本来「悲しい」ということは、どういう存在のあり方であり、人間的行動であるのだろうか。その人にとってなくてはならぬ存在が突然失われてしまったとする。そんなことはありうるはずがない。その現実全体を取りすてたい、ないものにしたい。「消えてなくなれ」という身動きではあるまいか、と考えてみる。だが消えぬ。それに気づいた一層の苦しみがさらに激しい身動きを生む。だから「悲しみ」は「怒り」ときわめて身振りも意識も似ているのだろう。いや、もともと一つのものであるのかも知れぬ。

7 それがくり返されるうちに、現実は動かない、と少しずつ〈からだ〉が受け入れていく。そのプロセスが「悲しみ」と「怒り」の分岐点なのではあるまいか。だから、受身になり現実を否定する闘いを少しずつ捨て始める時に、もっとも激しく「悲しみ」は意識されて来る。

8 とすれば、本来たとえば悲劇の頂点で役者のやるべきことは、現実に対する全身での闘いであって、ほとんど「怒り」と等しい。「悲しみ」を意識する余裕などないはずである。ところが二流の役者ほど「悲しい」情緒を自分で十分に味わいたがる。だからすりかえも起こすし、テンションもストンと落ちてしまうことになる。「悲しい」という感情をしみじみ満足するまで味わいたいならば、たとえば「あれは三年前……」という状態に身を置けばよい。

9 こういう観察を重ねて見えてくることは、感情の昂（たか）まりが舞台で生まれるには<u>「感情そのもの」を演じることを捨てねばならぬ</u>（エ）、ということであり、本源的な感情とは、激烈に行動している〈からだ〉の中を満たし溢（あふ）れているなにかを、外から心理学的に名づけて言うものだ、ということである。それは私のことばで言えば「からだの動き」＝action そのものにほかならない。ふつう感情と呼ばれていることは、これと比べればかなり低まった次元の意識状態だということになる。

（竹内敏晴『思想する「からだ」』）

設問

(一) 「「ウレシソウ」に振舞うというジェスチュアに跳びかかる」（傍線部ア）とあるが、どういうことか、説明せよ。

解答欄：縦一三・五㎝×横〇・九㎝×二行

(二) 「賛嘆と皮肉の虚実がどう重なりあっているのか知れたものではない」（傍線部イ）とあるが、どういうことか、説明せよ。

解答欄：縦一三・五㎝×横〇・九㎝×二行

㈢ 「自分ひとりでいい気持ちになりやがって。芝居にもなんにもなりやしねえ」（傍線部ウ）とあるが、どういうことか、説明せよ。

解答欄：縦一三・五㎝×横〇・九㎝×二行

㈣ 「「感情そのもの」を演じることを捨てねばならぬ」（傍線部エ）とあるが、どういうことか、説明せよ。

解答欄：縦一三・五㎝×横〇・九㎝×二行

第4章 比喩説明の解法を修得する

例題8 二〇一三年度 第一問（文理共通）

解説：本冊127ページ

次の文章を読んで、後の設問に答えよ。

1 詩人―作家が言おうとすること、いやむしろ正確に言えば、その書かれた文学作品が言おう、言い表そうと志向することは、それを告げる言い方、表し方、志向する仕方と切り離してはありえない。人々はよく、ある詩人―作家の作品は「しかじかの主張をしている」、「こういうメッセージを伝えている」、「彼の意見、考え、感情、思想はこうである」、と言うことがある。筆者も、ときに〈長くならないよう、短縮し、簡潔に省略するためにせよ〉それに近い言い方をしてしまう場合がある。しかし、実のところ、ある詩人―作家の書いた文学作品が告げようとしているなにか、とりあえず内容・概念的なものとみなされるなにか、言いかえると、その思想、考え、意見、感情などと思われているなにかは、それだけで切り離され、独立して自存していることはないのである。〈意味され、志向されている内容〉は、それを〈意味する仕方、志向する仕方〉の側面、表現形態の面、意味するかたちの側面と一体化して作用することによってしか存在しないし、コミュニケートされない。だから〈意味されている内容・概念・イデー〉のみを抜き出して「これこそ詩人―作家の思想であり、告げられたメッセージである」ということはできないのだ。

2 それゆえまた、詩人―作家のテクストを翻訳する者は、次のような姿勢を避けるべきだろう。つまり翻訳者が、むろん原文テクストの読解のために、いったんそのテクストの語り方の側面、意味するかたちの側面を経由して読み取るのは当然なのであるが、しかしこのフォルム的側面はすぐに読み終えられ、通過されて、もうこの〈意味するかたちの側面〉を気づかうことをやめるという姿勢は取るべきでない。ア もっぱら自分が抜き出し、読み取ったと信じる意味内容・概念の側面に注意を集中してしまうという態度を取ってはならない。そうやって自分が読み取った意味内容、つまり〈私〉へと伝達され、〈私〉によって了解された概念的中身・内容が、それだけで独立して、まさにこのテクストの〈言おう、語ろう〉としていることをなす（このテクストの志向であり、意味である）とみなしてはならないのである。

3 翻訳者は、このようにして自分が読み取り、了解した概念的中身・内容が、それだけで独立して（もうそのフォルム的側面とは無関係に）、このテクストの告げる意味であり、志向であるとみなしてはならず、また、そういう意味や志向を自分の母語によって読みやすく言い換えればよいと考えてはならないだろう。

4 自分が抜き出し、読み取った中身・内容を、自らの母語によって適切に言い換えればシュビ[a]よく翻訳できると考え、そう実践することは、しばしば読みやすく、理解しやすい翻訳作品を生み出すことになるかもしれない。ただし、そこには、大きな危うさも内包されているのだ。原文のテクストがその独特な語り口、言い方、表現の仕方によって、きわめて微妙なやり方で告げようとしているなにかを十分に気づかうことから眼をそらせてしまうおそれがあるだろう。

5 少し極端に言えば、たとえばある翻訳者が「これがランボーの詩の日本語訳である」として読者に提示する詩が、ランボーのテクストの翻訳作品であるというよりも、[イ]はるかに翻訳者による日本語作品であるということもありえるのだ。

6 それを避けるためには、やはり翻訳者はできる限り原文テクストをチクゴ[b]的にたどること、〈字句通りに〉翻訳する可能性を追求するべきだろう。原文の〈意味する仕方・様式・かたち〉の側面、表現形態の面、つまり志向する仕方の面に注意を凝らし、それにあたうかぎり忠実であろうとするのである。

7 その点を踏まえて、もう一度考えてみよう。ランボーが、《Tu voles selon......》（……のままに飛んでいく）と書いたことのうちには、つまりこういう語順、構文、語法として〈意味する作用や働き〉を行なおうとし、なにかを言い表そうと志向したこと、それをコミュニケートしようとしたことのうちには、なにかしら特有な、独特なもの、密かなものが含まれている。翻訳者は、この特有な独特さ、なにか密かなものを絶えず気づかうべきであろう。なぜならそこにはランボーという書き手の（というよりも、そうやって書かれた、このテクストの）独特さ、特異な単独性が込められているからだ。すなわち、通常ひとが〈個性〉と呼ぶもの、芸術家や文学者の〈天分〉とみなすものが宿っているからである。

8 こうして翻訳者は、相容(い)れない、両立不可能な、とも思える、二つの要請に同時に応えなければならないだろう。その一つは、原文が意味しようとするもの、言おうとし、志向し、コミュニケートしようとするものをよく読み取り、それをできるだけこなれた、達意の日本語にするという課題・任務であり、もう一つは、そのためにも、原文の〈かたち〉の面、すなわち言葉づかい（その語法、シンタックス、用語法、比喩法など）をあたう限り尊重するという課題・任務である。そういう課題・任務に応えるために、翻訳者は、見たとおり、原文＝原語と母語との関わり方を徹底的に考えていく。翻訳者は、原文の〈意味する仕方・様式・かたち〉の側面、表現形態の面、つまり志向する仕方の面を注意深く読み解き、それを自国語の文脈のなかに取り込もうとする。しかし、フランス語における志向する仕方は、日本語における志向する仕方と一致することはほとんどなく、むしろしばしば食い違い、齟齬(そご)をきたし、cマサツを起こす。それゆえ翻訳者は諸々の食い違う志向する仕方を必死になって和合させ、調和させようと努めるのだ。あるやり方で自国語（自らの母語）の枠組みや規範を破り、変えるところまで進みながら、ハーモニーを生み出そうとするのである。

9 こうして翻訳者は、絶えずウ原語と母語とを対話させることになる。この対話は、おそらく無限に続く対話、終わりなき対話であろう。というのも諸々の食い違う志向の仕方が和合し、調和するということは、来るべきものとして約束されることはあっても、けっして到達されることや実現されることはないからだ。こうした無限の対話のうちに、まさしく翻訳の喜びと苦悩が表裏一体となって存しているだろう。

10 もしかしたら、エ翻訳という対話は、ある新しい言葉づかい、新しい文体や書き方へと開かれているかもしれない。だからある意味で原文＝原作に新たな生命を吹き込み、成長をdウナガし、生き延びさせるかもしれない。翻訳という試み、原文と（翻訳者の）母語との果てしのない対話は、ことによると新しい言葉の在りようへとつながっているかもしれない。そう約束されているかもしれない。こういう約束の地平こそ、ベンヤミンがeシサした翻訳者の使命を継承するものであろう。

11 そしてこのことは、もっと大きなパースペクティブにおいて見ると、諸々の言語の複数性を引き受けるということ、他者（他なる言語・文化、異なる宗教・社会・慣習・習俗など）を受け止め、よく理解し、相互に認め合っていかねばならないということ、そのためには必然的になんらかの「翻訳」の必然性を受け入れ、その可能性を探り、拡（ひろ）げ、掘り下げていくべきであるということに結ばれているだろう。翻訳は諸々の言語・文化・宗教・慣習の複数性、その違いや差異に細心の注意を払いながら、自らの母語（いわゆる自国の文化・慣習）と他なる言語（異邦の文化・慣習）とを関係させること、対話させ、競い合わせることである。そうだとすれば、[オ]翻訳という営為は、諸々の言語・文化の差異のあいだを媒介し、可能なかぎり横断していく営みであると言えるのではないだろうか。

（湯浅博雄「ランボーの詩の翻訳について」）

注

○フォルム——forme（フランス語）、form（英語）に同じ。
○ランボー——Arthur Rimbaud（一八五四〜一八九一）フランスの詩人。
○シンタックス——syntax　構文。
○ベンヤミン——Walter Benjamin（一八九二〜一九四〇）ドイツの批評家。

設問

㈠「もっぱら自分が抜き出し、読み取ったと信じる意味内容・概念の側面に注意を集中してしまうという態度を取ってはならない」（傍線部ア）とあるが、それはなぜか、説明せよ。

解答欄：縦一三・五㎝×横〇・九㎝×二行

㈡「はるかに翻訳者による日本語作品である」（傍線部イ）とはどういうことか、説明せよ。

解答欄：縦一三・五㎝×横〇・九㎝×二行

㈢「原語と母語とを対話させる」（傍線部ウ）とはどういうことか、説明せよ。

解答欄：縦一三・五㎝×横〇・九㎝×二行

㈣「翻訳という対話は、ある新しい言葉づかい、新しい文体や書き方へと開かれている」（傍線部エ）とあるが、なぜそういえるのか、説明せよ。

解答欄：縦一三・五㎝×横〇・九㎝×二行

㈤「翻訳という営為は、諸々の言語・文化の差異のあいだを媒介し、可能なかぎり横断していく営みである」（傍線部オ）とあるが、なぜそういえるのか、本文全体の趣旨を踏まえた上で、一〇〇字以上一二〇字以内で説明せよ。

㈥傍線部a、b、c、d、eのカタカナに相当する漢字を楷書で書け。

a　シュビ　b　チクゴ　c　マサツ　d　ウナガ（し）　e　シサ

第4章
例題8

例題9　一九七六年度　第五問（文科）

解説：本冊140ページ

次の文章を読み、後の設問に答えよ。

1　自分が詩を書いたり、小説を書いたりしていて、これを翻訳することを考えると、ひどく絶望的な心境になる。たとえば、詩などの場合は、もっともはっきりしているのであるけれども、その言葉を使っているということがそもそも必然でなければならないのである。その言葉だけが発しひびかせることのできるものが求められているのだから、その言葉以外に置きかえられる言葉などないのである。外国語においてばかりではない。日本語のなかにだってあってはならないのである。

2　ア言葉によって何かを伝達する、ということの、最も極端な裂け目を飛びこえる手段を翻訳である、と考えるならば、ことは翻訳という局面だけではなく、言葉による表現の伝達の問題に拡大されてくる。言葉というものは、ある時、ある場所で、ある人によって使われるものである。言葉は、ある文化圏のなかで使われ、共有されて成立し、発達してきたものだろうが、同時に一人一人の個人が私有しているものでもある。言葉には、辞典に記載されているような一応の概念というものがあり、われわれはそれによりかかって伝達の道具として言葉を使っているけれども、それはひどく大雑把（おおざっぱ）なもので、時代により場所により人により微妙に違うものである。これが日常生活の中で、「おい、そこの煙草（たばこ）をとってくれ」というふうに使われている時はまず問題は起こらないけれども、これが微妙なことになるとやはりむずかしいことが起こってくる。われわれは共同のものであると同時に私のものでもある言葉を使って表現するのであり、受けとる側（がわ）もそういうことで受けとるのであって、そこでは個々人の文化圏の内部の言葉に翻訳されて理解されるのだ。現実にあることについて、話しあったり、討論したりする時、相手が想像を絶するような反応をすることがあり、思わず黙りこんでしまうような体験をすることがあるが、それは、個々人の内部における言葉の価値体系が大きく相違しているからであり、われわれは決して同じ言葉を所有しあっているのではない、ということを思い知らされるのである。

3　これが文学などにおける表現ということになると、さらに面倒になる。この、面倒臭いものを使って、イ私をひとつの普遍にまで持っていく、ということが表現なのだろうが、表現するものも、それを伝達されるものも、今いったような全く私的な部分を言葉に対して持っているので、なかなかうまくいかない。よくいわれる現代詩の難解性ということの一因も実はここにあると思う。現在の詩による表現は、言葉というものの持つあらゆる属性を最大限に利用しようとしていて、一編の詩の中で、言葉は、たとえば、いつでも ウ 尾頭（おかしら）つきの魚のような姿で現われるわけではない。尾だけが必要とされていることも、内臓だけのことも、うろこだけのことも、あるいは置かれていた水跡だけが必要なこともある。詩作品自体のコンテクストで、出て来る言葉のいかなる次元、質による属性がここで必要とされているか、ということは、すぐれた作品の場合には一応は読者にわかるはずなのだが、作者が未熟で、それをなし得ていない場合もあるし、また、その言葉の、そこにおける働き方に対応するものが読者自身の概念のなかに存在しない場合もあるし、また全くちがう質のものとしてある場合もある。いってみれば、現代詩における伝達の仕方というものは、言葉の尖（せん）端から尖端へと張られた細い糸をたどっていくようなものであるから、もし、読者の内部にあるその言葉にその尖端がなかったら、かれはそこで詩からずり落ちてしまうことになるのである。しかも、言葉というものは、厳密に限定して感触までも決定してこう感じろ、などということはできないものなのだから、面白いのだけれども、また面倒も続くわけだ。

4 しかし、伝えるということは、どういうことか、ということをもう一度考えてみると、それは、相手が何を考えているか、何を感じているか、ということを知りたい、という欲求に根ざすものであるけれども、同時に、相手のいうことを聞く、伝えられる、ということは、自らの内部にその言葉が、あいまいで混沌（とん）としているものであるにせよ、とにかく在（あ）って、それを発見することだ、ともいえるのである。われわれは相手の言葉そのもので理解することはできない。理解する時は、必ず自分の言葉として、つまり自分の内なる言葉の発見としてしか理解することはできないのだ。

（三木卓『言葉のする仕事』）

注 ○コンテクスト――文脈。文章の前後の脈絡。

設問

㈠ 「言葉によって何かを伝達する、ということの、最も極端な裂け目を飛びこえる手段を翻訳である、と考えるならば」（傍線部ア）とあるが、ここでいう「最も極端な裂け目」とはどういうことか、説明せよ。

解答欄：縦一三・五㎝×横〇・九㎝×二行

㈡ 「私をひとつの普遍にまで持っていく」（傍線部イ）とあるが、どういうことか、説明せよ。

解答欄：縦一三・五㎝×横〇・九㎝×二行

㈢ 「尾頭つきの魚」（傍線部ウ）とあるが、どういうことか、説明せよ。

解答欄：縦一三・五㎝×横〇・九㎝×二行

㈣ 言葉による伝達について、本文の筆者はどう考えているか、説明せよ。

解答欄：縦一三・五㎝×横〇・九㎝×二行

現行の出題形式に合わせて設問文を一部簡略化し、解答欄の大きさも近年の出題に合わせた。

例題10　二〇一四年度　第四問（文科）　——　解説：本冊152ページ

次の文章を読んで、後の設問に答えよ。

1　仕事の打ち合わせでだれかとはじめて顔を合わせるとき。そんなときには、互いに、見えない触角を伸ばして話題を探すことになる。もともとは苦手だったそういう事柄が、いつからか嫌でなくなり、いまでは愉（たの）しいひとときにすらなってきた。どのみち避けられないから、嫌ではないはずと自己暗示を掛けているだけかもしれない。いずれにしても、初対面の人と向かい合う時間は、ア日常のなかに、ずぶりと差しこまれる。

2　先日は、理系の人だった。媒体が児童向けで、科学関係の内容を含むためだった。もちろん、それは対話を進めているうちにわかってくることだ。互いに、過不足のない自己紹介をしてから本題に入る、などということは起こらない。相手の話を聞いているうちに、ずいぶん動植物に詳しい人だなという印象が像を結びはじめる。もしかして、理系ですか、と訊（き）いてみる。

3　「ええ、そうです。いまの会社に来る前は、環境関係の仕事をしていました。それもあって、いまの仕事でも植物や動物を取材することが多いんです。この前は蓮田（はすだ）に行ってきました。蓮根を育てている蓮田です。蓮って、水の中の根がけっこう長いんですよ。思ったよりずっと長くて、びっくり。動物園に行くこともありますよ。撮影にゾウの糞が必要で、ゾウがするまで、じっと待っていたりして」。嬉々（きき）として説明してくれる。だれと会うときでも、相手がどんなことにどんなふうに関心をもっているのか、知ることは面白い。自分には思いもよらない事柄を、気に掛けて生きている人がいると知ることは、知らない本のページをめくる瞬間と似ている。

4　私たちの前にはカフェ・ラテのカップがあった。その飲み物の表面には、模様が描かれていた。その人は、自分のカップの上へ、首を伸ばすようにした。そして、のぞき見ると「あ、柄が崩れてる」といった。「残念、崩れてる」と繰り返す。私の方は崩れていない。崩れていても一向に構わないので、それならこちらのカップと交換しようと思った瞬間、その人は自分の分を持ち上げて、口をつけた。申し出るタイミングを失う。相手への親近感が湧いてくる。以前から知っている人のような気がしてくる。

5 「台風の後は、植物園に直行するんです」。相手は、秘密を打ち明けるように声をひそめる。「その植物園には、いろんな種類の松が植わっていて。台風の後は、こんな大きい松ぼっくりが拾えるんです」。両手で大きさを示しながら説明してくれる。「それを、リュックに入れて、もらってくるんです」。いっしょに行ったわけではないのに、いつか、そんなことがあった気がする。いっしょに、松ぼっくりを拾った気がする。植物園もまた本に似ている。イ風が荒々しい手つきでめくれば、新たなページが開かれて、見知らぬ言葉が落ちている。植物園への道を幾度も通うその人のなかにも、未知の本がある。耳を傾ける。生きている本は開かれないときもある。こちらの言葉が多くなれば、きっと開かれない。

6 その人の話を、もっと聞いていたいと思った。どんぐりに卵を産みつける虫の名前を、いくつも挙げられるような人なのだ。打ち合わせだから当然、雑談とは別に本題がある。本題が済めば、店を出る。都心の駅。地下道に入ると、神奈川県の海岸の話になった。相手は、また特別な箱から秘密を取り出すように、声をひそめた。「あのあたりでは、馬の歯を拾えるんです。海岸に埋められた中世の人骨といっしょに、馬の骨も出てくるんです。中世に、馬をたくさん飼っていたでしょう。だからです。私、拾いましたよ、馬の歯」。

7 「それ、本当に馬の歯ですか」。思わず問い返す。瞬間、相手は、ううんと唸（うな）る。それから「あれは馬です、馬の歯ですよ。本当に、出るんです」。きっぱり答えた。記憶と体験を一点に集める真剣さで、断言した。その口からこぼれる言葉が、一音、一音、遠い浜へ駆けていく。たてがみが流れる。大陸から輸送した陶器のかけらが出るという話題なら珍しくない。事実なのだ。けれど、馬の歯のことは、はじめて聞いた。それから、とくに拾いたいわけではないなと気づく。拾えなくてもいい。ただ、その内容そのものが、はじめて教えられたことだけが帯びるぼんやりとした明るさのなかにあって、心ひかれた。

8 拾えなくていいと思いながら、馬かどうか、時間が経っても気になる。その人とは、本題についてのやりとりで手いっぱいで、馬の歯のことを改めて訊く機会はない。脇へ置いたまま、いつまでも、幻の馬は脇に繋（つな）いだままで、別の対話が積み重なっていく。馬なのか、馬だったのか、確かめることはできない。

9 ある日、吉原幸子の詩集『オンディーヌ』（思潮社、一九七二年）を読んでいた。これまで、吉原幸子のよい読者であったことはないけれど、必要があって手に取った。愛、罪、傷など、この詩人の作品について語られるときには必ず出てくる単語が、結局はすべてを表しているように思いながら読み進めるうち、あるページで手がとまった。「虹（にじ）」という詩。その詩は、次のようにはじまる。

どうしたことか　雨のあとの
立てかけたやうな原っぱの斜面に
ぶたが一匹　草をたべてゐる
電車の速さですぐに遠ざかった
（うしでもやぎでもうさぎでもなく）
あれは　たしかにぶただったらうか

10 なんとなく笑いを誘う。続きを読んでいくと「こころのない人間／抱擁のない愛――」という言葉が出てきて、作者らしさを感じさせる。周囲に配置される言葉も、その重さのなかでぴしりと凍るのだけれど、それでも、第一連には紛れもない可笑（おか）しみがあって、この六行だけでも繰り返し読みたい気もちになる。あれは、なんだったのだろう。そんなふうに首を傾（かし）げて脳裡（のうり）の残像をなぞる瞬間は、日常のなかにいくつも生まれる。多くのことは曖昧（あいまい）なまま消えていく。足元を照らす明確さは、いつでも仮のものなのだ。そして、だからこそ、輪郭の曖昧な物事に輪郭を与えようと一歩踏み出すことからは、光がこぼれる。ウその一歩は消えていく光だ。「虹」という詩の終わりの部分を引用しよう。

いま　わたしの前に

一枚のまぶしい絵があって
どこかに　大きな間違ひがあることは
わかってゐるのに
それがどこなのか　どうしてもわからない

消えろ　虹

11 言葉の上に、苛立ちが流れる。わかることとわからないことのあいだで、途方に暮れるすがたを刻む。鮮度の高い苛立ちがこの詩にはあり、それに触れれば、どきりとさせられる。わからないこと、確かめられないことで埋もれている日々に掛かる虹はどんなだろう。それさえも作者にとっては希望ではない。消えろ、と宣告するのだから。

12 拾われる馬の歯。それが本当に馬の歯なら、いつ、だれに飼われていたものだろう。どんな毛の色だったか。人を乗せていただろうか。あるいは荷物を運んだのだろうか。わかることはなにもない。その暗がりのなかで、ただひとつ明らかなことは、これはなんだろう、という疑問形がそこにはあるということだ。問いだけは確かにあるのだ。

13 問いによって、あらゆるものに近づくことができる。だから、問いとは弱さかもしれないけれど、同時に、もっとも遠くへ届く光なのだろう。「馬の歯を拾えるんです」。その言葉を思い出すと、蹄の音の化石が軽快に宙を駆けまわる。遠くへ行かれそうな気がしてくる。松ぼっくり。馬の歯。掌にのせて、文字のないそんな詩を読む人もいる。見えない文字がゆっくりと流れていく。

（蜂飼耳「馬の歯」）

設問

㈠「日常のなかに、ずぶりと差しこまれる」（傍線部ア）とはどういうことか、説明せよ。

解答欄：縦一三・五㎝×横〇・九㎝×二行

㈡「風が荒々しい手つきでめくれば、新たなページが開かれて、見知らぬ言葉が落ちている」（傍線部イ）とはどういうことか、説明せよ。

解答欄：縦一三・五㎝×横〇・九㎝×二行

㈢「その一歩は消えていく光だ」（傍線部ウ）とはどういうことか、説明せよ。

解答欄：縦一三・五㎝×横〇・九㎝×二行

㈣「掌にのせて、文字のないそんな詩を読む人もいる」（傍線部エ）とはどういうことか、説明せよ。

解答欄：縦一三・五㎝×横〇・九㎝×二行

第5章 厳密さが求められる難問に挑戦する

例題11 二〇二〇年度 第一問（文理共通）

解説：本冊172ページ

次の文章を読んで、後の設問に答えよ。

1 学校教育を媒介に階層構造が再生産される事実が、日本では注目されてこなかった。米国のような人種問題がないし、英国のように明確な階級区分もない。エリートも庶民もほぼ同じ言語と文化を共有し、話をするだけでは相手の学歴も分からない。「一億総中流」という表現もかつて流行した。そんな状況の中、教育機会を均等にすれば、貧富の差が少しずつ解消されて公平な社会になると期待された。しかし、ここに大きな落とし穴があった。

2 機会均等のパラドクスを示すために、二つの事例に単純化して考えよう。ひとつは戦前のように庶民と金持ちが別々の学校に行くやり方。もうひとつは戦後に施行された一律の学校制度だ。どちらの場合も結果はあまり変わらない。見かけ上は自由競争でも、実は出来レースだからだ。それも競馬とは反対に、より大きなハンディキャップを弱い者が背負う競争だ。だが、生ずる心理は異なる。貧乏が原因で進学できず、出世を断念するならば、当人のせいではない。不平等な社会は変えるべきだ。批判の矛先が外に向く。対して自由競争の下では違う感覚が生まれる。成功しなかったのは自分に能力がないからだ。社会が悪くなければ、変革運動に関心を示さない。

3 アファーマティブ・アクション（積極的差別是正措置）は、個人間の能力差には適用されない。人種・性別など集団間の不平等さえ是正されれば、あとは各人の才能と努力次第で社会上昇が可能だと信じられている。だからこそ、弱肉強食のルールが正当化される。ア<u>不平等が顕著な米国で、社会主義政党が育たなかった一因はそこにある。</u>

4 子どもを分け隔てることなく、平等に知識をツチカ[a]う理想と同時に、能力別に人間を格付けし、差異化する役割を学校は担う。そこに矛盾が潜む。出身階層という過去の桎梏（しっこく）を逃れ、自らの力で未来を切り開く可能性として、能力主義（メリトクラシー）は歓迎された。そのための機会均等だ。だが、それは巧妙に仕組まれた罠（わな）だった。「地獄への道は善意で敷き詰められている」という。平等な社会を実現するための方策が、かえって既存の階層構造を正当化し、永続させる。社会を開くはずのメカニズムが、逆に社会構造を固定し、閉じるためのイデオロギーとして働く。しかし、それは歴史の皮肉や偶然のせいではない。近代の人間像が必然的に導く袋小路だ。

5 親から子を取り上げて集団教育しない限り、家庭条件による能力差は避けられない。そのような政策は現実に不可能であるし、仮に強行しても遺伝の影響はどうしようもない。身体能力に恵まれる者も、そうでない者もいるように、勉強のできる子とそうでない子は必ず現れる。算数や英語の好きな生徒がいれば、絵や音楽あるいはスポーツに夢中になる子もいる。それに誰もが同じように努力できるわけではない。

6 近代は神を棄て、〈個人〉という未曾有（みぞう）の表象を生み出した。自由意志に導かれる主体のタンジョウ[b]だ。所与と行為を峻別（しゅんべつ）し、家庭条件や遺伝形質という〈外部〉から切り離された、才能や人格という〈内部〉を根拠に自己責任を問う。

7 だが、これは虚構だ。人間の一生は受精卵から始まる。才能も人格も本を正せば、親から受けた遺伝形質に、家庭・学校・地域条件などの社会影響が作用して形成される。我々は結局、外来要素の沈殿物だ。確かに偶然にも左右される。しかし偶然も外因だ。能力を遡及的に分析してゆけば、いつか原因は各自の内部に定立できなくなる。社会の影響は外来要素であり、心理は内発的だという常識は誤りだ。認知心理学や脳科学が示すように意志や意識は、蓄積された記憶と外来情報の相互作用を通して脳の物理・化学的メカニズムが生成する。外因をいくつ掛け合わせても、内因には変身しない。したがって[イ]自己責任の根拠は出てこない。

8 遺伝や家庭環境のせいであろうと、他ならぬ当人の所与である以上、当人が責任を負うべきであり、したがって所与に応じて格差が出ても仕方ない。そう考える人は多い。では身体障害者はどうするのか。障害は誰のせいでもない。それでも、不幸が起きたのが、他でもない当人の身体であるがゆえに自業自得だと言うのか。能力差を自己責任とみなす論理も、それと同じだ。

9 封建制度やカースト制度などでは、貧富や身分を区別する根拠が、神や自然など、共同体の〈外部〉に投影されるため、不平等があっても社会秩序は安定する。人間の貴賤(きせん)は生まれで決まり、貧富や身分の差があるのは当然だ。平等は異常であり、社会の歯車が狂った状態に他ならない。

10 対して、自由な個人が共存する民主主義社会では平等が建前だ。人は誰もが同じ権利を持ち、正当な理由なくして格差は許されない。しかし現実にはヒエラルキーが必ず発生し、貧富の差が現れる。平等が実現不可能な以上、常に理屈を見つけて格差を弁明しなければならない。だが、どんなに考え抜いても人間が判断する以上、貧富の基準が正しい保証はない。下層に生きる者は既存秩序に不満を抱き、変革を求め続ける。〈外部〉に支えられる身分制と異なり、人間が主体性を勝ち取った社会は原理的に不安定なシステムだ。近代の激しい流動性の一因がここにある。

11 支配は社会および人間の同義語だ。子は親に従い、弟子は師を敬う。部下が上司に頭を垂れ、国民が国家元首に恭順の意を表す。「どこにもない場所」というギリシア語の語源通り、支配のないユートピアは建設できない。ところでドイツの社会学者マックス・ヴェーバーが『経済と社会』で説いたように、支配関係に対する被支配者の合意がなければ、ヒエラルキーは長続きしない。強制力の結果としてではなく、[ウ]正しい状態として感知される必要がある。支配が理想的な状態で保たれる時、支配は真の姿を隠し、自然の摂理のごとく作用する。先に挙げたメリトクラシーの詭弁(きべん)がそうだ。

12 近代に内在する瑕疵(かし)を理解するために、正義が実現した社会を想像しよう。階層分布の正しさが確かな以上、貧困は差別のせいでもなければ、社会制度に[c]ケッカンがあるからでもない。まさしく自分の資質や能力が他人に比べて劣るからだ。格差が正当ではないと信ずるおかげで、我々は自らの劣等性を認めなくて済む。しかし公正な社会では、この自己防衛が不可能になる。底辺に置かれる者に、もはや逃げ道はない。理想郷どころか、人間には住めない地獄の世界だ。

13 身分制が打倒されて近代になり、不平等が緩和されたにもかかわらず、さらなる平等化の必要が叫ばれるのは何故か。人間は常に他者と自分を比較しながら生きる。そして比較は必然的に優劣をつける。民主主義社会では人間に本質的な差異はないとされる。だからこそ人はお互いに比べあい、小さな格差に悩む。そして自らの劣等性を否認するために、社会の不公平を糾弾する。〈外部〉

を消し去り、優劣の根拠を個人の〈内部〉に押し込めようと謀る時、必然的に起こる防衛反応だ。

14 自由に選択した人生だから自己責任が問われるのではない。逆だ。格差を正当化する必要があるから、人間は自由だと社会が宣言する。努力しない者の不幸は自業自得だと宣告する。エ近代は人間に自由と平等をもたらしたのではない。不平等を隠蔽し、正当化する論理が変わっただけだ。

（小坂井敏晶「『神の亡霊』 6 近代の原罪」）

設問

(一) 「不平等が顕著な米国で、社会主義政党が育たなかった一因はそこにある」（傍線部ア）とあるが、なぜそういえるのか、説明せよ。

解答欄：縦一三・五㎝×横〇・九㎝×二行

(二) 「自己責任の根拠は出てこない」（傍線部イ）とあるが、なぜそういえるのか、説明せよ。

解答欄：縦一三・五㎝×横〇・九㎝×二行

(三) 「先に挙げたメリトクラシーの詭弁がそうだ」（傍線部ウ）とはどういうことか、説明せよ。

解答欄：縦一三・五㎝×横〇・九㎝×二行

(四) 「近代は人間に自由と平等をもたらしたのではない。不平等を隠蔽し、正当化する論理が変わっただけだ」（傍線部エ）とはどういうことか、本文全体の趣旨を踏まえて一〇〇字以上一二〇字以内で説明せよ（句読点も一字と数える）。

㈤　傍線部ａ・ｂ・ｃのカタカナに相当する漢字を楷書で書け。

ａ　ツチカう　　ｂ　タンジョウ　　ｃ　ケッカン

例題12　二〇〇四年度　第一問（文理共通）

解説：本冊187ページ

次の文章を読んで、後の設問に答えよ。

1　もとより個の没落は、生命倫理においてだけ見えてくるものではない。判断の基盤としての個人が遥(はる)かに乗り越えられてしまうというのは、環境問題の方がイメージしやすいだろう。たとえば殺虫剤や核エネルギーが現在の消費生活を支えている一方で、未だ生まれぬ世代の権利を[a]シンガイしている可能性があるという事態に直面したとき、個人の欲望の制限を受け入れるためにも、後の世代とのなんらかの共同性を、判断の新たな足場として構築しようとしていくのは、自然な流れだろう。人間以外の生物はもちろん、山や川などにさえ、尊重される価値を見出(みいだ)そうとする傾向は、今やさほど珍奇な印象を与えなくなったが、そこでは人間中心主義を排除しつつ、個人はもちろん、時間的広がりを含み込んだ人類さえも超えて、[ア]「地球という同一の生命維持システム」を行為規範の基盤として考えることが試みられるようになっている。

2　だがことは、このような、いわゆる「問題」においてだけではない。日頃(ひごろ)の生活のなかでも私たちは、個が希薄化し[b]トクメイのなにものかに解消されていくことを薄々感じている。なるほど今日ほど、個性的でありたいという欲望が広く行き渡っている時代は、少なくとも日本の場合、かつてなかったかもしれない。私たちは、きわめてたくさんの欲望をもつ。もちろん他人と同一の欲望をもつことに、安心感を覚える場合も多いが、衣服や自動車の選択に見られるように、周りを見回し他人と異なるものをもとうとすることも、少なくない。それは同一のものを巡る[c]コウソウを回避するためだけでなく、平均性を嫌い個性的であろうとする意志を示している。その結果欲望は、大量かつ多様に吐き出され、それに応じて実にさまざまなものが生み出されることになる。けれどもそうした[イ]欲望の多様化は、奇妙なことに画一化と矛盾せず進行している。「あなただけの……」と囁(ささや)く宣伝コピーにもかかわらず、「私だけ」のはずのものに、どこか既製品の臭(にお)いがするのであり、「本当にお前が欲しいものはなんなのか」と自ら問い返してみるならば、「本当に」という言葉の虚しい響きが経験されるだけだ。ここでいう「個性」とは、実は大量のパターンのヴエールに隠された画一的なものでしかなく、それへの志向は、私たちとはちがうどこか他所で作られ、いつのまにか私たちに宿り、あたかも私たち自身の内から生じたかのように、私たちを駆り立てていく。そのような欲望の産地を、消費生活の中心にいるかに見える個人、たとえばデザイナーなどに求めても虚しいことは、だれもが知っている。彼もまた大衆の周りを回っている。むしろ欲望のゲンセンは、相互に絡み合って生成消滅している情報であり、個人はその情報が行き交う交差点でしかない。急速に広まった情報のネットワークを支えているコンピュータ技術自体がプログラム上に原理的に欠陥をもつことによって、「責任」の所在はおろか、その概念の意味さえ曖昧になっているといわれる。近代思想のなかで「責任」が、悪にも傾く自由をもった同一の行為主体としての自己存在のメルクマールだったことからすれば、「責任」概念の曖昧化は、自己存在が情報の網目へと解体されていくことを示唆する現象であろう。いずれにせよ、自己が情報によって組織化されるという、この傾向は、ますます一層ソクシンされていくにちがいない。携帯電話がインターネットに組み込まれた今日、大衆のなかでの奇妙な孤独という形で、わずかに一人の時間が許されていた通勤電車のなかにさえ、外部からの組織化が浸透していく。

3 このように個の解体が、現代も続く同じ一つの流れだとすると、集団からの個の救済というシナリオに、少なくとも私は、リアリティを感じないといわざるをえない。個が他のなにものにも拠らず存在しているのであれば、それはそもそも解体しようもないだろう。それが解体してしまうのは、個そのものが集団のなかで作られていく作りものにすぎないからであり、集団への個の解体とは、個のそうしたフィクショナルな存在性格が露呈してきたことだと、私は考えるのである。

4 しかしながら、さらに重要なことだが、集団への解体が進行していくといっても、個に代わって集団が、時代を画す新たな「実体」として登場したということを、承認しようというわけでは断じてない。生命倫理などで繰り返される「社会的合意」の「社会」なるものが、いかに捉えどころのないものであるかは、その「合意」の確認の困難さからも想像がつく。いや合意達成の要求そのものが、一致へとは到りがたい多様な意見・価値観の存在を示唆しているのであり、そんななかで合意が達成され機能するとしても、それは当の合意が普遍的な基準を表現しているからではなく、「合意した」という事実だけが、それを合意として機能させているにすぎない。そういう意味でいえば、「合意」とはまさに形成されたもの、作りものであり、それが「事実」と呼ばれるとしても、作る作用（ファケーレ）に支えられた事実（ファクト）でしかないのである。

5　環境問題の場合、倫理学説の構築の努力は、あるいは感情移入をもって、あるいは権利上の均等性の想定をもって、世代間の距離を乗り越えていこうとするわけだが、基盤となるはずの未来世代との「道徳的共同体」は、未だ存在せぬ者たちと関（かか）わるかぎり、どうあっても虚構的性格をもたざるをえまい。「将来世代の状況や価値観が私たちにとって原理的に予測できない」ということ、また「私たちが自分たちの利益を制限するのに対して、将来世代がなにも返さない」ということなどは、そうした虚構性が露呈した場所として、実際この試みを否定しようとする意志が入り込むスペースとなっており、その意志を退けるよすがとなるものもまた、結局「想像力」しかないようである。あるいは人間を「自然との共感と相互性」のなかにもち込もうとするかの努力も、まちがいなく一つの創作でしかなく、生態系にまで認められるとされる「価値」という、非人間中心主義であるはずのものからは、作りもの特有の人間臭さが漂ってくる。もとより個がそこへと溶解していく情報の網の目も、相互に依存し合い絶えず組み替えられ作られていく、非実体的なものにほかならない。そうだとすれば集団性のなかへ解体していったといっても、そこに個は、新たな別の大陸を見出したのではなく、せいぜいのところ波立つ大海に幻のように現われる浮き島に、ひとときの宿りをしているにすぎないのである。

（伊藤徹『柳宗悦　手としての人間』）

注　○メルクマール――Merkmal（ドイツ語）目印、指標。

設問

(一)「『地球という同一の生命維持システム』を行為規範の基盤として考える」（傍線部ア）とあるが、どういうことか、説明せよ。

㈡「欲望の多様化は、奇妙なことに画一化と矛盾せず進行している」（傍線部イ）とあるが、なぜそのようにいえるのか、説明せよ。

解答欄：縦一三・五㎝×横〇・九㎝×二行

㈢「個そのものが集団のなかで作られていく作りものにすぎない」（傍線部ウ）とあるが、なぜそのようにいえるのか、説明せよ。

解答欄：縦一三・五㎝×横〇・九㎝×二行

㈣「『合意した』という事実だけが、それを合意として機能させているにすぎない」（傍線部エ）とあるが、どういうことか、説明せよ。

解答欄：縦一三・五㎝×横〇・九㎝×二行

㈤「非人間中心主義であるはずのものからは、作りもの特有の人間臭さが漂ってくる」（傍線部オ）とあるが、ここで筆者はどのようなことを言おうとしているのか、一〇〇字以上一二〇字以内で説明せよ。（句読点も一字として数える。なお、採点においては、表記についても考慮する。）

㈥傍線部a・b・c・d・eのカタカナに相当する漢字を楷書で書け。

a　シンガイ　b　トクメイ　c　コウソウ　d　ゲンセン　e　ソクシン

補章

文科第四問で高得点を目指す

補題1　一九七四年度　第四問（文科）

解説：本冊211ページ

次の文章を読み、後の設問に答えよ。

1　当然のことだが、方法を確立してから小説を書きはじめる人はいない。方法というものは、古靴のようになんとなく身について来る。この〈なんとなく〉の内容は摑(つか)みにくく、必ずしも歓迎すべきものではない。小説は、天才でないかぎり、なるようになれ式では出来上がらない。それは意志の所産だ。だから惰性的方法が身につくのを不断に排除することによって、本当の方法を見いだす。

2　今、文体について考えてみると、それを自分に固有な癖、性質、さらには分身と感じている小説家は多いだろう。それはスポーツマンの技術のように、彼と切り離しては考えられないものだが、彼が意志して体得したものでなければならない。つまり本来の体臭のようなものとは、文体は違うのだ。この意味の文体は小説家の命ともいえよう。彼は思想とか生き方において優れている人間ではない。〈人生のことは小説家に聞くべきだ〉といった漱石には私は反対する。小説家は人生の敗残者ではありえても、その達人ではありえない、というのが私の意見だ。小説家の長所は、ひとよりも文章がうまい、ということに過ぎないし、そうであるべきだと私は思っている。〈うまい〉という言葉には問題があるから、小説家とは自分の文体を持っている人、といった方が正確だろう。その意味で政治家でもこそ泥でも小説家でありうる。

3　小説とは、古典といわれる作品でさえ、ア過程における暫定的な決断のかたちに過ぎない。つまり小説家は完全な作品を書くことは出来ないという意識に苛(さいな)まれているので、そのことを忘れようとして、せめて精一杯の作品を書こうとしているわけだ。だから、彼の文体もその気持を映して、さまざまな迷いに満ちている。しかし、こうした現われは、彼が文章を衝動的に駆使しているということとは違う。むしろ反対で、彼は獣的とさえいえる無秩序な対象を、文章という秩序の中へ引き出そうとしている。無秩序があるから秩序を志すが、しかも、それは手におえないという仕儀なのだ。

4　今一例として、夢を書くということについて考えてみよう。そのさまざまな可能性をあれこれと考えてみると、だれしも眼がくらむ思いがする。夢の意味を摑もうとして書く人もあるだろう。その場合、彼は、夢の背後にそれと対応する現実を想定しているのが普通だろう。自己の所業のむくいを悪夢の中でうける、ということがそれだ。そしてさらに、夢の中に未来を見るというような、予告の考え方が現代にもないわけではない。フロイトのように、それをより合理的に分析して、人間性に照明を当てようとする研究もある。

5　そして、ここに別の行き方がある。夢を夢として過不足なく表現しようという仕方だ。この行き方にはある特別な困難がともなう。それは他の行き方が、［イ］夢を共通の広場の光の中に引き出すことによって、その意味を確かめ合おうとしているのに反して、夢を特殊の一隅にとじこめておきながら、読者の納得をえようとしているからだ。いわば、夢を生け捕りにするということだ。そしてこの場合、文体は危険な作業を強いられる。なぜなら、夢は無秩序で、死にやすいもので、粗暴な扱いがゆるされないからだ。見方をかえれば、文体というものは、このような危険な作業にさらすことによって、鋭さとニュアンスを増すのだから、小説家は本能的に、自分の文体をこうした局面へ追いこんでいるともいえよう。

6　夢のことは一例に過ぎない。小説家はつねに［ウ］自分の文体を陥穽の縁まで追いやって、それを試みることをする。彼にとって陥穽がなんであるかは彼固有の問題であり、それを探す自由と苦しみも彼に委ねられているわけだろう。ここで奇矯を承知でつけ加えたいのは、小説とは冒険の場の探索に違いないということだ。このような自業自得の仕事なのだ。

（小川国夫『一房の葡萄』）

設問

㈠ 傍線部アの「過程における暫定的な決断のかたちに過ぎない」とは、どういう意味と考えられるか。わかりやすく説明せよ。

解答欄：縦一三・五㎝×横〇・九㎝×二行

㈡ 傍線部イの「夢を共通の広場の光の中に引き出す」とは、どのようなことをさしていると考えられるか。

解答欄：縦一三・五㎝×横〇・九㎝×二行

㈢ 傍線部ウの「自分の文体を陥穽の縁まで追いやって、それを試みる」とはどういうことか、説明せよ。

解答欄：縦一三・五㎝×横〇・九㎝×二行

㈣ 右の文章の筆者は「小説家の文体」をどのようなものと考えているか。要点をまとめてしるせ。

解答欄：縦一三・五㎝×横〇・九㎝×二行

設問㈢は、現行の出題形式に合わせて問い方を改めた。

補題2　一九七七年度　第二問（文科）

解説：本冊214ページ

次の文章を読み、後の設問に答えよ。

1　少し長目の小説を書こう、と思って手をつけてから、一年半に及ぶ長い時が経(た)ってしまった。おそらくは五、六百枚程度で終ると思われる作品が果して長いものといえるかどうか、また一つの作品にかかる時間としての一年半なり二年なりを長いものと考えてよいかどうか、については問題があるかもしれない。いずれもそれは数字ではかれる量なのだから、より多い枚数、より長い月日に較(くら)べれば結果ははっきりしている。つまり、作品もそれに要する時間も決して長くはない、のである。

2　にもかかわらず、何に較べてもどうも解消し難い（ア）「長い」という感覚が自分の中に蹲(うずくま)っている。

3　ひとつは、「長篇(へん)小説」とはなにかと考えた時に出て来る「長さ」なのであり、これは短篇小説との比較においても、量の違いとして現われるというより、むしろ質の違いとして注目される「長さ」である。つまり、「長い」とは短いものとは質的に違うなにかがそこにあることを強調しているわけであり、それなしにはいかに厖(ぼう)大な枚数の作品であってもそれを長篇小説とは呼び得ない、そんな特性を指していると思われる。

4　小説を書いていて自分でも「長い」と思うもう一つの理由は、作品の中での時間の経ち方に関係しているようである。登場する人物達に沿って長い時間が経過するから「長い」と思うのではない。逆に、なかなか時間が捗(はかど)らないから「長いな」と感じてしまうらしいのだ。その時の「長いな」を改めて見直すと、これだけのものを書こうとするのに随分時間がかかってしまうのだな、という単純な苛(いら)立ちが多くを占めている。とすれば、そこには書かれる時間（作品の中で経過する時間）と書く時間とのバランスの感覚のようなものが働いているといえるだろう。この際、問題が錯綜(そう)するのを避けるために、書く時間の長さと書かれる作品の枚数とは一応比例するものと考えよう。

5　たしかに、小説の中で扱われる時間の長短は必ずしも小説そのものの長さとしては現われない。二日間の出来事を長々と描く小説もあれば、何千年の時の流れを一ページに凝縮してしまう小説もある筈だ。従って、書かれる時間と書く時間とのバランス感が問題になる場合、問われているのは、作者が目指すところの書かれる時間の進行が不当に停滞しがちなのはなぜか、という点に帰するだろう。

6 簡単にいいかえればこういうことだ。——書いても書いても作品の中でなかなか時間が経ってくれない感じが残るのはなぜだろう。枚数だけは捗るのに、時間軸にそって作品が容易に展開しにくいのはなぜだろう。

7 ここで、長篇小説に特有の「長さ」の内容について考えてみる必要がありそうだ。なぜなら、もしそれが健やかに実現していれば、書かれる時間と書く時間とはより幸せな調和を自分達のものとすることが出来るであろうからだ。

8 小説の中に存在するのはもとより時計ではなくて人間である。だから、作品の中に動く時間は回転する針や次々にめくられる数字によってはかられるのではなく、人間の動きによって現われてくる。というより、人間の動きそのものが時を紡ぎ出していく。おそらくは、その折に生み出される時間の波長の大小が小説の種類を分けていくのではあるまいか。時間の波長とはそれを生む人間の動き方、人と人とのからみ合いの息の長短に他ならない。

9 このことを少し別の角度から考えると、長篇小説をいかにもそれらしく感じさせるあの「うねり」の印象に思い至る。大雑把な言い方をすれば、時間の波長の大きなものが大きな「うねり」を生み、波長の小さなものが小さな波を作り出す。そして大きな「うねり」ほど時をゆったりと遠くに運んでいくのであり、小さな波は行動の範囲が狭くなる。

10 作品の内部でこの大波小波を具体的に支えているのは、流れゆくものについての大きな叙述の営みと細部に関しての描写であるだろう。つまり、ゆったりとした「うねり」は時の叙述から生れ、密度の高い光景は描写のうちに育まれる。

11 いくら書いても容易に作品の中で時間が経っていかないというのは、小波は摑み得るのに大波の生理はなかなか捉え難いということを意味しているように思われる。というより、小波のもつリアリティーに匹敵する大波を見出すことがむずかしい、というべきだろうか。イ一人の人物の存在を小さく区切られた時間の内部での描写によって支えるのは可能だが、たとえばナントカの一生といったふうの大股の叙述によって保証するのは困難だ。叙述の網の目から人間的内容が洩れてしまうように思えてならない。あ

補章
補題2

るいは、かつては大まかな輪郭さえ示されていればたとえ時間的空白が間にあったとしても読者がそこを埋めてくれるという暗黙の了解のようなものがあったのかもしれない。人間の生きる時間についての共通の認識があった、ともいえるだろう。その場合なら、叙述は人間的真実を伝える手だてとして十分に強いものであった筈だ。その力がなにやら前のようではなくなった時、細部の描写により多く依存する傾向が生れるのは止むを得ないのではなかろうか。

12 しかし、流れる時を叙述することなしに長篇小説が成立するとは考えられない。そこでなにが起るのか。古典的な「うねり」をもった長篇小説は現われにくくなり、それは変形を余儀なくされて新しいスタイルを模索することになる。

13 具体的な例をあげて述べることが出来ないので推測でしかないのだが、いつからか長篇小説の中で扱われる時間が次第に短くなりはじめていることはないだろうか。ウ時間が重ね合わされたり折り畳まれたりするのも、単一の線に沿って長く伸びないという意味で時間の短小化につながっているものと思われる。

14 更に注意すべきなのは連作形式である。時間の軸を一時倒し、明らかに空間の拡(ひろ)がりに意識を集めて書かれた連作小説は別として（原理的にはそれは連作内のどの作品から読みはじめられどの作品で終ってもよい筈だ）、多少とも時の経過が作品内部に影を落しているような連作をエ一種長篇小説の変形したものと考えるのは無理であろうか。少くとも、連作小説の完結した世界は、短篇小説から発展したものと受け取るより、長篇小説の変形したものと受けとめるのがより自然ではあるまいか。極論すれば、時の叙述なき（その部分は連作各篇の間にあるいわば沈黙の継ぎ目である）長篇小説が連作形式なのだ、といえるかもしれない。

（黒井千次『小説家の時計』）

設問

㈠ 傍線部アの「「長い」という感覚が自分の中に蹲っている」とはどういうことか、説明せよ。

解答欄：縦一三・五㎝×横〇・九㎝×二行

㈡ 傍線部イの「叙述の網の目から人間的内容が洩れてしまう」とはどういうことか、説明せよ。

解答欄：縦一三・五㎝×横〇・九㎝×二行

㈢ 傍線部ウの「時間が重ね合わされたり折り畳まれたりする」とはどういうことか、説明せよ。

解答欄：縦一三・五㎝×横〇・九㎝×二行

㈣ 傍線部エに「長篇小説の変形したものと考える」とあるが、それはなぜか、説明せよ。

解答欄：縦一三・五㎝×横〇・九㎝×二行

設問は選択形式であったものを記述形式に改題。

補章
補題2

次に掲載するのは、一九六二年度の過去問題である。現行の出題形式とは異なるため強いて取り組む必要はないが、ユーモラスでウィットに富んだ随想であり、一読を勧める。

参考問題　一九六二年度　第二問（文科）

——解説：本冊218ページ

次の文章を読んで、後の設問に答えよ。

1 自分は柳の下の鰌をあてにして、今年も二科会に出品してみた。柳の下なら必ず鰌がいると信じているわけでもないが、去年もいたから、今年もいそうだ、いいものならあるところまでは彼等にも通じるだろうぐらいには思っていた。しかし柳の下には鰌はいなかった。いないほうが当然だ。

2 鰌をとろうとして鰌がいなかったのだから、少しはつまらない気や不愉快な心持になるのはあたりまえだ。だが、二度ともう鰌はとるまいと決めさえしたら、鰌なぞはどうでもいいことになってしまう。

3 結局、世間の展覧会というものは、僕が画を出す所ではない。自分は、天才の道を歩めばそれでいいのだということを、はっきり知っただけのことだ。芥はいつまでたったって芥のきたなさを知るはずはない。芥だってたまには自分のきたなさに気がつくかと思うほうが間違っているのだ。それにしても、豚の群のなかに投げ入れられた一つの真珠はかわいそうだ。早く拾い取ってその汚れを洗い潔めて、おさむべき美しい箱におさめてやりたい。自分の画は、自分の画を愛する者の前にあってだけ光を輝かすものだ。その愛と光とは、豚どもにはわからない。

4 真珠を踏みにじって豚は得意になって言った。「あいつは自分で美しいと思っていやがるが、美ということが平凡にしかわからない奴にも困ったものだ。それは伝統に囚われた過去の美だ。見ろ、おれたちの足の下に泥まみれに踏みしだかれたではないか。」

5 真珠は腹を立てた。しかし、豚のなかへころげこんだのは、自分が悪かったと思った。そして腹の底では笑っていた。しかし考えると豚どもが不愉快だった。そして腹を立てて怒った。豚どもはそれを見てまた笑った。得意になって笑った。しかし程経てそこへ人間が来て、泥にまみれている真珠を拾い上げた。泥を洗い、美しい箱におさめながら人間が言った。「しようのない豚どもだ。」そして鞭をとって、豚は豚小屋に入れられてしまった。

6 真珠はそれから人間の世界で、いよいよ光を増して行ったそうだ。

（岸田劉生『美の本体』）

設問

㈠ 筆者は、「柳の下には鰌はいないほうが当然だ」と言っているが、なぜ当然だと考えたのか。

㈡ 次のものは、それぞれ何をたとえたものか。

イ 真珠　ロ 人間

㈢ 後半の寓話は、どのような意図で書き添えられたものか。

補章 参考問題

解答欄サンプル

例題によって設問数は異なるため、多いものに合わせて掲載している。

●一三・五cm×二行

(一)

(二)

(三)

(四)

●一〇〇字以上一二〇字以内

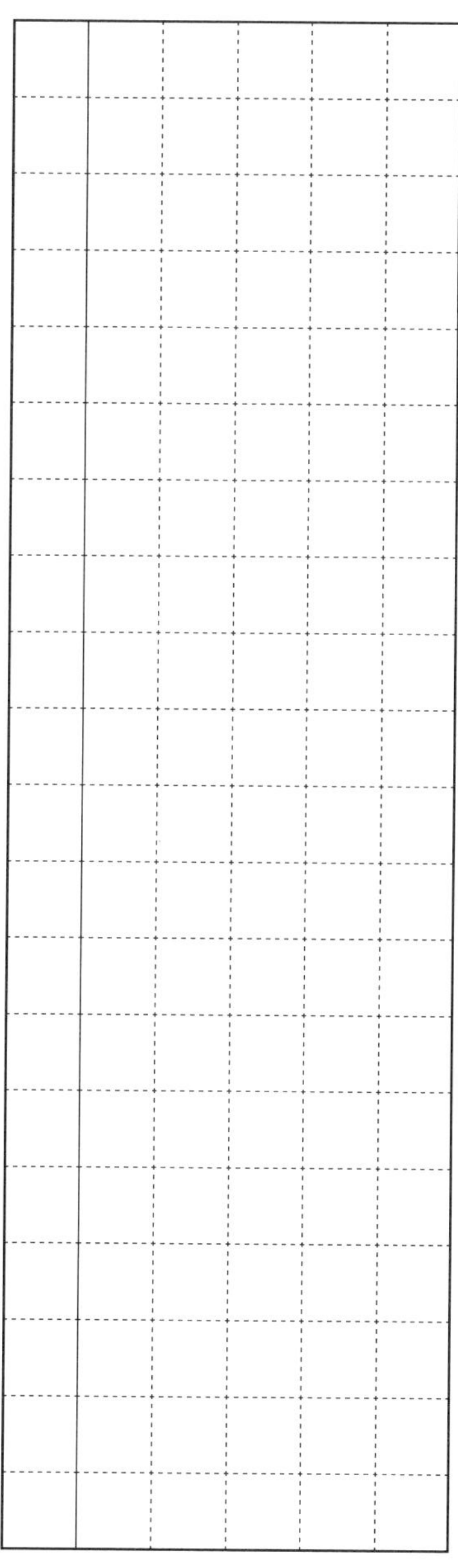

出典一覧（30 年間）

文理共通

年度	大問番号	類別	出典	著者
2023	1	評論	仮面と身体	吉田憲司
2022	1	評論	ナショナリズム、その〈彼方〉への隘路	鵜飼　哲
2021	1	評論	ケアと共同性	松嶋　健
2020	1	評論	神の亡霊	小坂井敏晶
2019	1	評論	科学と非科学のはざまで	中屋敷　均
2018	1	評論	歴史を哲学する	野家啓一
2017	1	評論	芸術家たちの精神史	伊藤　徹
2016	1	評論	反知性主義者たちの肖像	内田　樹
2015	1	評論	傍らにあること	池上哲司
2014	1	評論	落語の国の精神分析	藤山直樹
2013	1	評論	ランボーの詩の翻訳について	湯浅博雄
2012	1	評論	意識は実在しない	河野哲也
2011	1	評論	風景のなかの環境哲学	桑子敏雄
2010	1	評論	ポスト・プライバシー	阪本俊生
2009	1	評論	白	原　研哉
2008	1	評論	反歴史論	宇野邦一
2007	1	評論	読書について	浅沼圭司
2006	1	評論	死と宗教	宇都宮輝夫
2005	1	評論	哲学入門	三木　清
2004	1	評論	柳宗悦　手としての人間	伊藤　徹
2003	1	評論	ノロイ・タタリ・イワイ	小松和彦
2002	1	評論	生と死への眼差し	村上陽一郎
2001	1	随筆	ぼくの日本語遍歴	リービ英雄
2000	1	評論	社会哲学の現代的展開	加茂直樹
1999	1	評論	普通をだれも教えてくれない	鷲田清一
1998	1	評論	問われる「身体」の生命	西谷　修
1997	1	評論	象徴天皇制度と日本の来歴	坂本多加雄
1996	1	評論	科学思想史	坂本賢三
1995	1	評論	小さなものの諸形態	市村弘正
1994	1	評論	都市と社会的共通資本	間宮陽介

文　科

年度	大問番号	類別	出　典	著　者
2023	4	随筆	詩人であること	長田　弘
2022	4	随筆	影絵の鏡	武満　徹
2021	4	随筆	子規の画	夏目漱石
2020	4	随筆	詩を考える	谷川俊太郎
2019	4	随筆	ヌガー	是枝裕和
2018	4	随筆	緑の色鉛筆	串田孫一
2017	4	随筆	藤	幸田　文
2016	4	随筆	青空の中和のあとで	堀江敏幸
2015	4	随筆	ある風来猫の短い生涯について	藤原新也
2014	4	随筆	馬の歯	蜂飼　耳
2013	4	評論	深さ、記号	前田英樹
2012	4	随筆	ひとり遊び	河野裕子
2011	4	評論	風聞の身体	今福龍太
2010	4	評論	想像力	小野十三郎
2009	4	随筆	山羊小母たちの時間	馬場あき子
2008	4	評論	思想する「からだ」	竹内敏晴
2007	4	随筆	手の変幻	清岡卓行
2006	4	評論	学校を糾弾するまえに	宮澤康人
2005	4	随筆	背・背なか・背後	小池昌代
2004	4	評論	写真論集成	多木浩二
2003	4	評論	言の葉の交通論	篠原資明
2002	4	評論	転校生とブラック・ジャック	永井　均
2001	4	評論	言葉の重力	岡部隆志
2000	4	随筆	海辺の博物誌	三木　卓
1999	5	随筆	生と死が創るもの	柳澤桂子
1998	5	随筆	時の巨人	檜山哲彦
1997	5	随筆	自分の時間へ	長田　弘
1996	5	随筆	指の骨に宿る人間の記憶	三善　晃
1995	5	随筆	時間についての十二章	内山　節
1994	5	随筆	大和慕情	榊　莫山